VENEZ, VOUS DONT L'ŒIL ÉTINCELLE

DU MÊME AUTEUR

Les Ours polaires, nouvelles, Seghers,
coll. « Mots », 1991

Les Lettres du baron, nouvelles, Julliard, coll. « L'Atelier Julliard », 1994 (prix Goncourt de la nouvelle)

L'Autre Singe, roman, Flammarion, 1997

Les Nuits blanches du Chat botté, roman, Julliard, 2000 ;
10/18, coll. « Grands Détectives », nº 3629, 2004

L'Ordure et le Soleil, roman, Robert Laffont,
coll. « Best-Sellers », 2001
(prix du Forum international de l'Écriture et du Cinéma)

Portraits des dames d'Égypte, nouvelles, Julliard, 2002 ;
Pocket, 2005

Anges à tuer, rue Paradis, roman,
L'Écailler du Sud, 2003

L'Embouchure du Mississipy, roman, Julliard, 2003

Les Galères de l'Orfèvre, roman, Julliard, 2004
(Grand Prix littéraire de Provence, 2004)

Le Cuisinier de Talleyrand, roman, Julliard, 2006 ;
10/18, coll. « Grands Détectives », nº 4038, 2007
(Prix marseillais du polar, 2006)

La Fille au pied de la croix, roman, Julliard, 2008

La mort s'habille en crinoline, roman, Julliard, 2014

JEAN-CHRISTOPHE DUCHON-DORIS

VENEZ,
VOUS DONT L'ŒIL ÉTINCELLE

roman

Julliard

ISBN 978-2-260-02403-3

Pour Cécile

« Venez, vous dont l'œil étincelle
Pour entrendre une histoire encor
Approchez : je vous dirai celle
De donã Padilla del Flor (...) »

VICTOR HUGO,
La Légende de la nonne

Prologue

Le duc Mauronte, patrice de Marseille, avait toujours aimé les contes. Le bruit en avait vite couru sur les chemins de Gaule et les routes maritimes tout autour de la ville. Dans les tavernes, sur les haubans, aux carrefours des routes, dans le crépitement des branches sèches le soir autour des feux, on s'échangeait l'adresse : là-bas, plus au sud, plus au nord, aux confins de l'ancienne province narbonnaise, dans l'illustre et si vieille cité de Massilia, un homme riche et influent était toujours prêt à ouvrir ses portes et à offrir le gîte et le couvert aux raconteurs d'histoires

Le jour, il les recevait sous les arbres de son palais suspendu au-dessus de la mer. Une gaieté diffuse, sans âge, coulait des terrasses brûlées de soleil, des murs blanchis de chaux où une odeur de pierre chaude et sèche s'émiettait dans l'éternel été, mêlée au parfum sucré des fruits empilés un peu partout dans les corbeilles. Les conteurs s'asseyaient à même le sol, au milieu des épines de pin, et tandis qu'ils parlaient, des lézards se doraient au soleil et des mouches bourdonnaient autour des carafes de vin. La lumière dessinait sur leurs joues, sur l'arête de leur nez de curieux dessins. Les journées respiraient doucement dans l'ombre des îles que l'on voyait au large. Le duc écoutait et observait l'immobilité soudaine des servantes, surprises, attendant, dans une impatience douloureuse, la chute des histoires.

Il relevait sans s'en offusquer, en s'en réjouissant même, le manège des serfs, délaissant leur ouvrage et venant un à un se poser à portée d'oreille du conteur et se faisant silencieux et discrets, légers comme des feuilles, à l'automne, tombées.

Il n'en refusait aucun de ces trouvères insolents, maigres et crasseux, aux habits râpés, fiers de leur ventre creux, ergots de coq et visage d'aigle, maniant les mots comme d'autres les épées. Il suffisait qu'ils s'avancent aux portes de son palais et qu'ils disent fièrement, en relevant un peu le menton : « Je suis conteur », pour qu'aussitôt les herses se lèvent et qu'on leur déroule le tapis rouge.

Le soir, il les invitait dans la grand-salle de son palais.

— Venez, disaient les conteurs. Venez, vous dont l'œil étincelle, pour entendre une histoire encor…

Mauronte s'asseyait sans bruit dans son fauteuil, éclairé d'en bas par les braises de la cheminée. Il écoutait les paroles qui dansaient avec les flammes et se projetaient en ombres gigantesques sur les hauts murs de pierre et les plafonds voûtés. Il se laissait bercer par les décasyllabes, par les alexandrins assonancés, par les laisses qui n'en finissaient pas de claquer au-dessus du va-et-vient des hommes à travers l'Histoire lumineuse. La flamme sculptait les visages, dessinait sous ses yeux des têtes impossibles, donnait à ses conteurs des faces de pirates, de dieux païens, de Bacchus, de faunes, les transformait en des prophètes tombés des pages de la Bible. Il les écoutait tous : aveugles, pieds nus, la face levée vers le ciel et mangée par les mouches, mendiants tâtonnant le sol de leur bâton, corps malingres perdus dans des lambeaux de vêtements qui flottent, devins, magiciens, jeteurs de sorts, porteurs d'éclairs… que lui importait pourvu qu'ils aient de la salive dans la bouche, de la sueur au front et des histoires à raconter.

I

Marseille, la ville qui faisait des histoires

Où l'on découvre les menaces qui pèsent sur Marseille. — Où l'on s'interroge sur le patriotisme du duc Mauronte. — Où l'on apprend comment Florine a sauvé la ville en faisant la grasse matinée. — Où l'on entre dans Mariavelle après en avoir fait le siège. — Où l'on se laisse surprendre par l'âge du conteur. — Où l'on attend, les draps tendus, la venue du mistral.

1.

Mauronte, patrice de Marseille, était le souverain d'une vieille, très vieille cité, la plus ancienne de Gaule. Elle avait été tour à tour ligure, grecque, romaine, lombarde, wisigothe et restait un peu de tout cela à la fois. Elle était le dernier bastion d'une antique civilisation, une oasis dans le désert du temps. Au nord, de l'autre côté de ses murailles, derrière la Porta Gallica qui, dans le prolongement de la place de Lenche, la fermait au chemin des Gaules, il y avait toujours eu de profondes forêts, des fleuves et des montagnes. Depuis la nuit des temps, des hordes curieuses y erraient, des hommes couverts de peaux de bêtes et portant d'étranges armes. Selon les époques, ils se faisaient appeler Saliens, Alains, Vandales, Burgondes, Wisigoths, Celtes ou Francs. Ils s'approchaient, à intervalles réguliers, des hauts murs de la ville. Ils campaient sur les collines environnantes. Les fumées de leurs feux montaient dans les nuits claires. Parfois même, ils s'enhardissaient. Ils dressaient des machines de guerre. Ils assiégeaient Marseille. Ils venaient en multitudes se fracasser contre ses remparts et, quelquefois, il avait bien fallu leur ouvrir un temps les portes de la ville, les laisser s'enfoncer dans la cité pour mieux les digérer.

C'était depuis toujours une ville magnifique, prise, dès les premières lueurs de l'aube, dans le blanc et le bleu doux du ciel et de la mer, sculptée tout le jour de mistral et de soleil, animée de la parade ininterrompue des voiles entrant et sortant de son port, une ville posée au pied de ses collines comme un bijou dans son écrin, toute une vie de pentes et de coteaux, de maisons à terrasses, de petites rues escarpées et d'escaliers qui serpentaient parmi les constructions aidées d'arches et d'arcades. De l'autre côté de la baie, au-delà du miroitement de l'eau, l'abbaye Saint-Victor flottait, pour ainsi dire, dans la lumière. Et, plus au large, les îles osseuses vivaient de paresse et d'ennui sous le vol des mouettes.

Mauronte, une bonne fois pour toutes, avait renoncé à parcourir sa ville. Les ports, le forum, les petites places, les terrasses et les jardins faisaient de Marseille une ville exténuante. Il craignait l'agitation, les places grouillantes de monde, les marchés au cœur de la ville, le brouhaha ininterrompu de la multitude des langues, toutes ces conversations qui dansaient sous la lumière filtrée par les canisses. Il préférait s'installer confortablement sur sa terrasse pour jouir de son décor de rêve. Il demandait à son conseiller, frère Pacôme, de lui trouver les meilleurs conteurs et il passait son temps à les écouter en compagnie de sa fille Blanche, sa merveilleuse fille.

2.

Si l'on en croyait frère Pacôme, Marseille était presque aussi vieille que Rome. Fondée par les Grecs de Phocée six cents ans avant la venue du Christ, elle avait été cette cité orgueilleuse et indépendante qui régnait sans rivale sur la Méditerranée occidentale. On y avait longtemps parlé un grec si pur qu'Athènes y envoyait ses enfants pour qu'ils y apprennent la langue d'Homère. Elle avait essaimé sur les côtes un long chapelet de relais et de comptoirs semant, jusqu'à Nicaea (Nice) vers la Ligurie, jusqu'à Agatha (Agde) vers l'Hispanie, les graines des villes et des ports à venir. Ses navigateurs intrépides avaient exploré le monde, Pythéas jusqu'à Thulé, Euthymènes jusqu'aux fleuves d'Afrique peuplés de crocodiles et d'hippopotames. Plus tard, Marseille avait été l'alliée de Rome. Elle l'avait même aidée à vaincre Carthage dont la flotte avait été détruite dans le golfe du Lion.

— Mais cette époque, hélas, est révolue, disait frère Pacôme en soupirant. L'Empire romain s'est disloqué. Les Barbares ont déferlé sur la ville, Wisigoths, Alains, Huns, Burgondes, Vandales… Marseille a été soumise, même si, nostalgique de son ancienne puissance, elle reste attentive à tout relâchement du pouvoir qui l'asservit, pour tenter de s'en libérer.

— Mon père et moi sommes-nous aussi des Barbares ? demandait Blanche.

— Mais oui, répondait frère Pacôme avec un regard malicieux. Vous êtes des Francs, rattachés à la famille illustre de Waratton. Depuis le milieu du VIe siècle, Marseille est sous la coupe de votre peuple. Le patrice – ton père –, l'évêque Abdalong, la plupart des autres dignitaires de la ville sont des Francs nommés par le pouvoir royal.

— Alors les Marseillais ne nous aiment pas ?

— À vrai dire, Blanche, c'est plus compliqué que cela. D'abord, ton père et toi, vous êtes nés dans cette ville, ce qui fait de vous des vrais Marseillais. De plus, en ce qui te concerne, n'oublie pas que ta mère, Flavie, était issue du peuple de Marseille, d'une vieille famille de pêcheurs qui devait avoir encore un peu de sang grec dans les veines. Ensuite, cette ville est magique et les patrices qui la gouvernent depuis plus d'un siècle ont beau avoir été nommés par le pouvoir franc, ils n'en ont pas moins souvent épousé sa cause. Ainsi, par exemple, il y a moins de vingt ans, au début de ce VIIIe siècle, le patrice Antenor a fait se soulever la ville.

— Il a échoué ?

— Oui, disait Pacôme, le regard un peu flottant. Cette fois-là, Marseille a échoué. Pépin de Herstal, maire du palais, est venu mater la révolte. Il a mis à feu et à sang toute la région et il a pillé Marseille. Tout le monde s'en souvient encore. Antenor a été décapité et l'ordre franc rétabli.

— Mon père va-t-il se révolter aussi ?

Pacôme arborait alors un sourire énigmatique.

— Qui sait, Blanche ?…

Silhouette grise et nerveuse, long corps émacié, visage mat et osseux traversé d'une curieuse balafre, frère Pacôme ne cachait pas qu'il espérait qu'un jour Marseille se libérerait du joug du conquérant. À la moindre occasion, il rappelait volontiers au duc Mauronte que la cité payait lourdement tribut et devait supporter, elle si fière, le poids moral de sa vassalité. Le peuple grondait, insistait-il. Un jour ou l'autre, il se révolterait. Et Pacôme évoquait, comme une ouverture possible, le pouvoir moins assuré des derniers souverains francs, ces rois fainéants se déplaçant de ville en ville, étendus dans leurs lourds chariots tirés par des bœufs et passant leur vie dans l'oisiveté et la débauche. Il soulignait combien le royaume franc était menacé de partout, par la révolte saxonne au nord, par la poussée sarrasine au sud. Les Maures, en particulier, avaient conquis l'Espagne en 711, vingt-cinq ans plus tôt. Ils avaient même franchi les Pyrénées pour s'installer en 719 à Narbonne et contrôler toute la Septimanie. Leurs troupes s'enhardissaient et menaçaient directement les intérêts de la cité phocéenne. Si les Francs n'étaient plus en mesure d'assurer sa sécurité, quel pouvait être l'intérêt de Marseille de rester dans leur giron ?

Mais le duc Mauronte esquivait toujours les questions. Il écoutait certes son conseiller avec la plus grande attention, hochait la tête, affichait un air grave et recueilli, mais il ne prenait aucune décision. Pour autant, frère Pacôme ne perdait pas l'espoir de transformer Mauronte en un autre Antenor. Mieux : en un libérateur qui réussirait. Il lui paraissait impossible qu'on puisse être le patrice de cette ville sans endosser, à un certain moment, le rêve de briser le licou et de s'en aller ruer tout seul dans les grands espaces.

Alors, puisque le duc aimait beaucoup les contes, puisque en ces moments-là où il s'installait confortablement sur son siège, Blanche assise à ses pieds, son esprit se relâchait et se laissait gagner par l'invraisemblable et le merveilleux, frère Pacôme décida de sélectionner subtilement les conteurs, de choisir parmi les récits ceux qui, de manière même très indirecte, pouvaient faire naître dans l'esprit de son prince quelques velléités d'indépendance.

GRASSE MATINÉE

C'était au temps, dit le conteur, où Goar et ses Alains dévastaient la région. Dès le premier cavalier aperçu en haut des collines qui entourent Marseille, hommes, femmes, enfants avaient tout abandonné pour vite franchir les portes de la ville. Tous, à l'exception de Florine.

Florine, c'était une sacrée feignasse. Jolie certes, mais toujours à faire la grasse matinée, à rêvasser sur sa couche malgré tout le travail à faire. Et ce matin-là, comme les autres, malgré le tocsin, malgré les cris, elle était restée à traînasser sur sa paillasse, à attendre tranquillement qu'arrive l'heure de la sieste.

Quand, vers les midi, elle ouvrit un œil, elle découvrit, terrorisée, que son lit était entouré de farouches guerriers, crâne rasé, peintures de guerre, haches et lances à la main, qui l'observaient. Qui l'observaient, Monseigneur, mais pas de trop près. Ils roulaient de gros yeux, fronçaient les sourcils, jetaient des regards appuyés sur ses jambes et ses cuisses nues, mais ils restaient en retrait, comme s'ils avaient peur de s'approcher. L'un d'eux, leur chef, le terrible Goar, grogna quelque chose et fit signe à Florine de descendre du lit. Elle refusa, se recroquevilla sur elle-même, couvrit ses jambes de la couverture. Cela le mit dans une rage noire et il poussa devant lui un vieillard au teint pâle.

— Goar vous demande de descendre, dit-il à Florine dans un latin approximatif. Voilà trente ans que je vis en esclavage parmi ces sauvages et il vaut mieux ne pas les contrarier.

— Descendre ? Mais qu'est-ce qui les empêche de me saisir ?

— Les Alains sont des Scythes, des cavaliers nomades descendus du Caucase, des sortes de Sarmates, plus féroces encore que les Huns. Ils vivent à cheval, mangent et dorment sans descendre de selle et ils ont une peur bleue des lits.

— Peur des lits ?

— Dans leur langue, « lit » et « tombeau » ne sont qu'un même mot. Ils croient, dans leur mentalité primitive, qu'à s'étendre sur une couche, le guerrier perd sa force et son courage, devient aussi inoffensif que ces habitants des villes qu'ils brûlent sur leur passage.

Florine observa Goar. C'était une sorte de Minotaure, corps de taureau et cornes sur le casque, un visage taillé dans la pierre, avec de gros sourcils et de petits yeux concupiscents.

— Je ne descendrai pas ! dit-elle en croisant les bras.

Le refus de Florine aurait été sans grande conséquence si elle n'avait pas été si jolie, si là, avec ses chevilles à nu, le dessin de ses jambes sous la couverture, ses grands yeux apeurés et sa moue boudeuse, elle n'avait été adorable au point que Goar en tomba éperdument amoureux. Une petite chose fragile comme Florine et qui, au surplus, osait lui tenir tête, Goar n'en avait jamais rencontré. Aussi n'en voulut-il plus démordre : il attendrait que Florine descende avant de poursuivre l'invasion de la ville.

Alors, dans les jours qui suivirent, s'établit un ballet étrange entre le guerrier Alain et la jeune Marseillaise. Tout le jour, ils s'observaient, elle, encore craintive, à s'étirer pour éviter les fourmis dans les jambes, à croquer du bout des lèvres la nourriture qu'on lui jetait, et lui à marcher dans la pièce, ses bras monstrueux croisés sur sa poitrine énorme, à patienter que le fruit devienne mûr et tombe.

— Toi descendre ! disait-il en prenant une grosse voix.

— Viens me chercher ! le défiait-elle en un rire insolent.

Et quand un guerrier, las d'attendre, osait critiquer son chef, Goar sortait son épée et lui tranchait la tête. De temps en temps, il faisait venir l'interprète. Il ne lui demandait plus de convaincre Florine mais plutôt de le convaincre lui de l'inoffensivité des lits.

— Je vous assure, Sire, disait l'interprète qui craignait que tout cela ne se retourne contre lui. Les plus grands rois, les plus grands guerriers ont dormi dans des lits : Alexandre, Auguste, César rentraient tous les soirs se coucher.

Florine finissait par s'attendrir des efforts de Goar. Tenait-il tant à elle qu'il voulait surmonter ses peurs ? Et puis, d'avoir tant d'emprise sur cette grande bête qui terrorisait toute la région la flattait quelque peu. Elle finissait par lui trouver quelque charme, une sorte de sauvagerie attendrissante. Vous savez comment sont les femmes, Monseigneur, dans ces cas-là… Elle entra dans ce jeu de la séduction qui leur est aussi naturel que de respirer. Elle prit des poses, fit des moues, dévoila de plus en plus souvent ses chevilles fines et ses épaules. Et Goar, travaillé au cerveau par l'interprète et au cœur par la belle, surmontait peu à peu ses craintes ancestrales.

Un soir, alors que Florine dormait en une pose délicieuse, à demi recroquevillée, un pouce dans la bouche et l'autre main à traîner entre ses jambes découvertes, Goar ne sut pas résister. Il souleva la couverture et se glissa contre Florine. Ce qui suivit fut si doux, fut si tendre qu'au matin, il refusa à son tour de quitter le lit. Ses guerriers, sans chef, dépités, un peu inquiets des pouvoirs magiques des Marseillaises, pendirent l'interprète pour la forme puis rebroussèrent chemin vers le Caucase. Florine et Goar se marièrent, vécurent heureux et eurent beaucoup d'enfants.

— C'est ainsi que Marseille fut sauvée des Alains ?

— Oui, Monseigneur. Et pas seulement Marseille mais toute la chrétienté. Car de retour chez eux, les guerriers confirmèrent la dangerosité des lits : leur chef en personne, le terrible Goar, le plus valeureux guerrier que leur race ait donné, avait, en quelques heures, perdu son âme belliqueuse. Il était devenu doux comme un agneau. On n'entendit plus parler des Alains. Ils allèrent plus à l'est, loin des lits.

MARIAVELLE II

Alors que l'horizon baigné de rose trahissait la levée de l'aube, ils aperçurent de nouveau les murs fortifiés de Mariavelle. La citadelle émergeait, brillante et nacrée, dans le soleil levant, au-dessus de la Méditerranée, crispant ses ventouses dans la pierre, accrochée aux rochers comme une arapède, résistant aux vagues et aux vents marins. Dans le long embrasement immobile des collines, sous la lumière qui fondait toutes choses, ses remparts semblaient plus que jamais infranchissables... Mariavelle, la cité antique, vieille de plus de mille ans, la ville aux cent onze villages et aux deux cents fontaines, la dernière place forte à l'extrémité du pays des Gaules.

Ils cherchèrent machinalement du regard, sur le chemin de ronde, les silhouettes vêtues de chasubles blanc et bleu des principaux édiles de la ville assiégée, et en particulier celle d'Exelcius, le patrice de Mariavelle, venus saluer la levée de l'aube. Comme eux, selon le même rituel partagé, tous autant qu'ils étaient, Gorje, Algue le Fou, le chevalier de Beuldy, et sans doute aussi, là-haut dans leur tente, Baltimore et le comte Valtard, retinrent leur souffle, saisis par l'émotion tandis que la lumière rose découvrait peu à peu les toits de Mariavelle. Ils reconnaissaient, se découpant sur le ciel encore sombre, les flèches de la cathédrale et les tours du palais comtal ; plus loin et moins distinctement, le sommet des églises Saint-Victor et Saint-Barnabé et le dôme voûté du marché aux oiseaux. Dix-huit mois déjà que les troupes du comte Valtard, mandatées par l'empereur, assiégeaient Mariavelle par la terre et la mer... Dix-huit mois que, sur les indications des soldats ennemis capturés, ils avaient appris à la connaître, à nommer ses tours et ses églises. Au bout de tant de jours, c'était comme une amie. Son imposante masse fermant leur horizon et sa présence immuable et sereine ponctuant le long déroulement des heures du jour et de la nuit les rassuraient presque. Mariavelle veillait sur eux comme elle veillait sur ses habitants.

— Regardez, dit Gorje. Il se passe quelque chose...

Les lourdes portes de la ville venaient de s'ouvrir et, dans la lumière encore tamisée du jour naissant, ils distinguèrent les chasubles blanc et bleu descendues des remparts et qui venaient vers eux. Certains agitaient des drapeaux blancs. En tête, Exelcius portait un coussin sur lequel reposaient les clefs de la ville.

— Mariavelle se rend, murmura Euric comme si la scène avait besoin de commentaire.

Déjà Baltimore et le comte Valtard étaient sortis de leur tente et s'avançaient vers les émissaires.

*

Ils avaient pris la ville. Après dix-huit mois de siège, des hommes squelettiques, fatigués par le jeûne, étaient venus déposer à leurs pieds les clefs de la cité. Ils avaient pris la ville et maintenant, par petits groupes, ils arpentaient les ruelles étroites en conquérants. Les talons de leurs bottes claquaient sur les pavés ; le soleil ricochait sur leurs cuirasses et, chaque fois qu'ils le pouvaient, ils donnaient à leurs capes d'amples mouvements qui les faisaient ressembler à des buissons de papillons emportés par le vent.

C'était une ville étrange ombrée de brun chaud, de beige, de sépia, de gris terreux, avec des rues pentues, des édifices ornés d'arcatures arabes et des palais branlants aux colonnes vernissées. Il y avait partout des massifs de fleurs et des linges qui pendaient aux fenêtres.

— Est-ce bien cette ville que nous avons assiégée si longtemps ? demanda Gorje.

Ils contemplaient, médusés, les échoppes insolemment garnies, les étalages de fruits et légumes, les quartiers de mouton qui pendaient comme un défi aux devantures des boucheries. L'atmosphère tout entière semblait d'une douce quiétude.

— Mais quoi ? demandait Algue le Fou. Après un si long siège, ne sont-ils pas soulagés de savoir le blocus fini ? Ne sont-ils pas curieux de leurs vainqueurs ?

C'était à peine si l'on levait les yeux sur eux. Les habitants vaquaient à leurs occupations, s'écartaient à peine pour leur laisser le passage. Même les vieux, sur leurs bancs, appuyés sur leurs cannes, ne leur prêtaient pas beaucoup d'attention. Seuls quelques enfants sales, à demi nus, les suivaient en riant aux éclats. À leur approche, les femmes ne s'enfuyaient pas. Dans l'embrasure des portes, elles leur souriaient, simplement, dans une indifférence polie.

— Je ne comprends pas pourquoi une ville si riche s'est si brusquement livrée alors qu'elle eût pu tenir encore de longs mois ! insistait Algue le Fou.

Dans l'entourage du comte Valtard, on se posait de semblables questions. Les rapports des patrouilles arrivaient inlassablement au même constat : les greniers étaient approvisionnés, les caves regorgeaient de victuailles, même les bassins du marché aux poissons étaient pleins. Et pourtant les habitants étaient pour la plupart d'une extrême maigreur. Beaucoup étaient malades. Le siège, long, pénible, avait coûté de nombreuses vies.

— Une épidémie ?

— Non, Excellence. Ces gens sont morts de faim.

Valtard jeta un regard inquiet vers Baltimore, son conseiller.

— Croyez-vous que la nourriture puisse être empoisonnée ?

— Il n'est pas à exclure, Excellence, qu'il y ait là quelque piège. Aussi avons-nous pris nos précautions : les troupes ne se nourrissent pour l'instant que des seules rations de l'armée. Les premières analyses, cependant, permettent de douter d'un tel empoisonnement. Depuis que Mariavelle est tombée entre nos mains, ses habitants se sont remis à manger et ils se portent fort bien. Nous avons nourri nos chiens avec la viande et le poisson qu'ils nous ont donnés et nos bêtes sont en parfaite santé... D'ailleurs...

— D'ailleurs ?

— Il me semblerait opportun, Excellence, de lever d'ici à quelques jours l'interdiction pour nos troupes de s'alimenter en ville car les soldats commencent à se plaindre de la moindre qualité des produits que nous leur donnons et, devant le sort réservé aux habitants, certains murmurent qu'il est plus agréable d'être, dans cette ville, le vaincu que le vainqueur.

Le comte Valtard, excédé, fit savoir d'un geste de la main qu'il se rangeait à cet avis.

— Il y a autre chose, dit Baltimore en baissant la tête. Un autre constat qui apparaît dans les rapports...

— Je vous écoute.

— Il s'agit des femmes de cette ville. La plupart sont, à l'instar des autres habitants, amaigries et très faibles, mais certaines n'ont pas été touchées par la famine. Et celles-là sont toutes, sans exception, jeunes, jolies et, pour autant qu'on le puisse savoir, elles n'ont pas encore connu d'homme.

— Est-ce qu'elles... ?

— Oh ! Nous les avons fait examiner. Elles n'ont aucune maladie. Elles sont même d'une surprenante santé, comme si seules elles avaient pu manger à leur faim, comme s'il en était d'elles comme de la nourriture, c'est-à-dire qu'on les avait préparées pour tenter nos soldats... et je dois ajouter qu'en ce domaine aussi, le veto de Votre Excellence est mal ressenti par nos troupes.

— Et vous me conseillez... ?

— Levez également votre interdiction sur ce point, Excellence, car nos soldats ont supporté de longs mois de privation et il est toujours de bonne politique de revenir sur un ordre avant qu'il ne soit outrepassé.

*

Algue le Fou, Gorje et le chevalier de Beuldy marchaient dans cette ville incroyable, à l'architecture fantasque et compliquée : aucune unité de style n'apparaissait à première vue dans les constructions disparates. Les palais rongés par l'eau du port, les temples zébrés de profondes lézardes, les vieilles maisons des quartiers agrippés aux collines portaient la trace nette souvent, d'autres fois à peine visible et d'autres fois enchevêtrée à d'autres traces, là du peuple grec, là du peuple ligure, là du peuple romain et peut-être de beaucoup d'autres dont ils ne savaient pas lire l'empreinte. Tous les peuples qui s'étaient succédé à Mariavelle s'étaient consacrés, avec un long labeur et une inexorable patience, à minéraliser et durcir le squelette de la ville, à l'enrichir de ponts, de murs, de quais, de roches pour consolider les chemins. Et pourtant, ce chaos architectural semblait organisé dans le liant d'une harmonie secrète, peut-être la conséquence du respect de proportions cachées ou, plus sûrement, comme le chevalier de Beuldy en eut très vite la conviction, dans la même volonté de doter la pierre d'une volupté charnelle. Ils visitèrent ainsi d'étranges églises où les saints et les saintes de pierre palpitaient de désir et de séduction, où les anges s'envolaient au ciel dans un grand froufrou de soieries, où les christs de bois peint, au corps musclé et frissonnant de veines, semblaient jouir de sentir s'enfoncer en eux les épines de leur couronne de ronces et le fer de la lance romaine. Partout, sur les frontons des portes, aux angles des rues, aux frontispices des édifices, des milliers de statues de femmes pâmées, de dames de marbre aux gorges dévoilées, aux pieds nus, drapées dans leurs robes de pierre comme dans un nuage de plaisir, semblaient s'offrir à eux avec une voluptueuse mollesse.

— Ne le voyez-vous pas ? Ne voyez-vous pas que Mariavelle est une putain lascive ? répétait sans cesse Algue le Fou. Vous croyez l'avoir prise ? L'avoir conquise ? Ha ! C'est toujours ce que croit l'homme quand il se rue dans une femme... Mais en fin de compte, qui triomphe ? Qui triomphe quand, emporté par ses caresses, l'homme lâche en elle sa semence ? Qui ? Est-ce lui qui ne sert plus à rien ? Ou est-ce la femelle qui garde dans ses profondeurs la matière qu'elle vient de lui voler ?

Quant aux habitants de Mariavelle, ils auraient été bien en peine de dire à quelle race ils appartenaient. Ils croisèrent toutes les couleurs de peau, crurent pouvoir identifier, dans la foule, là des Ligures, là des Grecs, là des Romains, là des Levantins et des Numides, là encore des Germains même. Mais en vérité, au-delà de leurs différences, ces gens partageaient une similitude de gestes, de postures, d'attitudes, un goût de rire et de s'offusquer des mêmes choses, qui, sur l'instant, permettaient de les identifier, avant tout, comme appartenant au peuple de Mariavelle. La ville obéissait à une secrète logique. Il y avait sans doute des quartiers, des communautés distinctes qui adoraient leurs propres dieux et parlaient encore entre elles la langue de leurs ancêtres, mais Mariavelle semblait au-dessus de cela, sûre de la force de son histoire. Sans contrainte, sans impatience, elle laissait agir cet humus, ce « fond de sauce », comme disait le patrice Exelcius, héritage de tant de siècles d'invasions et d'immigrations, qui digérait lentement les nouveaux arrivés et faisait d'eux, peu à peu, sans la nécessité d'aucun renoncement, des êtres profondément attachés à Mariavelle et fiers d'en faire partie.

*

— Voyez vous-mêmes, dit Exelcius, au comte Valtard et à Baltimore. Votre venue était inscrite dans nos murs.

Ils avaient parcouru à pied, suivis par quelques hommes, les remparts circulaires de la cité jusqu'à cette grande stèle de marbre, ouverte sur la mer et couverte d'écriture grecque. Le comte Valtard fut agacé de ne pas parvenir lui-même à la déchiffrer. Baltimore s'était penché et il suivait du doigt les inscriptions.

— Vous exagérez, dit-il. Il n'est question que d'un conquérant.

— N'est-ce donc point ce que vous êtes ? demanda le patrice en souriant. Les prédictions de Protis, notre fondateur, évoquent la venue d'un grand chef de guerre qui, pour reprendre l'expression précise employée, « épousera » Mariavelle après lui avoir fait la cour pendant dix-huit mois. De leur union naîtra un peuple à l'immense sagesse.

Valtard détestait ce genre d'histoires.

— Votre Protis s'est manifestement trompé ou du moins vous faudra-t-il attendre encore un peu. Car je ne saurais « épouser » Mariavelle ni fonder aucun peuple nouveau. Je suis officier de l'empereur et c'est en son nom que j'ai pris possession de votre ville.

— Je ne voulais pas vous offenser, Excellence. Sans doute me suis-je mal exprimé. Je serais profondément honoré si vous acceptiez que je vous explique un peu plus longuement ce que…

— Nous n'avons pas le temps, coupa le comte Valtard en montrant son énervement et il tourna le dos et fit signe aux autres de le suivre.

— Moi, dit Baltimore en se redressant lentement, j'accepte volontiers votre aimable proposition.

*

Le chevalier de Beuldy passait des heures à se perdre dans les rues de Mariavelle. À midi, la ville lui faisait un peu peur, livide sous le glaive d'un soleil écrasant, vidée de sa vie et de ses couleurs, baignant dans un blanc lumineux de pupille d'aveugle. Mais la mer était toujours belle, couverte de vagues de dentelles et de cendres, à l'écume métallique, sans cesse cisaillée par les poussées du vent et déferlant avec des bruits de girouette rouillée sur les plages et les roches du port. L'air était toujours humide et suave, parfumé de poivre et de cannelle.

De temps en temps, sur les quais, éclataient quelques vives disputes et il se frayait un chemin pour être aux premières loges. Il prenait beaucoup de plaisir à entendre les invectives et les jurons, toutes ces belles insultes que connaissaient les gens de Mariavelle et qui avaient, sans doute, été rapportées de tous les ports de Méditerranée. Elles résonnaient dans des langues qu'il ne comprenait pas, mais on lui expliquait qu'y était invariablement mise en doute la vertu des mères et l'adversaire voué aux coïts contre nature.

Il adorait se mêler aux conversations. Il avait compris que ce qu'ailleurs on aurait appelé « mensonge » ou « vaniteuse exagération » n'était ici qu'embellissement. À l'opposé d'une volonté d'avilir la réalité en la déformant, il ne s'agissait que de doter les événements les plus anodins d'une dimension merveilleuse. L'emphase mariavellienne n'était qu'une volonté constante de réenchantement du monde. Et, à vrai dire, seul l'étranger perméable à cette poésie en était victime puisque les autres, sans même y penser, convertissaient la démesure du discours à une juste proportion qui les gardait de se méprendre sur le fond des choses.

Quelquefois, à force de descendre des escaliers, de soulever des trappes, le chevalier de Beuldy s'aventurait trop loin dans les profondeurs de la ville. Il entendait les eaux souterraines battre les flancs de la cité. Il devinait des gouffres d'ombre, des caves humides et sombres où il lui semblait qu'haletaient des dieux terribles d'autrefois, punis sans doute, enchaînés pour les empêcher de nuire. Alors très vite, il remontait vers la lumière, vers les cours inondées de soleil, les terrasses ouvrant sur la mer où des linges multicolores, accrochés à des fils, battaient dans le vent. Il dansa des nuits entières avec une jolie robe rouge, oubliée à sécher, qu'il enlaçait et faisait tourner sous les étoiles.

*

— Cette ville me déplaît, murmura le comte Valtard. Elle est inquiétante, insaisissable. Nous aurions dû la traiter comme les autres, l'asservir, la brûler…

Des fenêtres de la résidence qu'il avait réquisitionnée, on apercevait les toits bigarrés des maisons et les flèches de la cathédrale.

— Je crains, Excellence, dit Baltimore, que la situation ne soit encore plus complexe. Je déchiffre peu à peu leurs livres d'histoire. Nous n'avons pour ces gens qu'une importance anecdotique. Des centaines d'armées nous ont précédés et sont entrées dans Mariavelle, au cours des siècles passés. Voilà pourquoi la foule y est si métissée…

— Peuple de bâtards !

— Et pourtant, les récits ne font état ni de violences ni de révoltes… Les sièges ont toujours été difficiles, mais toujours, d'un coup, les portes s'ouvraient et laissaient entrer l'ennemi…

— Il faut reprendre la situation en main. Nous allons arrêter les édiles, confisquer les biens et les vivres, établir un couvre-feu…

— Cela n'est plus guère concevable, Excellence. Nos troupes ne nous suivraient pas. Elles ne comprendraient pas.

— Désertion ?

— Non, bien sûr. Mais les soldats ont adopté cette ville. Certains y ont trouvé une compagne. Ils commencent à apprécier son mode de vie.

— On m'a dit aussi que les musiciens locaux avaient adapté nos marches militaires ?

— En effet, je me suis permis, Excellence, de leur en donner l'autorisation. Ce sont des artistes. Le résultat est remarquable. Ils y ont insufflé comme une légèreté…

— Vous êtes bien complaisant, Baltimore !

Le comte Valtard s'était retourné et il toisait son conseiller. Ils se fixèrent du regard un instant. Le comte rompit le premier. Un poing derrière le dos, il alla jusqu'à son bureau. Puis il se mit à écrire d'une main rageuse.

— Vous avez tort de croire qu'il est trop tard. Nous devons au contraire rétablir l'autorité. Nous allons réserver un quartier pour nos troupes, interdire les contacts avec le reste de la population. Le respect strict de l'uniforme va redevenir un impératif. Et tout manquement à la discipline sera sévèrement puni. Et quand l'ordre sera établi dans cette ville, nous la quitterons. Au printemps, au plus tard !

*

Tout alla ensuite très vite. Dès le lendemain, le comte Valtard ressentit les premières douleurs et dut immédiatement s'aliter. Ni les médecins de l'armée ni ceux de la ville ne parvinrent à localiser le mal ni à en détecter l'origine. Il mourut quelques instants après que l'on eut annoncé la naissance du premier enfant né d'un couple mixte. Mais tout le monde n'y vit qu'une pure coïncidence.

À la demande de Baltimore, il y eut deux cérémonies funèbres, la première militaire, selon les traditions de l'Empire, la seconde selon l'usage de la cité : de grands brasiers furent allumés dans la ville et une procession immense partit de la cathédrale et s'acheva sur le port où l'on brûla le cadavre du comte avant de disperser les cendres dans la mer.

Un mois plus tard, au commencement du printemps, Baltimore, acclamé par la foule où les soldats de l'Empire ne se distinguaient plus guère, acceptait la charge de patrice de Mariavelle.

Et lorsque, bien des années plus tard, les premières sentinelles annoncèrent l'armée ennemie, lorsque de nouveaux conquérants, fascinés par la beauté de Mariavelle, se décidèrent à l'assiéger, ils surent, tous autant qu'ils étaient, Gorje, Algue le Fou, le chevalier de Beuldy, Baltimore là-haut dans son château, que c'était désormais à leur tour de défendre la ville, leur ville.

Ils avaient revêtu les chasubles bleu et blanc. Ils avaient rempli les greniers et les caves. Ils avaient alimenté le parc à bestiaux. Selon les instructions de Protis, seules les plus belles jeunes filles pourraient manger à leur faim pendant le siège.

— Dix-huit mois…, souffla de Beuldy à Gorje. Nous devons tenir dix-huit mois.

Et comme ils apercevaient soudain sur leurs chevaux les officiers de l'armée ennemie, Baltimore, de derrière sa fenêtre, s'amusa à deviner lequel d'entre eux prendrait un jour sa place dans le cœur de Mariavelle… Mariavelle, l'oasis du Sud, la ville aux cent onze villages et aux deux cents fontaines, la dernière forteresse à l'extrémité du pays des Gaules…

ÂGE

Sur les eaux doucement agitées du port se balancent des embarcations légères, chargées de fruits, de légumes et de pastèques que les mariniers débarquent et vendent directement sur le quai. Plus loin, ce sont les tartanes et les boutres des Syriens qui, en bon rouliers de la mer, malgré les vicissitudes de l'Histoire, continuent leur commerce de cabotage, d'île en île, de comptoir en comptoir, débarquant leurs marchandises venues d'Italie et de Byzance.

— Quel est ton âge ? demande le patrice Mauronte au vieux conteur qui s'installe devant lui, sur la terrasse. J'ai du mal à le déterminer.

— Je suis beaucoup plus âgé que l'on pourrait croire, Monseigneur.

— As-tu connu Antenor, l'ancien patrice ? As-tu vu les Francs de Pépin de Herstal mater sa révolte et dévaster Marseille ?

— Hélas, Monseigneur ! Et j'étais là aussi quand les Lombards ont pillé la ville ou quand, en 481, Euric et ses Wisigoths pénétrèrent en son sein et la ravagèrent.

— Il y a de cela plus de deux siècles ! Par saint Victor, tu te moques de moi !

— N'évoquez pas le nom de saint Victor, Monseigneur, cela me rappelle de mauvais souvenirs. J'étais dans la foule au IVe siècle et j'ai assisté à son martyre.

Comme j'étais là aussi quand ils ont lapidé saint Lazare, notre premier évêque.

— Quel menteur ! Au Ier siècle ? Tu aurais connu saint Lazare ? Et pourquoi pas César !

— Quelle honte quand nous dûmes lui ouvrir les portes de la ville ! Je me revois encore quand nous lui avons livré nos armes, nos navires et tout l'or de nos coffres. Nous n'aurions pas dû choisir Pompée.

— Et tu as sans doute croisé Pythéas, le navigateur du VIe siècle avant Jésus-Christ ?

— Un grand homme ! Il fut lui aussi traité de menteur ! Je l'ai non seulement croisé, Monseigneur, mais je l'ai accompagné lors de la plupart de ses courses en Bretagne, en Irlande ou à Thulé. Il avait besoin d'un homme à la parole respectée pour donner foi à ses exploits. Faites-moi penser à vous raconter un de ces jours notre épopée sur la mer gelée !

— Et tu vas me dire, bien sûr, que tu as assisté au mariage de Protis le Phocéen et de Gyptis, la fille du roi des Ségobriges ?

— Non, Sire. Ce jour-là, j'étais malade. C'est que je n'étais pas tout jeune !

— Et tu as bien sûr la preuve de cet âge canonique que tu prétends avoir ?

Alors, le conteur se penche vers le patrice Mauronte, ouvre la bouche en grand et le laisse tranquillement admirer les magnifiques peintures rupestres – des mammouths, des aurochs, des tigres à dents de sabre – qui ornent son palais et la paroi interne de ses joues.

L'EMBARQUEMENT

La mer verse dans l'âme des Marseillais le goût des aventures, du mystère des départs, des joies violentes des retours : navires dansant sous les voiles, constellations jamais vues, peuples improbables, femmes inouïes, monstres inconnus, rivages mystérieux qui émergent des brumes, et tant de mélancolie, tant de tristesse chez ceux, surtout celles qui restent.

Qui la première donna l'alerte ? C'est peut-être moi, dit Marie des Mouettes, la conteuse, je ne me souviens plus. Toujours est-il que je fus l'une des premières levées, l'une des premières à découvrir, au-dessus de Marseille, ce grand ciel lavé, battu. Un ciel d'un bleu splendide d'émail frotté. La toute première, sûrement, à percevoir, ce matin-là, l'exceptionnel des risées, ces caresses du bout des doigts qui faisaient courir sur l'eau du port des frémissements de lumière. La première à n'en pas douter à jouir, les yeux mi-clos, de la beauté de cette mélodie brisée, cette musique chuchotée qui faisait chanter les gréements. Mais à vrai dire, moi ou une autre, qu'importe ? De cour en cour, de porte en porte, par les fenêtres et les balcons, la grande nouvelle se propagea parmi nous, les femmes de Marseille : c'était le jour !

Fini les garçons qui partent, ivres des îles sous le vent, et qui s'embarquent tout à coup pour des voyages qui ne finiront pas ! Fini les hommes qui restent à quai et à regret, qui noient sous l'anisade et le vin épicé la nostalgie des courses lointaines qu'ils n'ont pas faites. C'était le jour ! C'était le jour ! Nous nous y étions préparées depuis longtemps ! Les chemises et les draps attendaient dans les baquets, les cordes étaient tendues sous les fenêtres, sur les terrasses. Alors, quand le signal fut donné, nous nous sommes précipitées avec nos pinces à linge. Que nous étions belles à regarder, tandis que nos hommes dormaient, posant nos voiles multicolores, suspendant dans le vide les tuniques et les chemises, tendant nos draps ! Le vent tournait autour de nous, soufflait sous nos robes des chatouilles au derrière de nos cuisses. Nous souriions, fermant les yeux. Nous nous appliquions, le souffle court, à bien fixer les nippes sur les cordes. Nous nous encouragions de la voix, du regard, à bien tendre les vêtements ! Le mistral se levait. Le ciel immense montait encore, plus bleu, plus froid, à la hauteur de nos espérances. Toutes les terrasses gréées ! Toutes les fenêtres drapées ! Jamais on n'avait déployé si splendide voilure !

Tandis que les hommes dormaient, c'était le jour ! C'était le jour ! Nous rugîmes de plaisir aux premières bourrasques. La ville vibrait, craquait. À la deuxième salve, les fissures apparurent dans les collines autour de la cité. À la troisième salve, Marseille se détacha ! Fini les hommes qui pleurent de n'être point partis ! Fini les fils qui s'en vont ! Fini les femmes et les mères qui pleurent ! Nous avions trouvé la solution.

Toutes ses voiles déployées, Marseille gagnait peu à peu la haute mer.

II

Qui a gagné la bataille de Poitiers ?

Où Pacôme et Abdalong s'opposent sur l'avenir de Marseille. — Où Blanche converse avec un faune. — Où le patrice Mauronte apprend l'existence de la bataille de Poitiers et veut en connaître l'issue. — Où, dans la mêlée, tout se mélange. — Où l'on assiste au défilé des troupes franques et des troupes des Maures. — Où Abd al-Rahman ibn Abd Allah al-Rhafiqi mène son monde à la baguette. — Où l'on admire les mercenaires d'Orgosolo. — Où l'on suit le vol noir des corbeaux sur la plaine.

1.

L'évêque de Marseille, Abdalong, était une masse de plus de six pieds de haut, avec un ventre presque aussi large, des bras comme des jambons et des poings à arrêter d'un coup la course d'un taureau. Il en imposait. Seule Blanche ne pouvait le regarder sans être prise d'une irrésistible envie de rire. Tout l'amusait chez lui, sa barbe frisottée, taillée au ciseau dans le bois comme celle d'un saint d'église, sa tonsure à la mode irlandaise, ses gros mollets et ses yeux gris luisants, perdus dans le lard du visage, pareils à deux diamants tombés dans du saindoux. Aux banquets, il mangeait comme quatre et ses nombreuses bagues que la graisse enchâssait à ses doigts boudinés sonnaient sans cesse contre sa timbale ou son assiette, l'entourant d'un bruit permanent de clochettes. Aux conseils, il s'endormait souvent, ses deux mains croisées sur son ventre énorme et sa lèvre du bas vibrant comiquement à chaque ronflement.

On peinait à croire qu'il avait été, dans sa prime jeunesse, comme il aimait à le raconter à Blanche, un de ces moines évangélisateurs qui s'en allaient seuls dans les contrées païennes chasser les anciennes idoles. C'était, disait-il, ses plus belles années, passées à parcourir des contrées noyées de brume, à s'enfoncer dans des forêts obscures. Il débusquait les nymphes autour des lacs. Il combattait les faunes à l'arme blanche, roulait, en des corps-à-corps somptueux, avec eux dans les mousses et les feuilles, les étranglait de ses mains puissantes et se faisait des manteaux de leurs dépouilles. Ensuite, disait-il, il était devenu prêtre, puis évêque, avait été formé à la *schola* du palais mérovingien et il avait été envoyé dans cette ville impossible, écrasée de soleil et de péchés, pour la surveiller. Il craignait la population de Marseille, hostile aux Francs, et restait la plupart du temps terré derrière les murailles de son palais épiscopal, le château Babon, n'en sortant que pour tenter, inlassablement, de convaincre Mauronte de la nécessité de maintenir la cité dans le giron protecteur des Francs.

Il dépensait toute son énergie à contrer les arguments de frère Pacôme. Qu'importait, disait-il, que la lignée de Mérovée s'éteigne lentement d'épuisement en la figure de ces rois fainéants, puisque, on le savait, des hommes nouveaux s'étaient levés parmi les Francs, ces anciens majordomes, maires du palais, qui prenaient peu à peu les rênes des royaumes en décrépitude ? Et en tout premier lieu ce Charles, dit le Martel, bâtard de Pépin de Herstal, qui s'était élevé au-dessus de la mêlée des héritiers pour prendre le pouvoir.

S'il fallait s'inquiéter, ajoutait l'évêque, c'était plutôt de la propagation de cette nouvelle religion mahométane. Le trafic en Méditerranée avait baissé. Le commerce du port ralentissait. Des lignes de navigation se fermaient en direction de la Syrie, de l'Afrique et de l'Espagne. Mais surtout, ces Maures ne cessaient d'avancer et de conquérir de nouvelles terres. Ils étaient maintenant en Septimanie et ils poussaient leurs actions de l'autre côté du Rhône. Chaque jour arrivait l'écho de nouvelles exactions : pillages d'églises, saccages de récoltes, viols et tueries. Marseille était maintenant sous leur menace directe. Plus que jamais, disait-il, elle avait besoin de la protection des Francs.

En vérité, Abdalong et Pacôme ne s'entendaient que sur ce seul point : les nuages s'accumulaient sur Marseille. L'avancée des Maures changeait la donne et bouleversait les équilibres. L'orage couvait. Et face à ces grandes catastrophes qui se préparaient, il fallait très vite que le patrice prenne des décisions.

Mais le duc Mauronte n'aimait rien moins que la précipitation. Il pensait que tout choix, quel qu'il soit, est toujours un drame en ce qu'il jette dans le vide toute une arborescence de possibilités. Se donner tout entier aux Francs pour repousser la menace sarrasine ou profiter de la présence de ces Maures pour redonner un peu d'autonomie à Marseille, cela ne méritait-il pas une longue réflexion ? Ne fallait-il pas, avant d'opter pour telle ou telle solution, peser soigneusement les forces en présence ? Deviner qui gagnerait en cas d'affrontement ?

— Mais, lui dit un jour Abdalong au détour d'une conversation, ces interrogations n'ont plus lieu d'être. L'affrontement que vous évoquez a déjà eu lieu et le centre du monde a basculé au nord : Charles Martel a remporté la bataille de Poitiers !

2.

Blanche, abreuvée d'histoires depuis sa tendre enfance, était une enfant rêveuse. Les contes qu'elle comprenait lui donnaient une image ensorcelée du monde. Ceux dont elle peinait à percevoir le sel, elle les écoutait peut-être plus attentivement encore afin de les emmagasiner au fin fond de son cerveau pour les savourer plus tard, pareille à ces animaux qui amassent des provisions pour l'hiver à venir. Sa tête était ainsi un merveilleux tumulte où elle s'efforçait d'agencer tout ce qu'elle avait entendu, tout ce qu'elle avait, à travers les récits, imaginé, pressenti et deviné. Depuis qu'elle se tenait droite sur ses pieds, son père l'avait toujours voulue à son côté tandis que les conteurs contaient. C'était, pensait Mauronte, la meilleure éducation que l'on puisse donner. Il était convaincu que l'existence n'était belle que dans les travestissements des poètes, dans leur exagération, dans leur démesure, et que tous ces mots qu'ils lâchaient étaient comme des milliers d'abeilles qui s'en iraient jusqu'au cœur de Blanche pour y bâtir des ruches aptes à donner un jour le plus beau miel.

Blanche, elle, même après que les bouches s'étaient closes et que les livres s'étaient fermés, continuait à vivre dans un monde de magie et d'émerveillement. On la voyait errer dans le jardin du palais de son père, un sourire aux lèvres et le regard flottant. Elle déambulait au milieu des bosquets striés de soleil et d'ombre, des faïences fleuries et des terrasses ouvertes sur le ciel, cherchant, selon l'heure et l'époque, tantôt les recoins de fraîcheur, tantôt les esplanades ensoleillées où se déversait le parfum des orangers et des citronniers que la brise s'en allait chercher dans les vergers des collines. Elle surprenait dans le silence troublant de son être des appels délicieux, des murmures de voix qu'elle ne comprenait pas.

Souvent, quand personne ne faisait plus attention à elle, Blanche descendait vers la calanque à laquelle on accédait par un escalier de pierres, au fond des jardins du palais, là où étaient les vestiges d'un ancien temple. Elle y retrouvait son seul ami, le faune joufflu, satyre au sourire bienveillant qui, au-dessus d'une vieille fontaine, somnolait la tête posée sur le mur, un filet d'eau coulant de sa bouche entrouverte. Elle rêvait des heures, assise sur les rochers, avec l'ombre des pins en chatouille sur le visage et dans l'oreille le clapotis des vagues, les cigales et les guêpes. Elle racontait au faune les contes de la veille, lui parlait de ses attentes. Le faune l'aimait bien et il l'écoutait avec une grande complaisance.

Parfois, Blanche approchait de sa bouche ses doigts. Elle jetait des baisers en l'air. Elle les lançait vers la mer et, au-delà, vers les collines de l'autre côté de l'anse. Des baisers sans cible, sans but, des baisers en pollen, qu'elle lâchait pour les confier au vent, destinés à fertiliser elle ne savait quel amour. Ces baisers voleraient, expliquait-elle alors au faune, jusqu'au front d'un de ces personnages qu'elle croisait dans les récits des conteurs. Ils surprendraient un jeune berger ou un beau capitaine à la proue de son navire. Ils se déposeraient sur les lèvres d'un charmant seigneur assoupi à l'ombre d'un arbre ou celles d'un fier cavalier passant dans les collines. Peu importaient son rang, sa race et son allure, le destinataire, sans la connaître, deviendrait sur l'instant fou amoureux d'elle. Elle voyait parfois son visage se dessiner dans le brouillard de ses rêveries. Il était beau, noble, fort et joyeux. Il partait à sa recherche avec pour seul indice l'innocence parfumée, l'arôme ingénu de ce baiser qui était venu jusqu'à lui.

— Foutaises ! disait le faune joufflu. Si ce n'est pas malheureux de voir une jolie princesse comme toi croire à de telles sottises !

— Il faut bien s'occuper, disait Blanche, un peu vexée. Je m'ennuie tellement avant l'heure des conteurs.

— Mais tu sais bien que, dans la vraie vie, les hommes ne ressemblent pas aux personnages de conte. Ils sont pleins de défauts et de vices.

— Sauf mon père, disait Blanche.

— Peut-être, répondait le faune.

— Sauf mon père et le Seigneur Christ.

Le faune ne répondait pas.

Quand il faisait chaud, Blanche se déshabillait. Elle ôtait lentement ses vêtements parce qu'elle savait que cela faisait plaisir au faune. Elle se glissait toute nue dans l'eau fraîche et sombre, à l'ombre des pins, nageait jusqu'aux nappes de soleil puis revenait et s'allongeait sur les rochers tandis que le faune, amusé, bandait en ne la quittant pas des yeux. Elle jouissait alors de la chaleur du soleil sur sa peau nue. Elle était de ces blondes qui bronzent, celles que le soleil dore et caramélise sans jamais les brûler.

D'autres fois encore, Blanche pleurait. Elle pleurait sans raison. Il lui venait une grande tristesse. Était-ce à propos de sa mère ? Était-ce sur sa merveilleuse beauté qu'elle se lamentait ? Était-ce parce qu'il n'y avait peut-être que son père et le Christ ? Était-ce seulement parce qu'elle prenait un certain plaisir à se laisser pleurer ?

3.

Toutes les histoires essentielles avaient peut-être été racontées depuis longtemps et l'art du conteur consistait seulement à les retrouver, à les répéter, à les enrichir. Mauronte savait aussi que certaines histoires, nées de l'ombre, retourneraient à l'ombre. De merveilleuses histoires avaient ainsi flambé un jour dans l'obscurité puis s'étaient éteintes. À jamais. Il se demandait s'il en serait ainsi un jour de cette histoire de la bataille de Poitiers devant laquelle il restait bien impuissant, inapte à la tenir pour exacte mais incapable de n'y voir qu'une simple légende.

L'affirmation de l'évêque Abdalong ne pouvait suffire car celui-ci était bien en peine de donner la moindre précision. Le bruit de l'affrontement arrivait certes, de temps en temps, aux oreilles de Mauronte, mais selon des termes si différents qu'il douta longtemps de son existence. Pourtant, peu à peu, le patrice finit par se convaincre qu'il y avait bien eu, près de Poitiers, quelques années plus tôt, un terrible choc entre, d'une part, les Francs menés par Charles le Martel et appuyés par les Aquitains du duc Eudes et, d'autre part, les troupes du gouverneur omeyyade de Cordoue, Abd al-Rahman ibn Abd Allah al-Rhafiqi. Mais chaque fois qu'il abordait la question, les conteurs fuyaient, donnaient des dates contradictoires, faisaient valoir tantôt que cette bataille avait été décisive, tantôt qu'elle n'était que peu de chose, qu'elle s'était déroulée en 732 et parfois en 733, qu'elle avait eu lieu à Poitiers même ou près de la chaussée des Martyrs, dans les environs de Moussais. Certains prétendaient que les Sarrasins avaient été défaits et que c'était là un tournant de l'Histoire, d'autres qu'ils n'avaient connu que peu de pertes et s'étaient même repliés en emportant quantité de butin.

Alors, le duc Mauronte fit afficher à toutes les portes de la ville qu'il offrirait des pièces d'or à tout étranger qui pourrait lui apporter des détails sur le combat. Et à tous ceux qui se présentèrent devant lui, il ne posa qu'une seule question, la seule qui le taraudait, la seule qui l'excitait : qui était sorti vainqueur de cette bataille ?

DANS LA MÊLÉE

Qui a gagné ? Ah ça, Monseigneur, vous ne poseriez pas pareille question si vous aviez assisté à ce combat comme j'y ai assisté. Savez-vous bien ce que fut l'affrontement de la nation franque contre la nation sarrasine ? Laissez-moi vous conter.

Comme toujours, ce furent les Arabes qui prirent l'initiative au cri d'*Allah Akbar.* Ils s'élancèrent, impétueux, contre le mur de fer et de lances dressé par l'armée franque. Au début, je ne dis pas : quand on en était aux assauts répétés, aux vagues incessantes de la cavalerie arabe contre les boucliers francs, là il eût été encore possible de vous répondre. Mais après ? Quand le combat tourna à la mêlée ?

Dans la mêlée, Monseigneur, dans le pêle-mêle de l'affrontement, plus rien ne se distinguait nettement. La violence des coups taillait des failles, des glissements, des creux, des abîmes. Le champ de bataille était pulvérisé, débordé de toutes parts : on y passait sans s'y installer, on y courait en tous sens, on y tombait, on le traversait. Il n'était plus un lieu mais un non-lieu où la violence et l'intimité de mouvements contraires ne s'apaisaient pas. Au cœur de la mêlée, dans la furie, on ne savait plus où l'on était ni qui l'on était. On n'était plus qu'un corps vivant qui tentait de vivre encore.

Compter les armures, les étendards ? Mais dans la mêlée, Monseigneur, tout cela ne compte guère. Car, une fois désarmé, il faut bien, pour éviter la mort, saisir ce qui tombe sous la main. À Poitiers, il y avait tant d'armes sur le sol qu'il suffisait de se pencher. On saisissait ce qui venait sous les doigts et c'était bien le Diable si cela n'était pas pointu, tranchant, acéré suffisamment pour continuer à faire mal. Et à la fin, Monseigneur, les preux se battaient avec des sabres courbes et les guerriers d'Allah brandissaient la francisque. On n'y retrouvait plus ses petits. De lourdes épées de Saxons s'abattaient sur des boucliers francs. Et des flèches sarrasines perçaient des boucliers arabes.

Derrière les casques, sous les boucliers, compter les braves ? Mais enfin, Monseigneur, quand les bras vous étaient coupés, comment se battre encore sinon en ramassant un bras déjà tombé ? Et quand vous perdiez un œil, quel autre réflexe, je vous le demande, pour espérer voir le coup suivant, que de se pencher sur le premier cadavre, lui arracher un œil et se le caler sous le heaume ? Et quand un cimeterre vous tranchait la tête et sur le coup vous jetait à terre, comment poursuivre le combat sans envoyer ses mains tâtonner sur le sol à la recherche d'une autre tête ? Et vous ne faisiez pas le difficile à pareil moment : le moindre casque sur le moindre crâne faisait l'affaire ! Et vous vissiez le plus vite possible le tout sur votre cou, bien content ! Et vous frappiez avec votre nouveau bras, guidé par votre nouvel œil enfoncé dans l'orbite de votre nouveau crâne !

Si bien qu'à la fin, Monseigneur, on ne peut dire qui est sorti vainqueur. Il y avait bien des hommes encore vivants, des silhouettes titubantes, des êtres cherchant désespérément l'air et le repos. Mais leurs armures se composaient désormais d'éléments disparates. Sur leurs visages le sang franc se mêlait au sang sarrasin. Les épées qu'ils brandissaient, vainqueurs, n'étaient pas celles qu'ils avaient au début du combat et elles étaient tenues par des bras qui n'étaient pas les leurs. Et les bouches qui hurlaient la victoire s'ouvraient sur des têtes qu'elles ne connaissaient pas, prononçaient des mots dans une langue qu'elles ne maîtrisaient pas ! Alors non, Monseigneur ! Non ! Je ne peux décemment, à moins d'être qualifié de menteur, vous dire qui a gagné la bataille de Poitiers !

CEUX D'ORGOSOLO

Qui a gagné la bataille de Poitiers ? répéta l'aveugle. Mais les hommes d'Orgosolo, Monseigneur ! Ceux de la province de Nuoro de l'île de Sardaigne, comme d'habitude. Ils n'étaient guère que deux poignées, l'une dans l'armée franque, l'autre dans l'armée sarrasine. C'est que ce sont des guerriers très recherchés, des mercenaires que tous les généraux du monde veulent embaucher. Non pas que ce soient de valeureux combattants, tout au contraire : ils sont, dit-on, peu efficaces dans le maniement des armes et, d'une manière générale, plutôt lents dans les manœuvres tactiques et peu résistants dans les combats de corps-à-corps. Mais ils savent mourir, Monseigneur ! Ils s'offrent aux armes ennemies avec un savoir-faire inégalé. C'est un art que leurs enfants apprennent très jeunes : tomber, le buste droit, d'une manière pas trop exagérée – comme le font parfois les Romains – mais avec un minimum de mise en scène. Ils apprennent les grimaces qui vont bien, les cascades qui conviennent, les mouvements spectaculaires du corps qui accompagnent parfaitement les chutes. Ils connaissent quelques hurlements, étouffés juste comme il faut, qui donnent à l'empoignade toute sa beauté. Autrement dit, Monseigneur, ils enjolivent le combat. Souvent, les autres guerriers s'arrêtent quelques instants pour les regarder mourir et pour les applaudir. Aucun affrontement ne peut s'élever au-dessus du rang de mêlée confuse et brouillonne pour mériter le titre de bataille s'ils ne s'y sont pas illustrés. Aucune armée n'est digne de ce nom si elle ne possède dans ses rangs quelques hommes d'Orgosolo qui savent trépasser en grands seigneurs.

Alors, Monseigneur, qu'importe qui sera reconnu dans les siècles à venir comme le vainqueur de la bataille de Poitiers. Le fait même qu'elle soit appelée ainsi, le fait même que, si loin du combat, vous en ayez entendu parler ne peut signifier qu'une chose : les mercenaires d'Orgosolo y eurent des morts admirables et, dès lors, les vrais vainqueurs, Monseigneur, ce furent eux et personne d'autre.

MUSIQUE

Qui a gagné et qui a perdu, Monseigneur ? Sait-on jamais qui gagne un combat ? Et le mot veut-il dire quelque chose quand gagner une bataille signifie justement lui mettre un terme, la tuer, autrement dit la perdre ? N'est-il pas plutôt le vainqueur, celui qui se met au diapason du combat, qui s'y consacre corps et âme, qui pousse l'affrontement à ses extrêmes, l'élève jusqu'à la quintessence de sa beauté, lui sacrifie même sa victoire ?

Tout se joua quand, à la première vague d'assaut des Francs, Abd al-Rahman ibn Abd Allah al-Rhafiqi, le chef de l'armée arabe lui-même, fut transpercé en plein front par une lance franque. Il s'écroula, l'œil étonné, ses deux mains serrées autour du bois qui s'avançait en excroissance sur son front, heureux malgré tout de ressembler, ne fût-ce qu'un instant, à cette licorne à laquelle depuis tout petit il rêvait. Il s'écroula et ce fut un moment de panique dans les rangs des guerriers arabes. Ifrid, le chef des Berbères, se tourna alors vers le jeune Taoufiq.

— Ô Taoufiq al-Kalifi ibn Sherad, neveu de notre bien-aimé Abd al-Rahman – que Dieu le miséricordieux l'accueille au Paradis –, toi qui es de la famille des Al-Rhafiqi, c'est son sang qui coule dans tes veines ! C'est à toi qu'appartient désormais l'honneur de nous commander ! Ordonne et nous obéirons !

Taoufiq, Monseigneur ? C'était un gamin d'une quinzaine d'années, un front haut, des grands yeux égarés, un air de n'être jamais là, qui préférait le chant au cheval, le luth au sabre, restait des heures à écouter les oiseaux et composait des vers en secret à la manière des poètes Kaâb ibn Zouhaïr ou Al-Akhtal. Son père était si inquiet de le voir rêveur et détaché de tout qu'il l'avait confié à son frère pour qu'il fasse de lui un homme.

— Vois, dit encore Ifrid le Berbère, notre armée est comme un canard à qui l'on a coupé la tête. Elle court en tous sens, sans but, sans tactique. Remets de l'ordre dans tout ça !

Moi ? pensa Taoufiq. Moi reprendre le combat ? Moi qui ne sais rien faire d'autre que d'écouter les chansons des poètes et chercher des mélodies en pinçant les cordes de mon luth ? Mais tous le regardaient, espéraient, attendaient. Alors Taoufiq se leva. Il saisit le morceau de la lance brisée de son oncle. Il grimpa sur le rocher qui dominait le champ de bataille. Et là, il ferma les yeux et implora le secours d'Allah. Il ferma les yeux longtemps, Monseigneur, jusqu'à ce qu'il mette un peu d'ordre dans le chaos des bruits qui submergent ses oreilles, jusqu'à ce que ses mains, par magie, se mettent à bouger toutes seules.

Ce qu'il entendit, ce fut d'abord la musique martiale et sombre, timbres rauques, cuivrés et dissonants, des chevaliers francs, puis les rythmes amples et sonores, mais confus, désordonnés des guerriers arabes. Les pas décalés des deux armées serinaient deux phrases longues, fanatiques, désaccordées et menaçantes. Taoufiq comprit qu'il lui appartenait de mettre de l'harmonie dans ce chaos. Alors il se tourna vers les Arabes et ses mains s'agitèrent. Comme cela, Monseigneur, la droite battant l'air avec le morceau de lance et la gauche désignant les troupes.

Taoufiq al-Kalifi ibn Sherad fit d'abord manœuvrer ses troupes pour que le combat se situe à l'orée de la grande forêt poitevine, là où l'enceinte des grands arbres donnait une excellente acoustique. Il se laissa gagner par ce grand fond sonore, ces grands souffles de vent qui balayaient les cimes mais ne parvenaient pas jusqu'aux guerriers. Il s'appuya sur le bruissement magnifique des feuillages. Puis, par quelques mouvements magiques des poignets, il recomposa son armée, distribuant les places en fonction des bruits qu'il entendait : chocs des armes, sabots, pas cadencés, bruits secs des boucliers ramenés sur l'épaule. Il privilégia, parmi l'arsenal des armes arabes, les arcs à membrane résonante, à résonance ligneuse, à friction, à sonorité mécanique, les étendards et les fanions qui se froissaient avec des cris de soie. Il encouragea ses archers à l'utilisation de leurs arcs en dehors de leurs sonorités habituelles : cordes jouées avec le bois de la flèche, débauches de sourdines, de glissandi. Sous les mouvements de ses mains, les Arabes choisirent la sensualité, aérienne, subtile ; les armes sonnaient avec un élan inouï, prenant appui sur des arpèges. Les cordes des arcs sarrasins couvrirent ainsi le son rauque des francisques s'écrasant sur les crânes, apportant du moelleux, une mélodie continue et liée, une douce mêlée des altos et des bassons, à l'unisson ou à l'octave. Avant d'ordonner les salves des archers syriens, il fit donner les soli des cors maures, instruments à nu, dont le timbre cru et nasal mettait en valeur, par contraste, la rondeur veloutée des cordes relâchées. Aux mélodies défigurées, à la polyphonie âpre qui accompagnaient les chevaliers de Martel s'opposa bientôt la clarté des thèmes sarrasins. Musique féline, tout en étirements, coups de reins.

À ce moment précis, Monseigneur, les Sarrasins avaient gagné le combat haut la main. Mais ce fut alors que Taoufiq réalisa que la mission que lui confiait Allah allait bien au-delà : elle ne pouvait s'arrêter à l'armée arabe. C'était à l'ensemble qu'il devait s'atteler. Brandissant son morceau de lance cassée, il se tourna aussi vers les Francs. Et – me croirez-vous, Monseigneur ? – son talent était si évident, d'une si divine évidence qu'il lui suffit d'agiter les bras, d'envoyer ses mains en direction des armées de Martel pour que, sans une hésitation, elles lui obéissent sur l'instant.

Il se concentra d'abord sur les arcs ennemis : séparant ceux en branche d'orme, ceux en frêne, en noisetier, en métal, en corne de chèvre, dissociant les arcs hunniques asymétriques adoptés depuis les champs Catalauniques et les arcs sarmates à double courbure. Il associa les sifflements des frondes bavaroises et les cris rauques des Saxons projetant de leurs bras puissants leurs lances acérées. Il disposa les guerriers francs en fonction de la sonorité de leurs boucliers, là ceux en bois, là ceux en peaux tendues, là ceux recouverts de métal et d'or. Alors qu'il n'aimait pas la spatha, cette épée trop longue et trop lourde, il fit manœuvrer ses soldats devant les guerriers adverses et, par des ordres brefs et contradictoires, leur demandant d'avancer, de reculer, d'entrer dans le combat puis de battre en retraite, il força l'ennemi à ajouter au fond sonore les notes arpégées et bouleversantes des armes entrant et sortant des fourreaux.

À partir de là, il lança une accélération du tempo, comme une fièvre qui gagnait les troupes des deux camps. Les guerriers s'emparèrent d'un rythme binaire – d'un rythme binaire à quatre temps ! Poursuite du thème avec entrée des trompettes ! Contrepoint serré – registre descendant, nuance décroissante – triomphe des cordes !

Que ce fut beau, alors, Monseigneur ! Le choc des épées, bronze contre bronze, produisit un vertigineux pic de tension pour libérer le son des instruments : les cors chrétiens épousèrent les trompettes mahométanes. Les Francs avançaient, avec une marche résolue, déployant une sonorité riche et puissante. Les Arabes répliquaient d'un thème plus doux, amplement mélodique. Taoufiq, radieux, épanoui, jubilait. Ses bras s'agitaient et l'on ne savait s'ils naissaient de la musique ou s'ils la créaient. Dieu lui-même semblait frappé par sa souveraine élégance, sa gestique à la fois précise et ronde.

Son génie explosa dans le finale. Il déclencha les sifflements concentrés des armes de jet franques pour ponctuer d'un superbe vibrato la douceur magnifique des armées sarrasines. Il fit donner la charge des cavaliers de Martel – plus lourds, plus clinquants, plus bruyants que les cavaliers maures – pour emporter le crescendo final. Et s'il fit ployer ses troupes sous les coups ennemis, s'il confia aux siens le soin de pousser les cris, les hurlements, s'il leur demanda de jeter les ultimes lamentations, ce fut parce que les voix arabes, gutturales, lui offraient un finale plus mélodique que s'il se fût agi des voix des Francs.

Et le dernier mouvement, Monseigneur ! Le dernier mouvement : quelle merveille ! Lui, au ralenti, les yeux fermés, douloureux, les bras battant l'air à très faible cadence, appelant peu à peu le silence, soufflant dans la bouche des mourants leurs derniers soupirs. Et lentement, la musique lui obéissant, diminuant, baissant la tête, étouffant sa plainte, s'éloignant, s'évanouissant comme les âmes.

À la fin, Monseigneur, quand il n'y eut plus comme bruit que le chuchotement du vent dans les feuillages, Taoufiq al-Kalifi ibn Sherad se releva. Il écouta. Il observa le champ de bataille. Un sourire éclairait son visage. Tout seul, face au ciel ensanglanté sous le soleil couchant, il salua.

Alors dire qu'il a perdu, Monseigneur, ce serait croire que seul celui qui triomphe après le combat peut se déclarer vainqueur. Ce serait confondre le temps de la bataille et son après. Après, je veux dire, le lendemain, quand on compta les morts, après, oui, il est possible que Charles Martel ait gagné. Mais ce qu'il a gagné est bien peu de chose : un décor de cadavres, un monde de silence. Il a gagné la victoire mais non la bataille. Car la bataille, Monseigneur ! Ce bruit ! Ce mouvement ! Toutes ces couleurs ! La bataille, ce fut Taoufiq qui la gagna !

CORBEAUX

La tignasse en broussaille, les joues creuses, le visage usé de vent, de pluie, de gel, le conteur s'approcha. C'était un Berbère de la casbah d'Alger. Il regarda Mauronte et il regarda Blanche.

— Qui a gagné la bataille de Poitiers ? répéta-t-il d'une voix lasse.

Il soupira.

— Les corbeaux, Monseigneur. Seulement les corbeaux.

DÉFILÉ

Qui a gagné la bataille de Poitiers ? répète le conteur avec des battements lents de paupières. Pour être honnête, les observateurs sont restés partagés. Certains ne jurent que par Nibelung d'Auxerre et d'autres n'ont à la bouche que le nom d'Abdul ibn Faradj. Le mieux, Monseigneur – le mieux, Demoiselle –, pour que vous vous fassiez votre propre opinion, c'est de fermer les yeux, de vous imaginer assis au premier rang. Y êtes-vous ?

Le premier que vous remarquez sur votre droite, ce grand maigre un peu voûté aux gestes saccadés, c'est Nibelung d'Auxerre. D'un coup d'œil, d'un mouvement de main, il redresse un pli, ajuste une cape. Jusqu'au dernier moment, il cherche l'inspiration. Les soldats de Martel, avant qu'il n'intervienne, n'étaient que des masses informes, démarche d'ours, silhouettes lourdes aux torses larges où brinquebalaient les amulettes et les colliers pleins de dents et de griffes. Il a repris tout du début avec, toutefois, le parti pris remarquable de conserver l'esprit sauvage et barbare.

La palette est restée sombre, mélange de bleu nuit et de noir, reflets violacés, anthracite. Mais désormais, le moindre vêtement déborde de fibules en forme de serpents, de lézards, de broches en salamandres, de hannetons et de scarabées en motifs ouvragés et scintillants. Les fourrures de loutre, d'hermine, de martre zibeline s'enroulent autour des épaules et du buste, pareilles à des animaux dressés, mais toujours prêts, sur un geste de leurs maîtres, à sauter à la gorge de l'ennemi. Il a doté les fantassins d'accessoires inventifs à souhait : boucliers en bois de rose que l'on porte négligemment au bout du bras, ceintures bijoux façon feuilles, casques où battent des rubans, serre-tête surmontés de cornes qui affinent la silhouette. Il surligne la poitrine et les hanches de cerceaux de métal, gante les mains de cuir. Les mailles de fer s'adoucissent, se patinent, évoquent sur la fin les écailles de sirènes ensorcelantes.

Sous sa direction, les fantassins défilent, hauberts polis, bombés, pareils à des miroirs de reine, l'épée suspendue à des baudriers fins en cuir de veau. Les lèvres s'ombragent de longues moustaches, la barbe s'enfle, le sourcil se fronce. C'est à la fois martial et charmant. Les chefs francs, en particulier, se sont drapés d'ombre et de mystère. Leurs manteaux épais, leurs capes rigides sont devenus des chrysalides inouïes desquelles ils émergent, papillons envoûtants, libellules mutantes.

Mais peut-être que le génie de Nibelung d'Auxerre n'a jamais autant donné sa pleine mesure que lorsqu'il s'est attaqué aux troupes auxiliaires de Martel, à l'agglomérat des peuplades barbares venues grossir les rangs des Francs. Les Alamans l'ont beaucoup inspiré. Il a gardé l'esprit mais y a apporté une touche féminine : torses rasés, cheveux piqués de plumes, visages scarifiés aux dessins de totems, joues rougies comme léchées par les flammes. Il n'a modifié ni les cheveux tressés en crinières des Alains ni ceux haussés en élytres des Suèves. Il n'a parfois procédé que par ajouts infimes, à peine perceptibles. Les saies de lin, molles et flottantes, sont ainsi drapées et ceinturées d'un lien. Les sandales, garnies de poils hérissés, fixées au mollet par des bandes d'étoffe de même couleur que la culotte, se croisent haut sur la jambe, presque jusqu'au genou. Cravaches, gantelets, médaillons, chapelets accompagnent les jupes courtes ouvertes sur les cuisses musclées.

C'est chargé, bien sûr. Des influences se bousculent. Mais quel changement, Monseigneur ! Quelle métamorphose !

En face, il y a Abdul ibn Faradj. À l'origine, il était le fils d'un misérable tailleur de Damas qui tenait boutique près de la porte Bab Keissan. Sur un coup de tête, il a suivi les cavaliers d'Allah et, de campement en campement, il a reprisé ici, cousu là. À chaque ville tombée, il s'est empressé de rencontrer les gens de sa corporation, d'apprendre de nouvelles techniques. À force, l'émir lui a fait pleine confiance et l'a laissé choisir les uniformes de l'armée mahométane. Ce jour de grande bataille est, il le sait, le jour de son triomphe. Voilà des mois qu'il dessine en cheminant avec les troupes, qu'il croque des silhouettes, malgré les cahots de sa mule, qu'il note ses trouvailles sur les feuilles arrachées aux branches qui se présentent sur son passage.

Le voyez-vous ce matin-là, Monseigneur – le voyez-vous, Demoiselle ? –, tandis que les troupes se préparent au formidable assaut ? Le voyez-vous passant entre les rangs, sa bouche pleine d'épingles, les ciseaux d'une main, les bobines de fil de l'autre ? Le voyez-vous avec ses jeunes esclaves qui courent derrière lui, les bras chargés d'accessoires ? Abdul et ses doigts de fée tapotent les épaules, veillent à bien ajuster le tombé à partir de la carrure. Selon un algorithme n'existant que dans sa tête mais d'une perfection inattaquable, il modifie, il ajuste.

Les cavaliers arabes, regards charbonneux, joues grises ou nacrées, virevoltent autour de lui en tuniques légères dans un effet gouaché. Son travail n'est pas moins remarquable que celui de Nibelung. Pureté des lignes, élégance à tomber ! Autant le Franc est lourd et épais, autant l'Arabe est long et sec. Le génie d'Abdul a été d'introduire du volume. La ligne reste droite et longiligne mais la tête minuscule est gonflée dans des turbans. Les tuniques, savamment coupées, s'écartent du corps au niveau de la taille et des hanches, donnent une ampleur inattendue à ces corps élancés. Écharpes coup de vent, encolures drapées balayent les bustes avec une dynamique incroyable. Parfois, c'est juste un foulard froissé qui, passé dans la ceinture d'une gandoura en poil de chameau, se pare d'un volume ahurissant. C'est d'une souplesse à tomber.

Les Berbères ont été plus farouches. Ils se méfiaient de ce Damascène. Mais maintenant, Monseigneur, nonchalamment assis sur leurs selles ornées de sequins et de coquillages, ils défilent sagement devant Abdul. Lui poursuit sa quête de perfection. Il passe au milieu d'eux, les touche, les rajuste gentiment d'une mimique qui s'excuse, ôte ce qui est en trop, ajoute ce qui manque. Ce n'est pas la même élégance que les Yéménites. Chez eux, la taille est haute. Les burnous se cintrent de simples ceintures de ficelle. Les teintes sont plus sourdes, du beige au grège, de l'orange au rouille, du kaki à l'olive.

Chez le Numide, Abdul a opté pour l'imprimé panthère, un imprimé serré, agrandi, éclaté sur fond de drap délavé ou ombré. La cape en dépouille de fauve se suspend autour du cou avec une grâce nonchalante rappelant celle des vêtements fétiches que ces guerriers portaient avant leur conversion. Chez les Kabyles, bien sûr, il a ajouté à la gamme du bleu pâle du bleu du ciel en plein soleil. Il a mis aussi de l'or, beaucoup d'or, pour répondre à la peau bronze des guerriers aux cheveux courts crantés et aux regards délicieusement enfoncés. Les pantalons droits parfaitement coupés leur font des fesses extraordinaires et donnent l'impression sur la cheville de partir en fumée.

Les deux armées sont admirables. Des deux côtés, l'équilibre est subtil entre le classique et l'audace. Et même au cœur du combat, dans le mouvement, quand la sueur, la poussière et les larmes viennent jouer les maîtres des élégances, c'est encore difficile de choisir, Monseigneur – bien difficile, Demoiselle ! –, tant Nibelung et Abdul ont prévu à l'avance le jeu du brouillon et du déchiré et anticipé l'effacement progressif des couleurs sous les giclées de sang.

Alors, s'il fallait à la fin, tout de même, désigner un vainqueur, pour ne pas favoriser tel ou tel, je serais bien tenté de donner ma voix à cette mariée qui a surgi de nulle part pour venir clore le défilé.

C'était une femme magnifique, Monseigneur – une apparition magique, Demoiselle ! Un ange sophistiqué dont la robe blanche était soulevée par le vent, une créature à la beauté aveuglante. Au début, on ne voyait pas son visage, dissimulé sous son capuchon de soie. Mais elle allait, d'une prestance folle, la démarche altière, déhanchée, fragile et décidée. Elle avançait au milieu des combattants, avec des rondeurs molles dans chacun de ses pas, flottante dans son voile, presque fondue dans l'ondoiement du linceul immaculé dans lequel elle flottait. Et tous, les uns après les autres, chrétiens ou mahométans, s'arrêtaient sur son passage. Elle tournait vers eux son visage aux orbites creuses. Elle soulevait sa faux et elle les fauchait dans le silence.

III

Franches contées

Où Childebrand vient visiter Marseille. — Où il rappelle à Pacôme et au duc Mauronte qu'ils doivent obéissance à Charles Martel. — Où Childebrand aperçoit Blanche et en est subjugué. — Où il est fait état du mystère du casque aux bois de cerf. — Où un prêtre part à la recherche d'une église nouvelle. — Où le roi des tourterelles bleues s'attaque à son blason. — Où une petite fée détourne les armées de Charles Martel.

1.

Les chevaliers francs, leurs cuirasses à écailles et leurs cottes de mailles brillant à la lueur du soleil qui se levait au-dessus des collines, s'engagèrent sous l'arche de la Porta Gallica au pas lent de leurs chevaux, dans le bruit cadencé des sabots martelant le pont de bois. Les soldats les suivaient, d'un pas moins discipliné, un peu plus dépenaillés. Sous leurs casques formés de quatre feuilles de fer triangulaires assemblées par des clous, on devinait leurs yeux scrutant la foule, inquiets de chaque mouvement. Le duc Mauronte avait préparé leur arrivée dès qu'il en avait été prévenu, mais en se gardant bien d'en faire la moindre publicité – la répression qui avait suivi le soulèvement d'Antenor avait laissé trop de cruels souvenirs. Ses hommes s'étaient disposés simplement le long des rues qui menaient jusqu'au palais pour prévenir tout débordement, mais il avait refusé d'annoncer aux Marseillais la venue de Childebrand et de quelques-uns de ses leudes. Childebrand était comte d'Autun, duc de Bourgogne, frère de Charles Martel et chargé par celui-ci, occupé à guerroyer contre les Frisons qui s'agitaient à nouveau et menaçaient d'envahir les marches septentrionales de la Gaule, de maintenir l'ordre dans la grande Bourgogne Mauronte ne doutait pas qu'il devait cette « visite de courtoisie » aux messages alarmants qu'avait dû envoyer l'évêque Abdalong.

Il faisait déjà très chaud. L'écume moussait aux mors des chevaux. Le cuir des brides et harnais était taché de sueur sombre. Les cuirasses et les cottes de mailles pesaient lourd. Les Francs s'avançaient, rôtis vivants dans le feu du jour, la sueur leur coulant dans le sillon du dos.

Childebrand, reconnaissable à sa stature monumentale, se tenait au milieu de ses hommes, très droit sur sa monture, avec son casque à heaume sous le bras, les basques de sa cape soulevées par le fourreau de son épée. Une tête d'ours, cheveux longs et barbe brune, le crâne large et un peu aplati, des petits yeux rapprochés autour d'un nez en forme de museau. Malgré cela, cette élégance propre à ceux qui ont l'habitude de voir les autres plier devant leur volonté. Il protégea ses yeux de sa main pour mieux observer la ville. Le vent était si desséchant, la poussière volait en si grande abondance que Marseille elle-même paraissait friable, prête à s'éparpiller à la moindre colère de l'air. Childebrand jaugea l'épaisseur des murailles, la disposition des tours de guet, l'équipement et le positionnement des soldats. Et, scrutant la foule qui devenait de plus en plus nombreuse et agitée, il vit tout ce peuple composite, hommes au visage tanné, femmes le panier sur la hanche, la cruche sur la tête, gamins insolents, pieds nus, l'œil splendide de lumière, et tous le regard noir, désapprobateur. Et il se dit qu'il faudrait toujours se méfier de ces gens-là.

2.

On avait servi à Childebrand le meilleur vin de Marseille, du vin cuit, chargé de cannelle, d'amandes et de musc. Il dut l'apprécier puisqu'il vida deux brocs coup sur coup avant de s'essuyer les lèvres du dos de la main et de saisir, dans le panier posé devant lui, une pêche magnifique, veloutée, odorante, dorée, avec des nuances roses estompées sur les joues. Puis, renversé mollement dans le fauteuil, dans une pose de fatigue et de dédain, il exposa les raisons de sa visite.

Il commença par faire état des dernières victoires des Francs, contre les Saxons, contre les Maures à Poitiers, insistant sur leurs retombées, expliquant combien elles consolidaient la position de Charles Martel et des Pépinides par rapport à leurs pairs austrasiens et à leurs rivaux neustriens. La victoire de Poitiers surtout, où les armées chrétiennes avaient arrêté la marche des armées mahométanes, ouvrait des relations nouvelles entre Charles et le Saint-Siège. Désormais, disait-il en substance, le royaume des Francs était le seul qui puisse prétendre à la conduite temporelle de l'Occident et le pape ne s'y trompait pas. L'ambition de Charles Martel, insistait Childebrand, était d'établir l'unité de la plus grande Gaule, d'en faire une puissance susceptible de remplacer l'Empire romain.

— Mais pour cela, dit-il en regardant Mauronte par en dessous, mon frère a besoin d'hommes sûrs, aptes à protéger les villes de la poussée des Maures et à réprimer d'éventuelles séditions. La chrétienté est menacée et Charles est son champion. Ceux qui ne le comprennent pas seront durement châtiés.

Mauronte était fasciné par la force tranquille que dégageait Childebrand. Sur son cou de taureau, son visage mangé par le poil, vu de plus près, était étonnamment mobile, avec toutes les rides qui marchaient ensemble au moindre commandement des paupières et de la bouche et, dans le regard clair, un mélange étonnant de maîtrise et d'ardeur passionnée.

— Marseille est un point stratégique pour contrôler le Rhône et la route vers les Alpes, ajouta-t-il. J'ai décidé d'y laisser une garnison plus importante, une garnison que vous entretiendrez, bien sûr, en échange de la protection supplémentaire qu'elle vous procurera.

Et il insista sur les besoins financiers de Charles Martel. Lever l'ost et soutenir le siège des cités rebelles coûtaient de plus en plus cher : chevaux de frise, trous à loups, tours de bois, archers et frondeurs, mines et sapes, onagres et scorpions, balistes et catapultes... Mais en contrepartie, l'armée franque était devenue d'une redoutable efficacité.

— Une enceinte comme celle de votre ville, par exemple, dit Childebrand en se renversant sur sa chaise, les deux pouces passés dans son ceinturon, ne résisterait pas plus de quelques jours.

3.

Ce fut juste au moment du départ, tandis qu'on préparait son cheval. Childebrand avait prétexté l'envie de se dégourdir les jambes avant une monte de plusieurs heures et il déambulait dans le jardin, son long manteau traînant au sol. Ses gardes personnels étaient restés un peu en retrait sur la terrasse et veillaient à distance. En vérité, il voulait voir la ville, la respirer une dernière fois et en prendre la bonne mesure.

Il alla s'accouder à la balustrade de pierre grise, sèche, fleurie de lichen et de mousse qui ouvrait sur la mer et le port. Le ciel, l'eau, les collines, la ville, l'air même étaient d'un bleu très pur. Il admira Marseille éclairée et noyée dans cette douce lumière, tout entière estompée dans ce gris bleuté presque argenté où les formes avaient de la peine à se fixer. Il vit les rues pentues et chaudes, pleines d'ombre et de soleil. Il vit les auvents colorés des tavernes, les églises et les terrasses qui grimpaient les collines, l'eau du port endormi où les entrepôts et les palais décrépis se reflétaient comme dans une huile. Il vit le quai romain, les plans inclinés permettant de retirer les barques de l'eau, les môles de terre bordés de pieux pour l'accostage des bateaux et les défenses de l'anse. Marseille tournait résolument le dos au royaume des Francs. Elle était d'un autre pays, d'un autre continent.

Et puis, en contrebas, comme prisonnières des branches de pins, Childebrand aperçut la calanque et les ruines du temple romain. Il crut entendre une voix et se pencha un peu. Ce fut comme cela qu'il découvrit la fille.

Elle était jeune, blonde et entièrement nue. Elle était assise en tailleur sur un rocher, face à une fontaine, et elle parlait à la statue d'un faune. Elle mimait une conversation animée. Elle bougeait les mains, éclatait de rire, redevenait sérieuse, faisait la moue ou haussait les épaules. Puis elle se leva, marcha très lentement au bord du rivage, les mains croisées autour de la nuque, tout à la volupté d'appliquer sur les pierres plates ses pieds nus. La marque de ses orteils brillait sur la roche.

Elle n'était pas seulement belle, elle était d'une grâce asphyxiante. Sa beauté se révélait non pas tant dans ses formes que dans les mouvements pour lesquels semblaient faites ses formes. Il put l'admirer tout entière, tout entière avec sa nudité en brioche dorée, sa silhouette d'une souplesse féline, sa démarche où chaque pas avait quelque chose du bond de l'animal, du balancement de la branche. Elle s'accroupit au bord de l'eau. Elle trempa ses mains et les passa sur son visage. Quand, dans le mouvement de ses bras repliés, toute la ligne de son corps se développa sous le soleil et que la lumière alluma dans son aisselle une goutte de rosée, Childebrand éprouva le besoin de s'appuyer contre la rambarde. Ses jambes tremblaient.

Un esclave faisait brûler des branches mortes un peu plus loin. Childebrand l'attrapa par le bras et le traîna jusqu'à l'endroit où l'on apercevait le temple. Il lui montra la fille dans la calanque.

— Qui est-ce ? demanda-t-il.

— C'est la Demoiselle, dit l'esclave en tremblant. C'est Blanche, la fille du duc Mauronte.

4.

Dans les jours qui suivirent la visite de Childebrand, le duc Mauronte manifesta un intérêt très vif pour tout ce qui rappelait la geste franque. Il fit venir les marchands. Dans une éclaboussure de bruits et de couleurs, ceux-ci déballèrent à ses pieds le meilleur des armes franques : la spatha, épée longue et très lourde, suspendue à gauche par un baudrier, la francisque, hache à double tranchant, la cotue, masse d'armes pesante que les Francs jetaient au milieu des bataillons ennemis et qui écrasait tout par son poids énorme, l'angon, petite lance qui se dardait de loin et dont le fer à deux crochets ressemblait à une fleur de lis. On montra au patrice les boucliers de bois et d'osier, couverts de fortes peaux, peints de brillantes couleurs, les casques surmontés de queues de cheval teintes ou de figures hideuses, les enseignes d'animaux féroces. Il les toucha, les retourna, osa même les brandir à bout de bras et esquisser, un peu ridicule, entre les hauts murs de son palais, sous le silence gêné de ses conseillers, quelques pas d'une danse de guerre.

L'évêque Abdalong y vit clairement le triomphe de ses idées. Mauronte, pensait-il, a beau être né dans cette ville et s'en être amouraché, il ne peut renier ceux de sa race. À toute occasion, il lui rappelait d'ailleurs le sang qui coulait dans ses veines. C'était bien parce que sa famille était liée à celle de Waratton, ancien maire du palais de Neustrie, qu'il avait été nommé patrice, gage de la confiance que le maire du palais lui portait. « Nous autres, les Francs… », disait-il souvent en parlant de lui et de Mauronte. Et il vantait sans cesse les qualités de cette race audacieuse, prompte, indomptable, aimant la guerre et le danger.

Pacôme peinait davantage à interpréter la démarche du patrice. Le duc Mauronte rêvait-il de rejoindre les armées franques ou rêvait-il de les vaincre ? S'imaginait-il au milieu de ces terribles guerriers ? Se prenait-il vraiment pour Charles Martel ? Le voyait-il en demi-dieu, les yeux brillants, débordant d'une colère lumineuse, dispersant l'ennemi, en de grands moulinets de son marteau et s'abattant sur lui comme la pluie sur les feuilles ?

Et comme le duc Mauronte réclamait désormais des conteurs aptes à lui chanter la geste franque, frère Pacôme fit mine d'être beau joueur et il acquiesça à sa demande. Mais pour autant, il ne renonça pas à sa subtile stratégie. Et il sélectionna les récits, ne choisissant que ceux qui, de manière parfois bien indirecte, pouvaient distiller dans l'esprit de son prince le doute sur la toute-puissance des conquérants.

LE GUERRIER AU CASQUE AUX BOIS DE CERF

Connaissez-vous l'histoire du guerrier au casque aux bois de cerf, Monseigneur ? demanda le conteur. C'est une histoire qui peut commencer de mille façons. On me l'a racontée à Auxerre, à Reims, à Ravenne et à Cologne, et chaque fois différemment. Moi, j'aime bien la faire commencer en automne, à cette époque-là où Thomas était encore un enfant.

Ce jour-là, les bœufs rentraient du labour, traînant leur timon, le mufle soufflant, les cornes basses, de la boue jusqu'au milieu du ventre. Thomas, aussi crotté qu'eux, les ramenait comme le lui avait demandé son père. Il marchait d'un pas lourd, le regard perdu sur les champs noirs empourprés de givre, sur les vols rasants des bandes de corbeaux à l'horizontale des terres grasses, sur les nuages gris, encagoulés comme des pénitents, qui s'en allaient lentement vers l'ouest, en procession, l'œil bas, mâchouillant des bouts de prières.

Et ce fut alors qu'il vit, pour la première fois, le guerrier au casque aux bois de cerf.

Il se tenait à l'orée de la forêt, dressé sur un cheval à la robe rousse et au corsage profond. On ne distinguait pas son visage, entièrement dissimulé sous un casque à rabats, surmonté de magnifiques bois de cerf de douze pointes au moins. Son cheval piétinait dans son haleine, secoué sur un roulis de sangles et d'anneaux de mors. Le guerrier l'observait, cliquetant doucement dans le vent, dodelinant de sa tête fière dans la lumière. Mais dès que Thomas fit un pas, il rompit et disparut sous les arbres. Thomas abandonna ses bœufs, courut à sa poursuite mais ne retrouva pas sa trace.

Le soir, il profita de la présence, à la taverne, de Sigismond, un vieux sec comme un cep de vigne qui avait été autrefois soldat, pour raconter son aventure. À sa grande surprise, Sigismond connaissait le guerrier au casque aux bois de cerf.

— Tous ceux qui ont porté les armes l'ont croisé un jour, lui dit-il. Pas un combat majeur, pas une bataille d'envergure où il n'apparaît dans la mêlée, brandissant à deux mains sa lourde épée, fauchant les têtes.

Et le vieux, l'œil dansant au fond de ses cernes bleus, décrivit le guerrier au casque surmonté de bois de cerf. Il raconta, avec force détails, son courage au combat, sa force herculéenne, sa démarche de roi, la grâce et la puissance de ses courses.

— Mais qui est-il ? demanda Thomas. De quelle armée est-il le guerrier ?

— Ah ça ! répondit Sigismond en baissant la voix et la chandelle. Ça, nul ne le sait. La première fois qu'on vit le casque aux bois de cerf, ce fut, dit-on, en 451, à la bataille des champs Catalauniques. Mais le casque était-il porté par un Hun, par Attila lui-même ? Coiffait-il un des Francs de Mérovée qui défendaient l'Empire ? Les témoignages différaient. Certains prétendaient qu'il était porté par Genséric, roi des Vandales, d'autres par Sigebert le Boiteux, roi des Francs ripuaires, d'autres encore par le Wisigoth Théodoric et certains par Sangiban, roi des Alains. Certains même soutenaient que si le guerrier au casque surmonté de bois de cerf était au début des combats dans les rangs des Huns et de leurs alliés, on l'avait vu, la bataille finie, parader avec les vainqueurs romains et les peuples fédérés. Le casque aurait été vu à l'enterrement de Childéric, roi des Saliens, inhumé comme un prince barbare, avec ses armes et ses pièces d'orfèvrerie d'origine orientale, revêtu de son *paludamentum*, le manteau des généraux romains, non loin de ses chevaux sacrifiés. Mais on aurait aussi aperçu ses longs cors dans les rangs du Romain Syagrius battu par Clovis à la bataille de Soissons, puis dans les rangs d'Alaric le Wisigoth.

— Mais quel âge peut-il bien avoir ?

— On dit qu'il est vieux comme la guerre.

— Est-il un mercenaire ? Se bat-il pour le plus offrant ?

— Je n'ai jamais rien entendu de pareil, mon garçon. On dit qu'il se bat, c'est tout, parce que pour lui, quel que soit le camp et quel que soit le prétexte, c'est toujours la même guerre qui se poursuit. Toujours est-il qu'il est devenu une légende. Les jeunes preux rêvent de l'affronter. Celui qui vaincra le guerrier au casque aux bois de cerf prouvera sa vaillance et sa valeur. J'en ai vu bon nombre partir au combat dans le seul désir de le défier. Et jamais aucun n'en est revenu.

À partir de cet instant, l'esprit de Thomas fut tout entier occupé par le guerrier au casque aux bois de cerf. Il y pensait le jour, il en rêvait la nuit. Un matin, il quitta les champs noirs, les bœufs, les corbeaux et son père. Il suivit les armées qui montaient vers le nord. Il devint palefrenier, puis écuyer, apprit à manier la francisque et l'épée. Il fut de toutes les batailles de Charles Martel, contre les Wisigoths, contre les Souabes, contre les Frisons. À pied, au milieu de la piétaille, il apercevait de loin quelquefois les hautes ramures du guerrier au casque aux bois de cerf. Il voyait de jeunes chevaliers venir le défier, des fols avides de gloire qui le chargeaient en de grands hurlements. Et il tremblait à l'idée que l'un d'eux puisse réussir à le vaincre avant lui. Mais toujours, à l'issue de mêlées confuses, le casque du guerrier aux bois de cerf refaisait surface.

Le soir, autour des feux de camp, sa légende n'en finissait pas de grandir. On disait qu'il allait si haut, sur sa monture, que des nuages se prenaient dans ses ramures, qu'il maniait si adroitement et si promptement sa lourde épée qu'il pouvait, d'un seul coup, fendre en plein vol chacune des abeilles d'un même essaim. On racontait qu'au crépuscule, il avançait toujours le dos au soleil couchant pour que la lumière finissante du jour s'insère comme une pierre précieuse dans le châssis de ses cors et que parfois, le soir, c'était la lune qui venait se poser entre ses bois nus et c'était comme la sainte hostie brandie par des mains maladives.

À la bataille du Boarn, Thomas se battit comme un lion et, à lui seul, mit en déroute une horde de Frisons. Le soir même, Charles Martel en personne l'adouba chevalier, lui donna l'une de ses montures et le voulut à son côté.

Ce fut quelques mois plus tard, contre les Neustriens, au cœur d'un combat indécis qui jetait, dans une aube brumeuse, l'une sur l'autre les deux cavaleries, que Thomas l'aperçut. Le guerrier l'attendait en haut d'une colline, dans une immobilité de bronze, ses bois ployant sous les ouates vaporeuses du brouillard. Leurs regards se croisèrent. Le guerrier reconnut, dans l'œil de Thomas, ce désir sourd de l'affronter qu'il avait dû peser tant de fois. Il brama longuement de plaisir et de fatigue. Et quand Thomas dirigea vers lui son cheval, il se recela sous les arbres. Il ressurgit plus loin, à l'orée d'un bois, disparut de nouveau quand Thomas tenta de le rejoindre. Ils se coursèrent sous les branches, entre les troncs, dans une longue éclaboussure de feuilles, de vols d'oiseaux, de lambeaux de toiles d'araignée. Les sabots de leurs chevaux s'enfonçaient dans les mousses. Thomas crut qu'il l'avait perdu dans la pénombre du sous-bois mais le guerrier l'attendait au cœur d'une clairière. Il avait mis pied à terre, avait sorti sa lourde épée.

Thomas tremblait de peur et de bonheur. Le moment tant attendu était arrivé ! Il se jeta sur le guerrier avec une vaillance sans pareille, mit à chaque coup porté l'énergie accumulée depuis toutes ces années. Et dès les premiers entrechoquements des épées, il sentit la lassitude du guerrier. À chaque passe d'armes, le casque fléchissait et les bois se courbaient. La lutte ne dura pas longtemps. D'un ample mouvement qu'il devait refaire mille fois en rêve, Thomas fit tournoyer sa lame et trancha net la tête de son adversaire. Il la vit rebondir dans l'herbe et, sous le choc, perdre le casque aux bois de cerf, qui roula plus loin dans la rosée.

Thomas resta longtemps immobile, sa grande épée dressée, incrédule de ce qu'il avait fait. Ainsi, il avait vaincu le légendaire guerrier au casque aux bois de cerf ? C'était à lui, parmi tous ceux-là qui avaient osé l'affronter, que reviendrait la gloire de l'avoir terrassé ? La tête qui le regardait avait les joues creuses et les orbites enfoncées. Une peau tendue d'un jaune de parchemin, des cheveux blancs la couvraient. Il l'ignora. Il s'avança lentement vers le casque. Il planta son épée dans la terre. Il se pencha. Il saisit le casque à pleines mains. C'était une merveille. Il le fit tourner entre ses doigts, admira ses rabats de cuir et de fer, ses bois d'archange, hérissés d'andouillers, façonnés de pelures et de rainures, superbes d'empaumures. Comment résister ? Sa tête se glissa dans le casque. Il l'enveloppait tout entier.

Ce fut alors qu'il aperçut, par les orifices qui permettaient de voir, ce jeune guerrier souabe qui jaillit dans la clairière son épée à la main.

— Te voilà enfin, lui dit l'homme, depuis tant d'années que je te cherche pour t'affronter !

Thomas voulut lui dire qu'il se trompait mais sa voix ne parvint pas à percer les parois de cuir qui enveloppaient son visage. Il tenta d'enlever le casque mais celui-ci s'était refermé sur lui et épousait si bien sa peau que ses doigts ne trouvèrent pas de prise. Aussi il n'eut pas d'autre choix que de contrer l'attaque du jeune guerrier qui se précipitait sur lui. Et celui-ci mettait une telle énergie à vouloir le tuer qu'il dut lui-même se livrer tout entier. Il lui fallut batailler longtemps pour le défaire.

Quand il regagna les rangs de l'armée franque, tout le monde s'écartait sur son passage.

— C'est le guerrier au casque aux bois de cerf, chuchotait-on, l'invincible, celui qui toujours triomphe.

Il tenta encore de parler mais ses paroles étaient inaudibles. Alors, il se redressa, leva haut ses ramures. Et il devina dans le regard des jeunes chevaliers qu'il croisait que ceux-là n'auraient de cesse de le défier.

L'ÉGLISE

C'est un conteur à curieuse dégaine, portant le fouet autour du cou, une cape rapiécée sur des couches de guenilles et une large culotte bouffante sur des mollets entortillés de bandes de tissu. Il se dit devin, capable sinon de prédire l'avenir du moins de l'entrapercevoir en des images fulgurantes qui, la nuit, s'imposent à lui.

La foi des Francs, dit-il, n'est pas comme la vôtre. C'est une religion nouvelle, baignée de poésie et de mystère, battue de grands vents et d'orages et où tout peine à se fixer. Prenez l'exemple, Monseigneur, de ce prêtre, nommé Hilaire, le personnage de mon récit. Formé au monastère de Luxeuil selon la règle de saint Colomban, c'est un serviteur de Dieu à la foi inébranlable. Et pourtant, au moment où commence mon histoire, il vient de fermer la porte de son église pour entreprendre un long voyage.

Il faut dire que c'est une pauvre église, couverte d'une charpente trouée, posée parmi des rochers millénaires, enracinée dans l'herbe morte, rongée par le vent dont la houle incessante vient battre les flancs. Autour d'elle clapote un monde de pierres froides, de bois dépouillés, de forêts amaigries et transparentes où flotte éternellement un brouillard qui apporte le silence, étouffe les formes et les bruits. Elle semble ne tenir sur ses arcs épais, ses arcs-diaphragmes, que par la seule miséricorde du Saint-Esprit. Les poutres des contreforts qui épaulent les murs en pierres mal taillées et liées à la chaux menacent à chaque instant de s'effondrer. Des pigeons nichent dans la nef et des poules courent dans les allées jonchées de paille.

Dans ce pays fraîchement converti où les magiciens et les jeteurs de sorts continuent à gouverner les âmes, où les elfes et les trolls, les sorcières et les fées poursuivent leurs danses de sabbat, que peut proposer Hilaire avec une pareille église ? S'il veut que ses brebis reviennent vers le Seigneur, il doit leur offrir une plus belle bâtisse, une maison d'une autre envergure. C'est à cela qu'il pense tandis qu'il remonte les manches de sa longue tunique, qu'il prend son bâton et s'en va sur le chemin.

Et s'il se met en route, Monseigneur, c'est un peu à cause de cet étranger qui, un soir de grande tempête, est venu se réfugier chez lui. En avalant sa soupe, il lui a raconté que plus au nord, du côté de la Champagne et de la Picardie, on a aperçu des églises d'une espèce nouvelle, plus belles et plus robustes, capables de résister au froid de l'hiver et à la chaleur de l'été, aptes à faire revenir les fidèles.

Alors, mon Hilaire s'en est allé, par les chemins, à travers les plaines et les forêts. Il a suivi les routes commerciales. Il a partagé les campements des marchands et des colporteurs, s'est mêlé aux groupes de forestiers autour des feux de bois. Il a dormi au milieu des clairières, à la belle étoile, dans la peur des pillards et des hordes de loups. Et chaque fois qu'il a rencontré quelqu'un, il a posé la même question. Mais il a eu chaque fois la même réponse : non, on ne connaissait pas d'autres églises que celles en bois ou en vieilles pierres, pareilles à la sienne, les seules qui aient jamais parsemé les campagnes.

Pourtant un soir d'orage, alors qu'il dîne seul dans une auberge, un homme borgne l'aborde. Il lui dit qu'il est braconnier. Il lui parle de cette vallée perdue où certains affirment eux aussi avoir croisé de nouvelles espèces. Contre une confession et quelques pièces d'or, l'homme accepte de le mener. Ils prennent des chemins de traverse, remontent le lit de fleuves tumultueux, longent des falaises abruptes, franchissent des défilés. Au sortir de l'un d'eux, ils découvrent enfin un pays fait de vallées profondes, de plaines couvertes d'émeraude, de forêts d'absinthe et de vermillon.

— Elles sont là, dit l'homme borgne en humant l'air. Elles sont là !

Alors, ils s'aventurent résolument. L'homme marche devant, attentif aux signes du ciel et des nuages, aux traces sur le sol, aux bruits qui montent jusqu'à eux. Hilaire le suit, son bâton dans une main, son chapelet dans l'autre, avec sa foi inébranlable, cette foi, Monseigneur, si pleine de poésie et de merveilleux. Ils avancent au milieu des hautes herbes. C'est, à perte de vue, un même scintillement. Le vent court dans les champs délaissés, dans les prairies lourdes d'épis mûrs que l'on n'a pas cueillis et qui ondoient comme la mer, parcourus de frissons, comme traversés par des monstres des profondeurs. Soudain, le silence est troué de cris préhistoriques et ils les aperçoivent !

— Ce sont elles ! crie l'homme. Les églises romanes ! Ce n'était pas une légende ! Venez. Nous devons les approcher à contre-vent pour qu'elles ne sentent pas notre présence.

Il y en a tout un troupeau. Mon Hilaire croit d'abord qu'il s'agit de vieilles basiliques, quelques byzantines orientales redevenues sauvages, sans doute repoussées au nord par les poussées sarrasines. Mais non, il s'agit bien d'une espèce nouvelle : des églises en croix, massives, à la carapace bossue, élevant vers le ciel leurs tours trapues. Elles agitent leurs épaisses murailles, leur plein cintre, le lourd berceau de leur nef centrale, les voûtes longitudinales calées sur les énormes murs de leurs nefs périphériques. Quand elles ouvrent leur gueule, on aperçoit leur sanctuaire barbouillé de rouge et de bleu où les courts piliers peints semblent porter, sur leurs chapiteaux entamés de formes grossières, le formidable poids de la voûte céleste. Elles avancent pesamment, monstres accroupis dont l'échine, vibrante d'écailles, s'affaisse sur leurs pattes épaisses, jetant vers le ciel des cris terribles. Hilaire est fasciné.

— Il m'en faut une ! murmure-t-il, subjugué.

Car de leurs formes ramassées, de leurs façades nettes où le plein cintre s'ouvre entre des colonnes massives se dégagent une force tranquille, une majesté sereine, l'élégance austère d'une espèce sûre de sa foi et de sa victoire finale, le symbole d'un catholicisme installé fort de l'autorité de conciles assis sur le roc. Avec une église de cette trempe, il est sûr de faire revenir ses ouailles.

— Il faut attendre la nuit, dit le braconnier. Nous choisirons une jeune femelle. Ce sont les plus faciles à apprivoiser. Nous l'encerclerons de nos cordes. Il faudra fuir la vallée avant que le troupeau ne se réveille.

Mais à peine a-t-il prononcé ces mots que le grand mâle qui marche en tête lâche un long cri guttural et se redresse sur ses pattes arrière. C'est alors comme un signal. Le troupeau tout entier se met en branle, s'agite et gronde, bande ses arcs de plein cintre, bombe ses chapiteaux.

— Par tous les saints ! s'écrie le borgne. Regardez ! C'est incroyable !

Au fond du défilé, une autre église est apparue, plus haute, plus effilée que les romanes, une bête splendide, un être de lumière recouvert de vitraux et d'enluminures.

— Mais qu'est-ce donc ? demande Hilaire.

— Une gothique ! Une cathédrale gothique ! Je croyais qu'il n'en existait que dans les légendes ! Nous sommes sans doute les premiers hommes à en apercevoir !

Le braconnier est comme fou. Il rit nerveusement. Il oublie Hilaire. Il court dans les herbes et le prêtre le suit avec peine. De temps en temps, l'un et l'autre lèvent la tête pour apercevoir la bête fabuleuse. Elle domine de plusieurs têtes les romanes, paraît aussi aérienne et légère que les autres sont lourdes. Une multitude de croisées d'ogives soulèvent orgueilleusement chacun de ses muscles et la projettent vers le ciel. Le plissé de ses nervures diagonales, les colonnes élancées qui séparent ses trois nefs, sa voûte entière inscrite dans leurs intervalles, l'arc-boutant qui transmet obliquement au sol l'effort qu'elle exerce sur lui, tout n'est que grâce et élégance extrêmes. Et, dans le miroitement multicolore de ses vitraux, elle semble suspendue dans l'espace.

Les romanes se jettent sur elle. Elles lui mordent les flancs, s'accrochent à ses mollets. De temps en temps, la cathédrale en saisit une dans sa formidable gueule, la fait tournoyer dans le ciel et la jette au loin. Mais que peut-elle face à la multitude ? Les deux hommes la voient chanceler, mettre un genou à terre, s'effondrer enfin au sol, dans un grand bris de verre et de fer brisés.

— Profitons-en ! crie le braconnier. Les romanes ont délaissé leurs petits ! Voyez celle-là qui joue à l'écart du groupe !

Ils parviennent sans trop de mal à l'attraper, à ligoter ses tours. Elle n'est pas trop lourde et ils réussissent sans peine à la traîner jusqu'à l'entrée du défilé. Quand ils sont sûrs d'être tirés d'affaire, ils osent enfin se retourner. Là-bas, au loin, la cathédrale gothique gît à terre et les romanes s'acharnent sur elle.

— C'était trop tôt, dit l'homme. Le temps des gothiques n'est pas encore venu. À vrai dire, ce n'est pas même encore tout à fait le temps des romanes.

Hilaire acquiesce d'un air triste. Il est pourtant très content de sa prise. La jeune romane remplacera avantageusement sa vieille église. Mais pourra-t-il jamais oublier la bête fabuleuse qu'il vient d'apercevoir ?

LES TOURTERELLES BLEUES

Il était le roi du pays des tourterelles bleues.

Tout un pays confus, noyé de pluies, bourgeonnant de forêts grasses sur des marécages empoisonnés. Il régnait sur un peuple simple, des gens qui marchaient droit, des guerriers tout d'un bloc, terrifiants de vaillance et d'innocence. Il faisait ce qu'avait fait son père et ce que ferait son fils. Il en tirait de sa vie une vision rapide, quelque chose de fugitif entre deux éternités confuses où il n'était rien, un instant fugace impossible à jamais saisir, une illusion. Il était fils de Gozagues, fils de Robur, lui-même fils de Ganéan, dont le père était Asmaran et le grand-père Triban. Il avait comme eux la taille haute et large, un grand front, des yeux sombres dans un visage un peu trop carré. Et, depuis la nuit des temps, leur blason portait une tourterelle bleue. Il pouvait réciter le nom de plusieurs dizaines de ses ancêtres, tous valeureux, tous couverts d'exploits dont on chantait la geste le soir à la veillée. Les suivants semblaient pousser les précédents des épaules et dire : « Retirez-vous, c'est notre tour. » S'il jetait la vue derrière lui, quel espace infini où il n'était pas ! S'il se retournait en arrière, quelle suite effroyable où il n'était plus ! Il n'était rien. On ne l'avait envoyé que pour faire nombre.

Mais un matin, il décida qu'il sortirait du néant, qu'il se distinguerait de la multitude. Il prit ses arbalètes et ses fourrures et il s'enfonça à travers les forêts pleines de feuilles brouillées par les vapeurs qui montaient des chemins gorgés d'eau. Dès qu'il voyait une tourterelle bleue, il l'ajustait et la tuait. Il avait pris la résolution de les supprimer les unes après les autres, de rester dans l'Histoire comme celui-là qui aurait exterminé cette espèce admirable, cette merveille de la création. Il voulait être celui-là qui aurait rendu incompréhensible et dérisoire le blason familial. Il arpenta, emmitouflé dans ses fourrures, les bois et les montagnes de son royaume. La première année, il en tua trois cent quarante-trois, la deuxième quatre cent huit, la troisième cinq cent cinquante. Puis, elles devinrent rares. Les dix dernières années, il errait, en solitaire, dans le silence des grands espaces sous un ciel vide sans écho, sans un battement d'aile.

Alors, satisfait de lui, il mourut.

Et sur sa tombe vinrent se poser deux tourterelles bleues.

LES ANGES

— Les imaginez-vous, Monseigneur, ces terribles *Franci* ? demandait le conteur. Les voyez-vous en marche, ces guerriers crasseux, aux cheveux clairs, aux yeux étincelants, la voix forte, l'air farouche, le corps d'une grande blancheur, race audacieuse, prompte, indomptable, aimant la guerre et le danger ? C'était au temps où les armes franques étaient devenues les messagères de la vérité catholique. De l'association entre Clovis et le clergé était né un christianisme qui s'imposait partout par le glaive et le feu. Rien n'arrêtait plus les armées mérovingiennes grossies de tous les ramassis des grandes invasions, Alains, Sicambres, Suèves, Sarmates. Ah, elles aimaient bien la baston ! Et à cette époque-là, quand les combats se faisaient indécis, il y avait toujours la possibilité d'évoquer le Dieu de Clotilde : le Christ descendait sur les champs de bataille et désignait, de son bras maigre de supplicié, le vainqueur.

— Dieu était du côté des Francs ? demandait le duc Mauronte. Il intervenait dans les batailles ?

— Pas lui, bien sûr ! répondait le conteur. Il envoyait ses anges.

Ce jour-là, les Francs étaient menés par Robur le Bougon, vieux faune fatigué, la face rutilante, la couenne tremblotante et le boyau toujours gargouillant, occupé continuellement à étouffer ses angoisses métaphysiques dans des satisfactions d'estomac et de bonne castagne. Il avait avec lui son clan. Une sacrée collection de terreurs ! L'arrière de la tête entièrement rasé, les cheveux tombant sur le front, le long des joues et jusque sur les épaules, et teints d'un rouge fracassant, pour se rendre plus formidables encore dans les combats ! Mais en face, c'étaient les Frisons de cette vieille canaille de Childéric le Taciturne : guerriers de bas chemins, cavaliers maigres, teigneux, habits râpés, plumets des heaumes dépenaillés, qui accrochaient, comme des morceaux de toile d'araignée, des lambeaux de nuages au bout de leurs lances trop longues. Les Francs de Robur s'étaient lancés, vaillants, dans la bataille. Et en face, ils n'étaient pas moins féroces et valeureux. On taillait dans le gras ! On s'envoyait de bonnes pignes dans le pif ! On se crevait l'œil ! On se tranchait la tête ! Mais ce jour-là, les Frisons étaient beaucoup trop nombreux et ils prenaient nettement le dessus.

Alors saint Jouhan, l'évêque qui accompagnait l'armée des Francs, s'approcha. Ce n'était pas un rigolo avec sa silhouette de pélican, ses yeux desséchés à force de regarder le ciel et toujours, quoi qu'il fasse, le chapelet au poing.

— Vous ne vous en sortirez pas tout seul, dit-il à Robur. Mettez-vous sous la protection du Dieu de Clotilde. Embrassez pleinement la foi catholique et le Seigneur, plein de miséricorde, enverra ses anges pour vous aider.

Mais Robur le Bougon n'était pas très chaud. Toutes ces histoires de Dieu unique, d'incarnation et de résurrection, ça lui disait moyen. Pour la forme, pour se donner le temps de réfléchir, il trancha encore en deux quelques Frisons. Partout ses troupes reculaient. À l'évidence, Childéric le Taciturne – cet Ostrogoth ! – allait prendre le dessus. Alors, en rouspétant dans sa barbe, Robur s'en alla retrouver saint Jouhan.

— C'est bon, dit-il. On ne s'en sortira pas tout seuls. Va pour l'intervention du Dieu de Clotilde !

— On ne demande pas l'aide du Christ comme on sonne du cor, dit le prêtre en fronçant les sourcils. Il y faut de la conviction, un désir sincère de conversion, un engagement à le servir toujours. Et la promesse d'une vie amendée, sans ripailles à n'en plus finir, beuveries à s'en faire péter la panse et filles troussées à tire-larigot !

— Ouais ! Ouais, l'évêque ! C'est bon, je te dis ! Dépêche-toi ! Les Frisons vont nous marcher dessus !

Alors saint Jouhan évoqua le Christ triomphant ! Il l'implora humblement d'apporter son aide à Robur le Bougon et à toutes les brutes épaisses de sa clique, lui promettant qu'ils défendraient désormais la foi catholique en étant des chrétiens exemplaires !

Il y eut quelques minutes d'attente. Peut-être Dieu pesait-il le pour et le contre. Et puis, les cieux s'ouvrirent et on les vit descendre. C'étaient des légions d'anges tous semblables, pareillement vêtus de blanc, de beaux garçons, jeunes et élancés, portant le cheveu blond et ondulé, la peau légèrement bronzée, avec des yeux d'un bleu sans relief. Ils marchaient d'un pas semblable, sans se presser, sans émotion, le regard même un peu absent.

Ils s'avancèrent et les Francs de Robur s'écartèrent pour les laisser passer. Pas un mot échangé. Ils ne les calculaient pas. Childéric le Taciturne et tous ses Saxons, à la vue de ce spectacle, restèrent un instant sans bouger, l'épée comme suspendue, le sourcil froncé devant ce coup bas non prévu. Les anges se mirent en ligne en face d'eux. Puis, sur un signe des archanges qui les commandaient, ils sortirent tous ensemble leurs épées – des glaives de feu, des traits de lumière aveuglants – et alors, ils frappèrent sans état d'âme. Leurs gestes étaient sûrs, leurs mouvements coordonnés et ils semblaient économes de leur puissance. En face, les Saxons essayèrent bien de se défendre. Ils levaient leurs masses et leurs haches, les abattaient en ahanant, visaient la tête et le cœur des anges. Mais ceux-ci, sans se brusquer, esquivaient chacune de leurs attaques qu'ils devinaient avec un temps d'avance. Ils esquivaient et ils frappaient. Et leurs lames s'enfonçaient dans les interstices des armures, ils coupaient les bras, tranchaient les têtes, allaient chercher les yeux dans les recoins des casques.

À l'évidence, ils n'y prenaient aucun plaisir, n'en ressentaient aucun dégoût. Un travail de clerc. Ils frappaient en pensant peut-être même à autre chose.

— Par tous les dieux roteurs et péteurs de mes ancêtres ! s'écria Robur le Bougon. Qu'est-ce que c'est que ces pignoufs qui veulent m'aider ?

Et ne voilà-t-il pas qu'il lève son épée et sans plus réfléchir qu'il tranche la tête du plus proche archange. Une tête si belle, aux traits si fins, avec ces grands yeux étonnés et ne comprenant rien, roulant entre les combattants ! Et le regard entre le Bougon et le Taciturne, ce regard de complicité entre le vieux combattant franc et le vieux guerrier frison, entre vieilles canailles qui se connaissent et se reconnaissent : « Dehors, les anges ! Qu'ils nous laissent nous tuer entre nous ! » Et quelle ruée, alors ! Tous les humains, les Francs comme les Saxons, qui se jettent sur les anges ! Ah, les soldats de Dieu ne s'attendaient pas à pareil rebondissement ! Ils n'avaient pas reçu de consignes. Cela sortait de leur feuille de route et ils ne savaient pas quoi faire. Ce fut une boucherie ! Et quel plaisir de massacrer un ange ! De lui trancher les ailes ! De lui voler dans les plumes !

De couper ces têtes si blondes, de fendre en deux ces corps parfaits ! Ah, tous les vieux guerriers cabossés, tous ces vaillants soldats perclus de bignes et de bosses, les uns borgnes, les autres difformes, les chauves, les gros, les couverts de poils, les porteurs de verrues, quelle revanche, à massacrer ces troupes de beaux gosses efféminés !

Ce fut une fameuse bataille ! Et le festin qui suivit, ce fut quelque chose ! On fit venir des filles et du vin ! Sur le charnier des anges, on fit la fête jusqu'à l'aube. Et ce furent ripailles à n'en plus finir, beuveries à s'en faire péter la panse et filles troussées à tire-larigot ! On but à la santé des hommes, à leurs imperfections et à leur indécrottable bêtise ! Et c'était sacrément bon ! Seul saint Jouhan, dans son coin, avait le vin triste. Et l'on se quitta au matin en se donnant rendez-vous bientôt sur un champ de bataille pour remettre ça.

Depuis ce jour, conclut le conteur, Dieu, vexé, se refusa à envoyer des anges. Mais en vérité, on ne les lui demandait plus.

LA FÉE DANS LA CLAIRIÈRE

Charles Martel, le dos courbé sur sa monture, allait devant. Derrière lui marchait toute son armée, des troupes hallucinantes, frémissantes et bruyantes, baignées d'ombres et de lumières, avec tant de lances dressées, tant de bannières, tant de casques surmontés d'aigles et d'alouettes qu'on eût dit quelque forêt sous le vent, craquant de sève et grouillant de mille oiseaux.

Sur leurs chevaux, tout le jour, dans ce bas monde qui n'était que souffrances et pleurs, poussières attendant de redevenir poussières, ces preux n'avaient rien fait d'autre que de chercher une mort juste et belle. Ils revenaient de la guerre contre les Saxons, couverts de boue et de blessures, la chair meurtrie et l'âme lasse. De tous les coins de l'horizon montaient les fumées des villes qu'ils avaient incendiées. Et là, en cette heure crépusculaire, ils étaient tous bien fatigués.

Soudain, dans la clairière devant eux, ils virent une fillette, si petite que l'herbe lui cachait les mollets, une gamine, sept, huit ans tout au plus. Elle avait une bonne bouille mais elle n'était ni très belle ni très propre avec sa chemise en lambeaux et ses cheveux pleins de guêpes. Elle se tenait bien droite, le sourcil froncé, une moue sur les lèvres. D'une main, elle tenait une poupée en bois. De l'autre, la paume ouverte, elle leur fit signe de s'arrêter.

— Qui es-tu ? demanda Charles.

— Je suis une fée, dit-elle en le regardant droit dans les yeux. Et je vous interdis d'avancer. Ceci est mon royaume.

— Tu es bien jeune et bien petite pour être une fée, fit-il remarquer.

— L'âge et la taille ne font rien à l'affaire, répondit-elle. C'est ce que disent mon père et ma mère.

— Et ils sont où, tes parents ?

— Ils sont allés se battre contre Charles Martel.

Charles Martel acquiesça tristement de la tête. Leurs corps devaient croupir maintenant, privés de vie, jetés dans quelque fossé. Tout le poids de sa fatigue lui tomba sur les épaules. Il jeta un œil derrière lui. Ses hommes attendaient qu'il reprenne la route, obéissants mais impatients sans doute d'aller se reposer après cette rude journée où ils n'avaient cessé de couper des têtes, de brûler, de violer, de saccager sans relâche.

— Et si nous n'obéissons pas, demanda Charles, que va-t-il nous arriver ?

— Je ferai de vous mes esclaves ! Je vous ferai écraser par mes géants qui sont cachés dans ma forêt !

Il y avait une douceur dans l'air. La lumière du soir était très belle, d'un mauve tendre qui colorait la cime des arbres et la clairière. Des papillons virevoltaient dans le vent et des libellules zigzaguaient autour des étangs. Charles Martel ferma les yeux et huma l'air. Cela sentait l'eau des rivières, le bourdonnement des insectes dans les herbes. Il se tourna vers ses leudes et, à couvert de la petite fille, il chuchota :

— Ne cherchez pas à comprendre. Ce sera peut-être notre plus bel exploit. La seule chose importante que nous aurons faite. Je vous ordonne de vous comporter exactement comme moi.

Puis, revenant vers la petite fille, il lui dit :

— Mes hommes et moi, nous doutons. Nous aimerions juger de tes pouvoirs. Donne-nous des ordres.

Elle n'hésita pas. Elle posa sa poupée sur le sol et elle tendit vers eux ses deux mains ouvertes.

— Je veux que vous reculiez de deux pas ! dit-elle d'une voix pleine d'autorité.

Charles recula de deux pas et tous, derrière lui, l'imitèrent.

— Avancez d'un pas, maintenant ! dit-elle.

Ils avancèrent.

— Mettez-vous à quatre pattes, ordonna-t-elle. Aboyez comme si vous étiez des chiens !

Et Charles se mit à quatre pattes et il aboya autant qu'il put. Il le fit de bon cœur et il y prit même un certain plaisir. Toute l'armée derrière lui aboya à s'en fendre l'âme. Et de voir tous ses farouches guerriers transformés en quadrupèdes vociférant devant cette petite fille réjouit Charles au plus haut point. Il pensa qu'il n'avait jamais été aussi heureux de sa vie.

— Bien, dit-il en se relevant. Tu nous as convaincus. Nous te supplions de ne pas nous envoyer tes géants. Nous contournerons ta clairière. Nous la préserverons.

— Bon, dit-elle en reprenant sa poupée de bois. Cela va pour cette fois. Je vous laisse la vie sauve.

Ils se retirèrent. Charles marchait en tête, requinqué, un merveilleux sourire sur sa face de vieux guerrier.

IV

Les cavaliers d'Allah

Où Pacôme et Mauronte discutent sur les terrasses. — Où le patrice demande aux conteurs des histoires sur les Maures. — Où les chevaux emportent loin les cavaliers d'Allah. — Où Césarée est jouée et perdue en duel. — Où Abu Musa rêve de convertir les Sept Cités Fabuleuses. — Où l'on souffle avec le gardien de la lune. — Où l'on regarde dans l'eau danser les reflets de Tolède.

1.

Souvent, les soirs d'été, le duc Mauronte s'installait avec Pacôme sur la terrasse du palais, dans l'embellie des nuits claires. La fraîcheur nocturne qui tombait sur la mer imprégnait leurs âmes de mouvements très doux et froids, d'un vol glacé de plumes. Des bateaux rentraient de pêches lointaines, les lanternes allumées. Les esclaves leur installaient des couches, leur portaient des coussins, des fourrures quand il faisait frais, et les deux hommes restaient là à parler, la tête encore pleine des histoires racontées, avec autour d'eux le crépitement des pignes de pin dans le feu qu'on avait allumé. Pacôme en profitait pour parler des affaires de la ville. Mauronte l'écoutait, sourire aux lèvres, les yeux dans les étoiles. C'était partout le même scintillement, comme une sorte de phosphorescence confuse du ciel et de l'eau au milieu de laquelle étincelaient les grands astres blancs et d'innombrables météores.

Pacôme exposait au duc le coût excessif qu'engendrait le renforcement de la garnison franque. Les finances de la ville ne pouvaient supporter cette charge nouvelle. Et ces soudards se comportaient en conquérants. Les plaintes des Marseillais affluaient au palais. Mauronte acquiesçait mais répétait :

— Que faire ?

Le véritable enjeu, tous les deux en étaient conscients, était de savoir si Marseille pouvait se passer de la protection de Charles Martel compte tenu de la menace sarrasine. Ces mahométans avaient surgi de nulle part. Cela ne manquait pas de plonger Mauronte dans des océans de perplexité. Si aucun événement ne se produisait sinon permis par Dieu, comment expliquer les succès de ces païens ?

— Quoi, demandait-il à Pacôme, ces envahisseurs n'étaient qu'une poignée de bergers et de marchands qui vivaient sous la tente dans le désert et ce sont les mêmes qui ont formé cette armée redoutable qui en moins d'un siècle a conquis la moitié du monde ?

— Leurs troupes, Monseigneur, répondait Pacôme, sont composées d'excellents cavaliers et d'une infanterie légère d'archers. Ils ont de très bons chefs militaires à qui ils obéissent les yeux fermés.

— Tout de même ! Ne m'as-tu pas dit que ces bédouins n'étaient au départ qu'une poignée ? Et les voilà forts d'une armée innombrable ?

— C'est qu'à mesure que cette armée a avancé, elle s'est enflée de nouveaux éléments venus des régions conquises et gagnées à sa foi.

— Mais ces populations dont tu me parles, demandait encore Mauronte, n'étaient-elles pas chrétiennes et depuis fort longtemps ?

Pacôme peinait à répondre à tout. Lui-même, lorsqu'il songeait à ce qu'avait été l'Afrique chrétienne, à la puissance des sept cents évêchés au début du ve siècle, au rayonnement incomparable de cette portion de la chrétienté qui avait enfanté tant de figures admirables au premier rang desquelles saint Augustin, il restait décontenancé. Il évoquait bien la décrépitude des empires de Perse et de Byzance épuisés par la guerre qu'ils s'étaient livrées. Il insistait bien sur la demi-complicité de certaines populations – les Araméens, les Coptes, les Juifs et les Nestoriens – mais, en vérité, il n'était pas convaincu lui-même que tout cela puisse expliquer l'enchaînement foudroyant des victoires et la vitesse de propagation de la nouvelle foi.

2.

Mauronte avait l'imagination trop prompte à s'enflammer pour qu'après l'épopée des Francs, il ne rêve pas des cavaliers d'Allah. À chaque fois que l'occasion s'en présentait, il se renseignait sur ses mystérieux voisins. La première fois qu'il tint entre ses mains une carte arabe, il en fut interloqué : les cartographes situaient le sud en haut et le nord en bas ; ils traçaient le méridien d'origine à côté de La Mecque et considéraient une pierre noire comme le centre du monde. L'écriture arabe lui parut d'une infinie beauté, un équilibre subtil de verticalité, d'ondoiements et de détours, alliant la fantaisie des courbes indociles et les rigueurs absolues des figures géométriques. La langue le surprit au premier abord, pleine d'altitude et de sécheresse, comme un grand vent soufflant sur un plateau de pierraille et de poussière, mais il trouva plaisant, au final, cette sollicitation permanente de la gorge et du haut du palais et on l'entendait répéter à longueur de journée les nouveaux mots que ses visiteurs lui apprenaient. Il passa plusieurs heures, le front plissé, le sourcil froncé et la langue entre les lèvres, à essayer de comprendre, de la bouche d'un vieux Juif qui arrivait du Caire, à quoi pouvait servir ce *sifr* ou « zéro » que les mahométans ajoutaient à leurs chiffres, une sorte de vide, de néant qui, selon le vieil homme, ouvrait à la science mathématique des perspectives vertigineuses.

3.

Alors, bien sûr, il demanda des histoires. Sur les quais du port, ses agents erraient parmi la foule, l'oreille tendue, des pièces de monnaie à la main, attentifs aux moindres paroles, achetant à prix d'or les récits qui arrivaient du bout du monde. Ses gardes arpentaient les marchés d'esclaves, guettaient à la descente des embarcadères, fouillaient les tavernes du port pour débusquer des conteurs aptes à lui raconter la légende de cette surprenante nouvelle race conquérante.

Pacôme et Abdalong tentèrent, dans un premier temps, de détourner Mauronte de sa nouvelle marotte. Convenait-il à un bon chrétien de s'intéresser d'aussi près à ces mahométans ? N'était-ce pas prendre un grand risque, dans cette ville si catholique, d'afficher une telle curiosité pour une religion si éloignée de la vraie foi ?

— Et quoi, protestaient-ils ensemble, allez-vous décider de l'avenir de votre peuple en écoutant des histoires ? Avez-vous vraiment pour idée d'écouter les conteurs qui viennent du nord et ceux qui viennent du sud et d'arrêter les lignes de votre politique à l'aune de leur talent ?

— Et pourquoi pas ? leur répondait Mauronte. À quoi de plus sûr se fier ? L'imagination du conteur n'est-elle pas un tamis, éliminant ce qui est sans résonance, amplifiant ce qui est important, ajoutant, retranchant, ne gardant au final que la quintessence de ce qui est, c'est-à-dire ce qui fait sens ?

Les deux religieux n'avaient pas d'argument à opposer à une telle évidence. Aussi, sans véritablement se concerter, ils finirent par laisser faire le patrice, désireux l'un et l'autre de bouger les lignes pour l'obliger enfin à opérer des choix et, sans l'avouer, curieux eux-mêmes de mieux comprendre ce qui avait pu pousser ces hommes à quitter un matin leur désert et à se lancer, au galop de leurs chevaux, dans le vent des burnous et la poussière soulevée, à la conquête de la terre entière.

Mauronte faisait monter les conteurs le soir sur les terrasses. Il les disposait autour du feu, les faisait asseoir sur les nattes en raphia et il leur demandait des histoires. Les conteurs attendaient, pour parler, la tombée de la nuit. Puis, avec des voix brûlantes, pareilles à des torches éclairant des tombeaux, ils ouvraient un à un leurs sépulcres cachés. Mauronte aimait bien cette illusion de campement à la belle étoile, avec le feu qu'on allumait, les morceaux de viande que les esclaves faisaient griller et le vin mêlé de résine et de miel qu'on buvait à même l'outre. Des insectes dansaient autour du feu, jetant sur la figure immobile des conteurs des ombres toujours en mouvement. Les histoires semblaient elles-mêmes flamber en de grandes volutes nerveuses, claquant comme des branches sèches.

CHEVAUX

Comment ils sont allés si vite, Monseigneur ? répéta le conteur. C'est cela que vous voulez savoir ? Grâce aux chevaux que leur donna Allah !

Aux Arabes du désert, Allah offrit des chevaux de sable, mus par la seule croyance en lui. De splendides montures qui s'éparpillaient sous le vent si l'on perdait la foi. Alors, les cavaliers d'Allah montèrent sur leurs destriers de sable et s'élancèrent sur les quatre mille milles de routes romaines, remblayées et dallées, qui s'étiraient sur le littoral nord de l'Afrique, à travers le limes désertique, près de la mer de Biban, du golfe de la Grande Syrte à la Syrie, du Tripoli libyen au Tripoli libanais, de la mer de Marmara à la mer des Roseaux. Ils allèrent à bride abattue, couchés sur l'encolure de leurs montures. Ils se mirent au plus près de leurs bêtes, presque joue contre joue, pour se protéger des gifles du vent et à leurs cavales réciter des versets du Coran attestant que leur foi ne faiblissait pas. Ils n'avaient pas le choix, Monseigneur, ils devaient aller vite pour que le sable ne retombe pas.

Aux Arabes des plateaux, Monseigneur, Allah offrit des chevaux de nuées, de beaux nuages qu'il modelait en montures fabuleuses, légères, impétueuses. Elles venaient frôler la terre en grand troupeau de fumée blanche. Les hommes couraient vers elles, jetaient leur licou et grimpaient sur les dos des chevaux-nuages. Allah, alors, déchaînait les vents et ses cavaliers fondaient sur l'ennemi, portés par le sirocco. Ce fut ainsi qu'ils envahirent la Mésopotamie, qu'ils occupèrent le royaume d'Hira, qu'ils surprirent et vainquirent, sur le Yarmouk, le 20 août 636, l'armée des Perses sassanides, aveuglés par les tourbillons de sable que leur lançait un violent sirocco, précipités dans le fleuve du haut des berges abruptes. Ce fut ainsi, Monseigneur, qu'ils poussèrent jusqu'au Caucase, jusqu'à la Caspienne, jusqu'à l'Oxus, qu'ils lancèrent des raids jusqu'au bassin de l'Indus. Au moindre relâchement, Allah crevait les nuages et leurs chevaux tombaient en pluie, précipitant les hommes dans le vide.

Aux Arabes des bords de mer, aux paysans du delta du Nil, Allah offrit d'autres chevaux, ceux qui vivaient dans les marécages. Ces chevaux étaient magnifiques, Monseigneur. Ils poussaient au milieu de l'eau, leurs pattes fragiles comme des roseaux, se balançant dans le vent du soir. Ils s'ouvraient au soleil et à la pluie. Les insectes butinaient leurs oreilles et les oiseaux faisaient leurs nids dans leurs crinières. On pouvait les cueillir, Monseigneur, en coupant délicatement leurs pattes un peu au-dessous du genou, en les réunissant en gerbe. Il était alors possible de les monter pour qu'ils vous emportent dans des courses odorantes et légères. Quand Allah les offrit aux troupes du général arabe Oqba ibn Nafi, il l'avertit que ces bêtes ne pouvaient survivre longtemps si elles n'avaient pas les pieds dans l'eau. À trop attendre, elles se fanaient. Voilà ce qui explique, Monseigneur, l'étonnante épopée d'Oqba et de ses hommes au printemps 681. Il traversa tout le Maghreb d'est en ouest. Il passa par Tanger, pénétra dans le Sous et ne s'arrêta que sur le bord de l'Atlantique, lorsque son cheval eut de nouveau les pattes dans l'eau.

DUEL

La citadelle émergeait, chaude et sucrée, suspendue entre la lumière du ciel et la brume de mer, crispant ses ventouses dans la pierre, rôtie dans la fournaise. Césarée, forteresse irréelle ! Césarée, l'ancienne capitale du roi Hérode, la ville reconstruite par Pompée, avec son amphithéâtre et son hippodrome romains, son église et ses saints défiant le temps et les flots sous la protection de saint Procope.

Kallinikos regarda une dernière fois ses hommes et il s'avança. Ils étaient la dernière garnison romaine byzantine en Syrie et en Palestine. S'ils étaient vaincus, toute l'Asie Mineure s'ouvrait aux cavaliers d'Allah.

— À la manière ancienne, champion contre champion, Dieu contre Dieu !

— Allah contre Yahvé ! Le général sarrasin contre le général byzantin !

Ils en avaient décidé ainsi, là, au bord de la mer, dans le décor splendide de cette côte tout enrobée du grésillement des insectes, du vaste cliquetis des vagues de dentelles et de cendres, avec derrière eux les vergers, les figuiers, les orangers, les citronniers et les buissons de roses qui descendaient du mont Carmel. D'un côté Muawiya, le champion des Sarrasins, et de l'autre lui, Kallinikos, le champion des Grecs byzantins, le représentant du basileus. Il était inutile que les deux armées s'affrontent puisque, en toute hypothèse, tout le monde s'accordait à dire que c'était Dieu qui désignerait le vainqueur. Alors, un combat d'homme à homme suffirait. Celui qui triompherait pourrait, avec ses troupes, pénétrer en vainqueur dans Césarée.

Kallinikos tenta de se mettre en transe. Ses hommes le touchaient, le palpaient, l'enduisaient d'huile sacrée. Ils lui tapaient sur l'épaule, le poussaient dans le dos. Ils cherchaient son regard pour lui transmettre leur courage, leur certitude aussi que le ciel était de leur côté. Kallinikos tenait d'une main son glaive et de l'autre sa lance courte. Son casque était orné d'aigrettes, portait le sceau du basileus. Il chercha des yeux Muawiya, le général arabe. L'homme devait avoir sa taille, un peu moins d'embonpoint, des jambes un peu plus arquées. La pointe de son casque s'avançait sur son nez et dissimulait l'essentiel de son visage. Il portait une cotte de mailles, tenait de la main droite un sabre légèrement incurvé et de la gauche un javelot.

Ils se retrouvèrent au milieu du cercle, l'un face à l'autre, avec tout autour d'eux le cahot de bruits, de mouvements, de couleurs des deux armées regroupées. Kallinikos se jeta dans le corps-à-corps avec une énergie qui l'étonna lui-même. Les armes s'entrechoquèrent dans un bruit sourd et le combat commença. Ce fut une lutte sobre, précise, d'une très grande tenue. Leurs postures étaient magnifiques, semblables sans doute à celles adoptées depuis la nuit des temps par tous les guerriers qui s'étaient affrontés en combat singulier. Leurs feintes et leurs parades s'inscrivaient dans l'espace dans une perfection de mouvement qui poussait à l'admiration. L'un et l'autre, à l'évidence, s'étaient accordés en silence pour épurer le combat, pour le réduire à l'essentiel, lui donner une pureté rigoureuse de forme. Kallinikos se surprit à y prendre plaisir. Chaque passe de l'autre était l'écho d'une de ses propres passes. Ils semblaient les deux éléments d'un même mouvement.

Descendu des montagnes, tout un peuple approchait peu à peu pour les admirer : bergers de boucs et d'agnelles, joueurs de flûte, bédouins la tête entortillée de linges, gamins crasseux poussant de leur bâton des moutons et des chèvres. Car ce duel était une œuvre d'art. Les coups atteignaient une sublime beauté, comme s'ils avaient été maintes fois répétés, selon un rite intemporel dont le chrétien et le mahométan retrouvaient, par magie, la secrète liturgie. Kallinikos frappait, donnait et encaissait. Il était tantôt acteur, tantôt spectateur. De temps en temps, maintenant, il arrivait à percevoir les yeux du mahométan. C'était un regard sans animosité, presque curieux, désireux tout autant que le sien de découvrir ce semblable, ce compagnon de jeu tellement en phase avec lui. Kallinikos, à découvrir le visage de l'autre, ressentait une sorte de vertige. C'était comme se voir dans un miroir. Il dut plusieurs fois faire un effort de concentration pour se rappeler lequel des deux combattants il était, celui qui, à l'instant, recevait le coup ou celui qui le donnait.

Le duel lui sembla durer l'éternité, dans la beauté du soir tombant sur Césarée. Il n'entendait plus les cris et les encouragements, seulement le bruit de l'entrechoquement des armes et parfois, sur les rochers, le chant léger des vagues. Lui ? Moi ? Suis-je celui qui tient l'arme ? Suis-je celui qui en subit le choc ? À travers des limpidités inconnues, des brises fraîches tombaient avec il ne savait quelles odeurs confuses et quelle musique aérienne, du fond de villages d'osselets perdus dans les montagnes. Il était parfois les deux combattants à la fois et, à d'autres moments, aucun des deux, simple spectateur les admirant. De larges étoiles blanches s'allumaient à tous les coins du ciel, là l'étoile des Rois mages, là les sept clous du chariot de David et là la lune du ramadan. Kallinikos était bien et il aurait aimé que cela ne finisse jamais.

Et puis, il sentit soudain que sa lame avait atteint son but. Cela s'enfonçait dans du mou, dans du vivant. Il avait percé la cuirasse du Sarrasin. Le sang giclait. Son adversaire mit un genou à terre. L'excitation de la foule se fit de nouveau entendre. Des cris de mise à mort. Des encouragements à en finir enfin. Kallinikos retira son épée, la leva de nouveau, l'abattit sur le front de l'autre de toute sa force. C'était terminé. L'homme roula sur le sol et ne bougea plus.

Kallinikos se sentit soulevé en triomphe. On l'embrassait, on le pressait contre soi. Il riait, mais ses yeux se brouillaient, il ne reconnaissait pas ses hommes, il ne comprenait pas ce qu'ils lui disaient.

— *Allah Akbar ! Allah Akbar !* criait-on autour de lui.

Les étendards du Prophète dansaient au-dessus de sa tête. Les Sarrasins baisaient sa main, le serraient contre lui. Kallinikos mit du temps à comprendre : là-bas, les portes de la ville s'ouvraient, les Grecs mettaient genou à terre et quelques-uns, en pleurant, emportaient son cadavre. Les Sarrasins, déjà, franchissaient les portes.

Césarée s'effaçait dans la brume marine, se noyait tout entière dans une lumière opaque, équivoque et menteuse.

LES SEPT CITÉS FABULEUSES

Thamra, Jullanâr, Anba, Sissane, Narjess, Mnigcha, Seltane el-Ghaba, Abu Musa serait le premier à les convertir ! Il en avait fait le serment ! Que lui importait Damas ! Que lui importait Le Caire ! Que lui importaient Carthage et Tanger ! Il serait à jamais celui qui aurait porté la parole du Prophète jusqu'aux Sept Cités Fabuleuses, ces cités mythiques qui échelonnaient la longue piste caravanière menant vers le sud, ces villes perdues aux confins des déserts, citadelles si riches et si puissantes que les chameliers, à l'arrivée des caravanes, en déchargeant pieds nus dans la poussière leurs cargaisons de l'Inde et de la Perse, pleuraient en les évoquant. Ils décrivaient la dentelle ocre des murailles de Thamra, les jardins luxuriants de Jullanâr, les ruelles d'Anba où le parfum des citronniers, des mimosas, des orangers alourdissait l'air étouffant, les souks de Sissane qui dormaient le jour et s'animaient la nuit, les longues allées aux ombrages immobiles de Narjess et les palais de marbre de Mnigcha offrant à sa palmeraie le long déroulement de ses miroirs d'eau pure. Quant à Seltane el-Ghaba, personne ne pouvait la décrire. On la disait si merveilleuse, si envoûtante que tout étranger qui y pénétrait n'en voulait jamais ressortir, si bien que nul ne savait à quoi elle ressemblait. Mais quand Abu Musa affirmait qu'il serait le premier à convertir ces villes, ses interlocuteurs souriaient.

— Te crois-tu plus intelligent que les Sept Cités Fabuleuses ? demandaient-ils. Ce sont de très vieilles cités pleines de malices et de ruses. Elles vivent dans le désert depuis la nuit des temps. Elles y ont appris à survivre là où tant d'autres villes ont fini par disparaître sous les sables. Elles voient venir de loin les conquérants et fourmillent de mille tours pour leur échapper.

— Je serai le premier à les dompter ! répétait Abu Musa. Allah me guidera !

Et sa foi et son énergie étaient telles qu'il avait fini par convaincre de nombreux mahométans de l'accompagner. Galvanisés, portant haut les oriflammes de l'islam, lui et ses hommes s'étaient résolument enfoncés vers le sud, en direction du soleil.

Le jour, ils avançaient dans les vapeurs que le soleil faisait monter de la terre gorgée d'eau, sur les étendues flasques et sales où dominaient le gris perle et le vert absinthe. La nuit, ils dormaient dans des ruines, entre les portiques effondrés d'anciens temples, des colonnes tombées dans le sable, des capitales d'anciennes civilisations oubliées depuis longtemps.

La première qu'ils aperçurent après sept jours de marche, ce fut Thamra. Ils la virent du sommet du mont Djelba, dansant au loin dans les brumes chaudes, avec ses coupoles dorées, ses tours hautes aiguisées comme des pals, la longue dentelle ocre de ses murailles. Mais ils ne surent jamais qu'à entrer dans le défilé, entre les montagnes rocheuses qui ouvraient la route vers Thamra, ils déclenchaient ces vents que les habitants de la ville avaient apprivoisés depuis longtemps. Des vents qui peu à peu, au fur et à mesure que les visiteurs s'approchaient, soufflaient le sable vers la ville, par vagues douces à peine visibles, montant le long des murailles, grimpant le long des tours, recouvrant les choses et les êtres, ensevelissant au final la cité, si bien qu'Abu Musa et ses troupes, comme tant d'autres avant eux, passèrent au-dessus de Thamra sans se douter de sa présence souterraine. S'ils s'étaient retournés, ils auraient vu, juste après leur passage, les vents contraires désensabler la ville et lui redonner vie.

Jullanâr, la ville aux jardins suspendus, elle, ne se cachait pas. Sa défense était au contraire de s'exposer au fin fond d'un désert de pierraille, à l'extrémité d'une étendue salée miroitant dans l'éblouissement de la lumière. On n'y parvenait qu'au terme d'une errance interminable sous un soleil de plomb, au pas des chameaux berceurs, par une plaine caillouteuse, embrasée, sans un arbre, sans une ombre, où flottaient sans cesse les mirages, oasis improbables, lacs d'étain, lacs de perles sur lesquels vibrait l'air chaud, imprimant à toutes choses une apparence tremblante, un accent surnaturel. Quand on arrivait à Jullanâr, les montures et les hommes avaient tant de fois cru apercevoir des arbres, des lacs, des sources d'eau fraîche que, lassés de toutes ces fausses images et désireux, désormais, d'économiser leurs forces, incrédules devant cette végétation extravagante, ils passaient à côté de la ville, de ses palmeraies luxuriantes, de ses forêts d'eucalyptus, sans un regard, le dos voûté, exténués.

Sur les étendues de sable, sur les plaines de boue craquelée, les voyez-vous, Monseigneur, les voyez-vous au rythme lent du trot de leurs montures, dans la monotonie de l'allure balancée, bêtes maigres, hommes maigres, membres affinés par les jeûnes, jambes et bras nus, qui s'échappent des burnous ? Leurs yeux brûlaient, continuellement brouillés de larmes. Heureusement, les parfums lourds des citronniers d'Anba, de ses mimosas, de ses orangers se respiraient de loin, portés par les brises qui couraient au ras des dunes. Il suffisait d'ouvrir grand ses narines pour savoir que l'on faisait bonne route. Les fragrances traçaient le chemin comme des éclaireurs guidant les troupes et, chaque jour, il semblait qu'on était à quelques heures à peine de découvrir la ville, qu'elle pouvait surgir à tout moment derrière un mamelon, avec ses multiples ruelles et ses vergers emplis d'arbres fruitiers. Mais les heures fuyaient, toujours les mêmes ; les jours passaient jusqu'à ce que l'on comprenne que ces odeurs qui embrumaient les têtes avaient été dressées à égarer les visiteurs, à les entraîner loin, très loin d'Anba et de ses merveilles. Quand on le réalisait enfin, on était perdu au fin fond des déserts et c'était miracle si, croisant des bédouins, on était remis sur la route.

La plus grande partie de la troupe d'Abu Musa renonça alors à chercher les Sept Cités Fabuleuses. Mais en compagnie de ses plus fidèles, il poursuivit sa marche. Les paupières se faisaient lourdes, les pupilles étaient en feu. Certains se bandaient les yeux pour échapper aux brûlures du soleil, se laissant guider par le trottinement des bêtes. Ce n'était qu'à la tombée du soir que l'on pouvait regarder sans être aveuglé.

Heureusement, Sissane dormait le jour et vivait la nuit. Dès que le soleil disparaissait derrière les dunes, ses souks se réveillaient au bruit des tambourins, des flûtes et des bracelets qui tintinnabulaient aux chevilles de ses danseuses. L'odeur des beignets frits et de l'agneau grillé gagnait les ruelles et les places. Les cracheurs de feu, les dresseurs de serpents, les diseuses de bonne aventure se disputaient les passants dans la musique et les rires. Pendant plus d'un mois, Abu Musa et ses hommes traquèrent Sissane la nyctalope. Elle se dressait au terme d'un curieux pays, couvert d'une terre rouge continuellement striée de milliers de sillons parallèles, habitée de curieuses bêtes, des lézards à queue noire, de grandes tortues des sables, des fennecs qui s'asseyaient sur leur passage et les regardaient d'un air surpris et amusé. Le soir, quand ils dressaient leurs tentes, qu'ils débâtaient les bêtes pour qu'elles prennent un peu de repos, qu'ils déroulaient les tapis pour faire la prière du soir, ils entendaient le doux brouhaha de la fête. Ils apercevaient les lumières de Sissane s'allumer une à une, là-bas, dans le lointain, pareilles à des veilleuses. C'était comme si les étoiles du ciel descendaient vers le sol et se couchaient ensemble sur le sable chaud. Alors, Abu Musa et ses hommes faisaient de même. Ils allumaient un feu, se serraient les uns contre les autres pour résister à la fraîcheur des nuits et ils s'endormaient en rêvant que, le lendemain, ils pourraient entrer dans Sissane. Mais jamais ils ne l'atteignaient. Ils ne surent jamais que, depuis la nuit des temps, Sissane s'était construite sur le dos des grandes tortues des sables. Chaque arbre, chaque maison, chaque édifice de Sissane avait été bâti en équilibre sur leurs carapaces. Et, d'un même rythme, lent mais continu, s'adaptant à celui de ses poursuivants, la ville marchait tout le jour dans le balancement de sa colonie de tortues. Ce n'était que la nuit venue, quand les monstres se reposaient, que la ville s'animait.

Chaque matin, levant le camp, Abu Musa comptait les défections. Ils n'étaient plus qu'une poignée, les pupilles chauffées à blanc, à continuer à s'enfoncer vers le sud incandescent.

Narjess, elle, la ville aux mille portes, était une cité immobile, traversée de longues avenues où il faisait bon se promener sous les ombrages. Ses allées s'ouvraient en des perspectives vertigineuses où l'on pouvait marcher des heures, s'adonnant à la philosophie ou aux mathématiques. Il y avait partout, dressés le long des rues, de grands miroirs pour aider les promeneurs à réfléchir. La défense de Narjess était éprouvée depuis longtemps. Elle trompa Abu Musa et ses hommes comme elle avait trompé auparavant Nabuchodonosor, Alexandre le Grand et deux des Ptolémée. Il suffisait à Narjess d'ouvrir en grand ses mille portes qui se répondaient une à une, ouvrant et fermant les lignes fuyantes du désert, de laisser agir ses longues perspectives au bout desquelles on ne voyait que des dunes de sable. Ses miroirs finissaient le travail. Elle était presque transparente. Les conquérants passaient devant elle sans la voir.

Un matin, ils n'étaient plus que trois.

Ils entrèrent dans un désert de sel et de soif, une étendue blanche aveuglante sous un ciel en fusion. Mnigcha la blanche, la ville de marbre, était tout au bout, perchée sur une colline d'albâtre. Silhouettée d'innombrables temples et de palais, toute bossuée de coupoles, ajourée de colonnades, ennoblie de portiques, de terrasses et de vertigineux envols de statues, la ville flottait au loin, immense gemme éclose, diamant vibrant. Elle était, disait-on, peuplée de colombes, d'hommes et de femmes cherchant l'ombre et, pour cela, à la pâleur de craie, habitants silencieux entortillés de linges blancs de la tête aux pieds. Ils étaient avertis de la présence des étrangers par l'envol bruyant de leurs colombes. Alors, chacun d'entre eux, selon un rituel maintes fois répété, prenait sous son bras un morceau de la ville, puis tous se dispersaient à travers le désert blanc. Quand l'envahisseur, saoulé de lumière, parvenait au sommet de la colline d'albâtre, il ne trouvait qu'une étendue vide, à la phosphorescence aveuglante, et il s'en retournait. Après son départ, un à un, les habitants revenaient. Ils déposaient, selon un ordre bien établi, chaque pierre de la cité et, au terme d'un gigantesque puzzle, Mnigcha ressuscitait.

— Il nous reste à trouver Seltane el-Ghaba, dit Abu Musa.

— La ville si lointaine qu'aucun étranger n'a jamais eu la force de l'atteindre ? Ce sera sans moi, dit le compagnon qui se tenait à sa droite.

— La ville dont on dit qu'elle est la plus rouée de toutes ? ajouta le compagnon qui se tenait à sa gauche. Ne compte pas sur moi.

Et Abu Musa se retrouva seul. Son cheval peinait à avancer, les pattes enfoncées dans le sable. Le paysage était une mer immobile, à l'écume minérale cisaillée par les poussées du vent. Il n'était rien. Poussière au milieu de cet océan de poussière de pierre. Au quatrième soir, sa monture mourut d'épuisement. Il ramassa l'étendard de l'islam et il marcha encore, le cerveau nettoyé par le vent, les yeux et les oreilles calfeutrés par la chaleur, délesté de lui-même.

À un moment, il constata qu'il était devenu aveugle. Il n'avançait plus que dans la lumière, en ne distinguant plus aucune forme, droit devant lui, pas après pas, avec le sable qui lui giflait le visage et qui s'insinuait dans ses narines et ses oreilles. À un autre moment, il tomba à genoux. Il était au milieu du vent, au milieu du sable, au milieu du blanc incandescent.

C'est alors qu'il la devina. Il avait dû en franchir les portes sans s'en rendre compte. Elle était tout autour de lui, Seltane el-Ghaba ! La septième cité, la dernière ! Elle était là, la ville magique, dans sa féerie hautaine d'édifices et de colonnades, avec ses jardins suspendus, ses rivières de lait et de miel, les péristyles et les escaliers de ses temples où une foule nombreuse se pressait. Il entendait les voix des hommes, les rires des enfants, les chants joyeux des vierges plus belles les unes que les autres qui venaient vers lui. Il se dit qu'on ne lui avait pas menti. La légende était vraie : Seltane el-Ghaba était bien la plus belle des Sept Cités Fabuleuses, si merveilleuse, si envoûtante que tout étranger qui y pénétrait n'en voulait jamais ressortir.

Alors, heureux, il mourut. Au milieu du désert. Au milieu de nulle part. Dans le silence du vent et la nudité sans fin des dunes de sable.

LE GARDIEN DE LA LUNE

Lui, il est là, immobile, et il regarde la lune. Il est assis devant le feu, les mains croisées sur son ventre, sa barbe sagement posée par-dessus ses habits. Il regarde la lune et il souffle doucement.

La sentez-vous, l'odeur du camp, Monseigneur ? Quand je vous parle, quand mes phrases racontent, la sentez-vous, l'odeur musquée des chameaux et des hommes, avec ses effluves subtils, le parfum des chibouks et celui des branches aromatiques qui brûlent ?

Imaginez le camp avec les fourneaux creusés dans la terre, les amas de broussailles sèches, les outres noires à longs poils, pendues à trois bâtons mis en faisceau. Devant vous, le bivouac des guerriers d'Allah. Certains allument les feux et préparent le café du soir, d'autres font leur prière, prosternés la figure au levant. On se rassemble par race, par région, par tribu, là les Berbères et là les Yéménites. Le soir tombe sur les dunes, sur les murs de la forteresse que demain l'on prendra d'assaut. Dans les hauteurs, les guetteurs ont pris position. Les chameaux, dégagés de leurs charges et de leurs hautes selles, frôlent les maigres broussailles, broutent les branches parfumées. De temps en temps on les voit secouer, en grands frissons d'échine, le poids du soleil qu'ils ont porté douze heures sans protester. Ils s'ébrouent et jettent dans l'obscurité des gouttes de feu pareilles à des éclaboussures de lave.

Lui, donc, il est là. Un peu à l'écart des autres. Il regarde la lune. Il est assis devant le feu, les mains croisées sur son ventre, sa barbe sagement posée par-dessus ses habits. Il regarde la lune et il souffle doucement. Personne ne fait vraiment attention à lui. Personne sauf Abdullah. Abdullah ? C'est un grand maigre, osseux, aux yeux écarquillés, un de ces jeunes Berbères fraîchement convertis, qui pose toujours des questions et qui veut tout comprendre. Il demande à l'homme ce qu'il fait.

— Je souffle sur la lune, dit celui-ci.

Et comme Abdullah veut en savoir davantage, il ajoute que c'est ainsi depuis la nuit des temps : il faut toujours qu'il y en ait un, comme lui, un fou qui veille sur la lune. Surtout quand elle est, comme ce soir, à son plus faible croissant.

— Souffler comme ça, explique-t-il en joignant le geste à la parole, yeux fermés, lèvres pincées, doucement, lentement, comme on attise une braise mourante. Sinon, la lune s'éteindra. Si l'on s'y prend bien, demain, bientôt, la lune repartira. Petit à petit, elle reprendra de l'épaisseur, de l'importance. Elle grossira. Elle sera bientôt pleine. Et puis, il faudra de nouveau recommencer.

Il dit encore que si un jour, par malheur, il n'y avait plus personne pour souffler, alors la lune disparaîtrait.

— Et ce serait très grave, précise-t-il, parce que si, dans les premiers temps de l'humanité, l'homme savait allumer une lune dans le ciel – avec deux silex, ou alors avec des morceaux de bois –, le secret en a été perdu depuis longtemps. Si la lune s'éteignait, la nuit serait d'un noir d'encre. Les ténèbres tomberaient sur les hommes.

Alors, conclut-il, il faut qu'il y ait toujours quelqu'un comme lui, un homme qui souffle sur la lune, qui l'attise d'un souffle continu.

— Superstition ! hurle Ahmad ibn Omar le Yéménite. Blasphème contre le vrai Dieu !

— Laisse-le, lui disent les autres. Tu vois bien qu'il est fou. Il ne fait de mal à personne avec son histoire.

— Il nous distrait avant le combat ! hurle encore Ahmad ibn Omar. Il nous détourne de la parole du vrai Dieu !

Et comme les esprits s'échauffent, que le fou ne veut pas en démordre et continue à souffler sur la lune, à la fin, Ahmad ibn Omar sort son sabre et il lui tranche la tête.

Alors, Monseigneur, il y a une grande effervescence dans le camp. Certains prennent le parti d'Ahmad ibn Omar et d'autres celui du gardien de la lune. Les insultes fusent. Comme à chaque fois qu'on leur en offre le prétexte, les Yéménites s'en prennent aux Berbères et les Berbères aux Yéménites. Même les guetteurs quittent leurs postes pour se mêler à la dispute. Personne, à part Abdullah, ne s'aperçoit que le ciel se couvre de gros nuages noirs. De gros nuages qui avalent la lune tout entière. Et la nuit tombe, épaisse et lourde, sur le campement. Monseigneur, c'est une grosse confusion. Comme on a laissé les feux s'éteindre, plus personne n'y voit rien. Et puis, il y a comme un grand brouhaha, des cris, des cavalcades.

— Les assiégés ! crie quelqu'un. Ils profitent de l'obscurité pour tenter une sortie et nous attaquer !

Dans le noir, Monseigneur, le combat est inégal. Les gens sortis de la forteresse connaissent parfaitement les lieux et s'y repèrent les yeux fermés. Ils sont peu nombreux mais ils causent des pertes terribles aux guerriers d'Allah. L'un des premiers à tomber est Ahmad ibn Omar. Les autres se battent vaillamment.

À vrai dire, pas tous, Monseigneur. Abdullah, à tâtons, est allé chercher la tête du gardien de la lune qui a roulé entre les bâts des chameaux. Il l'a posée entre les mains de l'homme. Par respect. Puis, il s'est assis près de lui. Indifférent aux cris et à l'agitation, il a pris la même posture que celle que le gardien de la lune lui avait montrée. Il a posé ses mains sur son ventre, cherché des yeux, à travers les nuages, une petite lueur, quelque chose comme une braise mourante qui pourrait laisser un espoir. Et quand il a cru la repérer, il a soufflé. Exactement comme le lui avait montré le fou. Yeux fermés, lèvres pincées. Lentement, doucement. Et à force, Monseigneur, les nuages se sont écartés et un fil de lune – un fil, Monseigneur, pas plus épais qu'un sourire de chat – est apparu et a recommencé à briller. Les guerriers d'Allah ont pu deviner la crête des dunes, repérer leurs assaillants. Alors, le combat a été plus équilibré et, bien vite, les habitants de la ville sont retournés s'abriter derrière leurs remparts.

Depuis cette nuit-là, Monseigneur, chaque soir, Abdullah est là, immobile, et il regarde la lune. Il est assis devant le feu, les mains croisées sur son ventre, sa barbe sagement posée par-dessus ses habits. Il regarde la lune et il souffle doucement. Et plus personne ne trouve à y redire.

LES REFLETS DE TOLÈDE

L'envahissement de l'Espagne par les Berbères de Tarik, Monseigneur, ne se peut comprendre sans le ralliement du comte Julien...

Le comte Julien était un Byzantin gouverneur de Ceuta, l'antique Septem Magna, allié des rois wisigoths d'Espagne. On le disait têtu, ombrageux pour ce qui touchait à l'honneur de son nom, mais curieux de tout et le plus courageux combattant qui soit. Derrière les fortifications de sa cité, brandissant haut l'étendard du Christ, il avait jusque-là repoussé vaillamment les assauts des troupes maures, tandis que sa lourde flotte contrôlait la mer entre les colonnes d'Hercule. Pourtant, en ce matin de février 711, après avoir reçu la délégation des pêcheurs qui lui avait demandé audience, on le vit, furieux, ordonner l'ouverture des portes de la ville. Seul, sur son cheval, il s'en alla trouver à Tanger Moussa ibn Nossair, gouverneur du Maghreb, et son lieutenant Tarik ibn Ziyad. Là, Monseigneur, il leur expliqua combien il serait facile pour eux, avec peu d'hommes, de conquérir l'Espagne. Il leur apprit que l'essentiel des troupes chrétiennes était retenu au nord de la péninsule à faire la guerre aux Basques. Il leur exposa comment trouver appui auprès des Juifs d'Espagne que les rois wisigoths persécutaient et comment s'allier les partisans de Wittiza, l'ancien roi wisigoth auquel Rodéric avait succédé. Il leur donna des cartes et des bateaux. Il leur montra l'endroit où leur flotte pourrait débarquer en toute discrétion, au mont Calpé, que l'on appellerait plus tard Djebel Tarik (Gibraltar) ; et il mit ses soldats à leur disposition. En un mot, Monseigneur, il leur livra l'Espagne.

Pour en comprendre la cause, Monseigneur, il faut remonter un peu en arrière et évoquer sa fille, Florinda. Je pourrais vous parler des heures de sa beauté mais le mieux, pour la décrire, est de dire simplement que Florinda, tel l'antique Narcisse, adorait se mirer. Dès qu'elle avait su se tenir debout, fascinée par la pureté de ses traits, elle s'était posée devant les miroirs et elle s'était regardée. On supprima, pour cette raison, toutes les glaces du palais. Mais elle prit alors l'habitude d'aller au bout de la jetée et d'admirer son reflet dansant dans la mer.

— Je ne suis pas seule à me mirer, disait-elle. Le ciel, les nuages, les murailles de la forteresse, le soleil et la lune font comme moi.

Les pêcheurs racontaient qu'elle prenait si longuement la pose qu'il arrivait parfois d'étranges phénomènes. Quand le soleil était très intense, que la mer se concentrait de sel, l'image de Florinda persistait après son départ. Elle continuait à se montrer, à flotter au milieu de l'eau, comme si, par sa pose prolongée, la jeune fille avait cristallisé son reflet. Il fallait quelques secondes, parfois quelques minutes pour que l'image se disloque puis, lentement, se dissolve.

Tout cela bien sûr inquiétait le comte Julien. Pour ôter à sa fille cette curieuse manie, il eut l'idée de l'envoyer loin de la mer, à la cour de Rodéric, le roi wisigoth son allié, dont le palais était à Tolède, au milieu de l'Espagne. Florinda y fut malheureuse les premiers mois. Mais très vite, elle trouva, derrière la forteresse, un faux lac alimenté par un lacet du Tage, le fleuve qui baignait la ville. Une retenue d'eau formait un endroit charmant décoré d'un petit pont de bois, caché par la végétation. Elle pensa pouvoir, à l'abri des regards, reprendre son habitude de se mirer.

Mais, d'une meurtrière de son palais, le roi Rodéric l'aperçut un matin. C'était un homme sanguin, Monseigneur, un homme cupide qui, en présence d'un bien ou d'un être qui lui plaisait, ne pouvait s'empêcher de tendre la main et de le saisir. Pendant plus d'une heure, troublé par cette apparition, il se contenta d'observer cette nymphe qui restait en haut du petit pont à s'admirer. Elle restait là, le visage tourné vers l'eau, dans une immobilité si parfaite qu'il se demanda tour à tour si elle s'était endormie, si elle était morte, si c'était là quelque habile statue. Puis, il descendit, se dissimula un temps sous les arbres, admira encore Florinda tout occupée à se mirer et il la désira. Il s'approcha lentement d'elle, à pas si feutrés qu'elle ne se rendit compte de rien. Il vint se poster derrière elle, se laissa griser par la bonne odeur de sa chevelure, la bonne odeur de son jeune corps. Quand il la saisit par les épaules pour lui voler un baiser, elle poussa un cri, tenta de lui échapper. Mais il lui tordit le bras. Il la pressa sur la barrière du petit pont de bois. D'une main, il remonta sa jupe, glissa son genou entre ses jambes. Sur l'eau, froissée de rides minuscules, le reflet de l'étreinte forcée dansait d'une même palpitation magique. Y eut-il, à travers la frondaison, un rayon plus intense que les autres qui vint, telle une flèche, transpercer l'homme en rut et la fille qui se débattait ? Y eut-il, à cet instant précis, sur la surface sensible du petit lac, la conjonction d'étranges substances, pollens des fleurs, poussières d'argent, décompositions végétales ? Y eut-il, tout simplement, l'intervention vengeresse d'une divinité courroucée ?

Toujours est-il que l'onde pure ne perdit rien des détails du viol. Chaque instant s'y figea tour à tour. Des vues lourdes, saturées qui, l'une après l'autre, imprégnaient la surface de l'eau puis tombaient pesamment vers le fond. Elles flottaient au milieu des plantes aquatiques, puis, poussées par la brise, entraînées par le courant, quittaient l'étang, gagnaient le fleuve.

Le Tage, Monseigneur, est un très beau fleuve, le plus long de l'Espagne. La légende prétend que c'est Héraclès lui-même qui en aurait tracé le lit de son épée. Les images du viol de Florinda ont glissé au fil de l'eau. Elles ont contourné Tolède. Elles ont coulé dans les vallées profondes de Castille. Elles se sont laissé porter à travers les terres désolées de l'Estrémadure. Elles ont baigné les remparts d'Abrantes et sont passées sous les ponts de Lisbonne. Elles ont rencontré l'Atlantique à cet endroit que les Lisboètes appellent la mer de Paille. Elles ont flotté au large de Faro. Elles ont dérivé dans le golfe de Cadix et ont franchi le détroit en frôlant le port de Tanger. Et puis des pêcheurs les ont ramassées dans leurs filets au large de Ceuta et ils sont venus les porter au comte Julien.

C'est pour cette raison, Monseigneur, que, furieux, celui-ci est allé trouver le gouverneur de Tanger, pour cette raison que les Maures ont envahi l'Espagne.

V

Ils vécurent heureux et eurent beaucoup d'enfants

Où Blanche est demandée en mariage. — Où l'abbesse Eusébie l'invite à s'instruire des choses de l'amour. — Où Blanche interroge ses servantes. — Où une épouse cesse d'être transparente pour son mari. — Où l'on brûle de savoir ce qu'a fait la jeune sorcière en descendant de son bûcher. — Où l'on suit avec passion les leçons du maître des regards. — Où l'on cherche un cœur pur comme un diamant. — Où l'on admire la princesse qui rougissait.

1.

L'évêque Abdalong et frère Pacôme s'étaient lancés dans la longue litanie des malheurs qui s'abattaient sur la cité phocéenne. Le premier faisait valoir que les Maures n'en finissaient pas d'attaquer, de harceler, de mener des raids rapides et terribles, fondant sur les villages, les propriétés isolées, les églises et les abbayes mal protégées. Les populations fuyaient et venaient se réfugier dans la ville, laquelle suffoquait sous l'afflux de tous ces migrants. Qu'opposer d'autre à la progression de cette hérésie, disait-il, que la force renouvelée de la foi des Francs, que l'énergie des nouveaux convertis ? Le second rapportait que les troupes franques récemment arrivées se comportaient de si terrible façon que plusieurs échauffourées s'étaient déjà produites. Deux jours auparavant, il avait fallu l'intervention de la milice pour éviter le lynchage d'un des soldats qui s'était aventuré trop loin dans les quartiers.

Le duc Mauronte ne prêtait souvent qu'une oreille distraite aux propos de ses conseillers. Il admirait Blanche, sa merveilleuse fille.

Ce jour-là, Blanche était assise dans la salle du conseil, près de la fenêtre qui ouvrait sur le jardin. L'évêque Abdalong avait demandé sa présence pour une affaire, disait-il, qui la concernait. Mais elle n'écoutait guère la conversation des hommes, tout occupée à sa tapisserie. Enveloppée dans son châle, elle appuyait sur le dossier de sa chaise sa belle tête paresseuse. Elle souriait quelquefois à son père, arrêtant une minute sur lui ses yeux. Tous ses mouvements étaient d'une majesté tranquille.

L'évêque Abdalong, avec son visage empâté et son triple collier d'émeraudes, toujours attentif à humer l'âme des autres, se tenait au milieu de la pièce, étalant comme une parure de guerre sa vaste chape où la Passion, peinte dans l'étoffe, se déroulait en versets écarlates. Ainsi drapé dans l'Évangile, il regardait Blanche fixement, arborant une grimace qui était peut-être un sourire mais qui, dans l'esprit de frère Pacôme, ne présageait rien de bon.

— Monseigneur, dit Abdalong quand on lui redonna la parole, au milieu de tous ces malheurs qui frappent notre cité, une heureuse nouvelle nous est parvenue. Elle est contenue dans ce courrier que nous venons de recevoir du seigneur Childebrand…

Le duc Mauronte souriait à la beauté du monde, à cette douceur des choses qui se déployait comme par magie et s'organisait à chaque fois autour de Blanche. À peine s'était-elle assise tout à l'heure devant la fenêtre ouvrant sur le jardin que le monde avait pris une autre dimension. Et maintenant, Mauronte admirait l'univers par-dessus les épaules de Blanche. Les fleurs poussaient de longs cris silencieux dans les massifs. Un Neptune aux muscles ruisselants, au centre d'un bassin, empoignait une Amphitrite sensuelle dont le nombril, mouillé par les éclaboussures, brillait dans le soleil. Deux nuages dans le ciel rompaient entre eux des liens légers, tels deux danseurs dont les mains se séparent.

— Le seigneur Childebrand y fait part de sa grande satisfaction d'avoir pu s'entretenir avec vous et d'avoir pu mesurer combien vous êtes un allié fidèle sur lequel il peut compter…

Si Dieu n'existait pas, pensait Mauronte en regardant Blanche, la lumière qui entrait par cette fenêtre ne caresserait pas avec tant d'amour sa main, son front penché. Elle ne se mêlerait pas avec tant de patience, tant de préciosité et de génie aux reflets d'or de sa chevelure, aux filaments de soie de sa tapisserie, aux stries du bois des lames du parquet, tissant ainsi, dans le mépris de la distinction des êtres et des choses, cette figure magique de fils tressés composant l'image magique de sa fille brodant au bord d'une fenêtre.

Il se disait que si la baie de Marseille flambait dans le soleil, si le vent venu de la mer se levait pour caresser les pins, si les nuées promenaient dans l'espace l'eau puisée aux flancs des montagnes, si les vagues se déchiraient en grandes lanières d'écume contre les rochers des calanques, si tous les hommes aimaient, mangeaient, buvaient, respiraient l'air et le soleil, copulaient, se battaient et mouraient, cela se devinait au léger soulèvement de l'étoffe du corsage de Blanche, à son sein se gonflant à chaque battement de son petit cœur fragile.

— Mais venons-en à cette heureuse nouvelle, dit Abdalong en clignant des paupières. Elle concerne votre fille Blanche.

— Blanche ? répéta frère Pacôme en sursautant.

— Blanche ? dit à son tour Mauronte. Je ne savais pas que Childebrand connaissait l'existence de Blanche. Il ne l'a pas croisée…

— Oh, Monseigneur, Blanche est un être d'exception ! Sa foi, sa douceur, l'excellence de son éducation, sa beauté sans pareille sont chantées bien au-delà de nos murs. Toujours est-il que… que le comte Childebrand vous demande la main de Blanche. Il désire l'épouser.

Tous – Mauronte, frère Pacôme, les écuyers, le prieur, les moines présents – en restèrent bouche bée, foudroyés sur place. Blanche aurait peut-être continué à coudre sans manifester la moindre nervosité si elle n'avait senti la longue silhouette de frère Pacôme se raidir et, relevant la tête, n'avait aperçu son œil d'oiseau, d'ordinaire tapi au fond de son orbite, s'avancer et s'arrondir.

— Épouser Blanche ?…

— Oui, Monseigneur. Et c'est un honneur immense. Vous entreriez dans une illustre famille dont la destinée – plus personne ne le conteste – est d'atteindre les plus hautes fonctions. Et ce lien garantirait à Marseille la plus sûre des protections.

Mauronte avait pâli et frère Pacôme était devenu vert : l'évêque avait habilement joué, il serait difficile désormais d'échapper à l'emprise des Francs. Les mines étaient si défaites que Blanche éclata de rire. Elle rit de bon cœur, la tête renversée dans un mouvement joyeux, toute fouettée de vie aux pommettes. C'était un rire spontané qui discréditait sur l'instant l'enjeu de la demande, la plongeait dans la dérision, dans l'absurde. Tous les hommes se turent, saisis de la même stupeur devant cette gaieté terrible, effrayés tous ensemble par la certitude déjà des cataclysmes qu'elle pouvait déclencher. Le patrice Mauronte en resta lui-même muet.

— Tout refus, sans bonne raison, avertit Abdalong, un peu décontenancé, serait une déclaration de guerre.

— J'ai une bonne raison, dit Blanche avec un sourire.

Elle se leva et se pencha pour poser son ouvrage sur la table et tous, Pacôme, Abdalong, Mauronte et les autres, contemplèrent en silence la ligne duveteuse de son cou sous la masse blonde de ses cheveux relevés sur la nuque. Ce qu'ils ressentaient en la regardant n'était ni de la surprise ni de la colère, plutôt un émerveillement apeuré et trouble comme devant quelqu'un capable de provoquer la tempête et d'ordonner aux éclairs.

Elle se rassit et regarda tranquillement l'évêque, le frère et son père. Ils restèrent quelques secondes suspendus à ses lèvres dans l'attente d'une suite qui tarda à venir.

— Je me suis promise à quelqu'un d'autre, dit-elle à la fin. À quelqu'un à qui l'on ne peut rien refuser.

2.

D'un doigt maigre, l'abbesse Eusébie, qui dirigeait le couvent des cassianites de l'ordre de saint Cyriaque, se lissa l'arête du nez qu'elle avait long. Il faisait chaud, trop chaud. Sous sa robe et sa coiffe d'abbesse, elle suait à grosses gouttes. Que faisait-elle dans ce pays au ciel de feu, aux paysages calcinés, aux âmes brûlantes ? Elle se revit, enfant, avec cette envie sourde de saisir sa vie comme la serre des aigles broyait la foudre dans l'ovale du blason familial. Mon Dieu ! Mon Seigneur ! Mon doux époux, qu'as-tu fait de moi ?

Elle entendit frapper à la porte de bois. La fille du duc Mauronte était à l'heure, c'était déjà ça. Eusébie appela sœur Marie, lui glissa quelques mots et repartit sans vérifier la transcription de son ordre, d'un pas menu et mesuré.

Blanche la rejoignit, comme elle l'avait demandé, dans le confessionnal. Eusébie l'accueillit, le dos tourné. Elle attendit que la fille du duc Mauronte retrouve son immobilité, debout au milieu de la pièce, que ses mains se joignent sur son ventre, les plis de sa robe sagement agencés. Et alors, alors seulement, elle pivota pour l'observer. C'était vrai qu'elle était merveilleusement belle. La pose de Blanche était parfaite, une posture de sainte dans son alcôve.

— On m'a dit que vous vouliez rejoindre notre communauté, ma fille ? demanda l'abbesse.

— C'est mon désir depuis toujours, ma mère. Au milieu des ténèbres de ce temps, seuls les couvents et les monastères sont restés sources de lumière. Je veux par mes prières réparer les péchés du monde.

— Pesez-vous bien, mon enfant, ce à quoi vous vous engagez ?

Blanche sourit et ses lèvres roses, à peine étirées, laissèrent entrevoir de petites dents pointues et blanches.

— Oh oui ! À me donner au Christ, corps et âme, le plus admirable des époux, le seul apte à répondre à mes attentes et à me satisfaire !

L'abbesse Eusébie lui répondit par une demi-grimace. Elle, elle avait en tête l'offrande jamais interrompue des mortifications, des veilles et des jeûnes dans le puits sans fond des offenses et des fautes du siècle. Elle songeait au sacrifice perpétuel, à l'oubli de la chair, à toutes ces souffrances quotidiennes, ces nuits d'hiver où, réveillée au milieu de son premier sommeil, Blanche serait jetée dans les ténèbres d'une chapelle où elle devrait, sans s'évanouir de faiblesse et de peur, prier seule, pendant des heures glacées, à genoux sur les dalles.

— Un époux exigeant… qui demande beaucoup. Plus qu'aucun autre.

— Oui, ma mère. Mais qui donne tant !

Cette petite récitait si bien sa leçon ! L'abbesse l'observa encore plus attentivement : des yeux immenses d'un bleu limpide, des cheveux d'un blond de blé, une voix de flûte. Elle admira la bouche de Blanche, la finesse de son nez, son long cou, l'arc arrondi de ses sourcils et la palette des pastels qui, dans un équilibre fragile, coloraient son visage comme un paysage de plein soleil. Comment pouvait-on arriver à une telle perfection ? Eusébie se dit que Dieu avait dû s'exercer sur les visages des milliers d'hommes et de femmes nés depuis l'aube des temps pour que son pinceau, quand il s'était décidé à dessiner Blanche, ait pu atteindre une telle maîtrise dans le trait et la couleur. Mais la beauté physique n'aurait rien été sans cette grâce qui l'habitait, ce savant mélange de fragilité et de joie d'exister presque animale, qui montait d'elle et vous soulevait. À chacun de ses gestes ronds et pleins de douceur, à chacune de ses adorables mimiques, à chacun de ses sourires fragiles, de ses regards posés sur vous, l'envie montait en vous de la tuer ou de vous prosterner devant elle. À chacune de ses paroles, l'émotion vous prenait non pas à l'écouter mais à l'entendre et vous sentiez en vous comme la corde vibrante d'un arc tendu si fort qu'à tout moment, sous la douleur, vos doigts pouvaient lâcher et libérer une pluie de flèches.

— Un époux qui donne beaucoup, c'est vrai, ma fille, dit la religieuse d'une voix traînante. Mais qui enlève aussi ce que peut apporter un homme de chair et de sang. Vous devrez faire vœu de chasteté. Mesurez-vous ce que cela veut dire ? Que connaissez-vous de l'amour ? Que savez-vous des hommes ? Un peu de réflexion supplémentaire, sans doute…

— Vous me tueriez !

Le cri avait jailli de la poitrine de Blanche avec une telle force qu'il avait fait vaciller la flamme des bougies et souffler les paroles dans la bouche d'Eusébie. L'abbesse resta un instant toute retournée. Il y avait dans cette réaction tant de sincérité. Elle eut un mouvement intérieur de colère. Mon Dieu, se peut-il que tu la visites ? Se peut-il que tu lui accordes ce que depuis toujours tu me refuses ? Elle l'observa encore, incrédule, avec tout le sérieux de ses paupières tombantes. Blanche était devant elle, les larmes aux yeux, resplendissante de tristesse blessée, tout son être en révolte. Il y a en elle, pensa Eusébie, quelque chose de ces bêtes fragiles dont le regard apeuré, la course toujours suspendue donnent même au plus doux des loups des envies d'infinies cruautés.

— Calmez-vous, Blanche. Je vous demande simplement de prendre votre temps, de vous renseigner un peu sur ces choses dont je vous parle. Revoyons-nous dans une semaine.

3.

Blanche aimait beaucoup les contes. À l'école de son père, elle avait appris que rien de vrai ne peut s'apprendre en dehors des histoires inventées. Elle avait bien songé au faune, mais elle connaissait déjà toutes ses histoires. Alors, elle se tourna vers ses esclaves, ces servantes qui, chaque jour, s'occupaient d'elle, l'éventaient, la coiffaient, la massaient avec des huiles parfumées. C'étaient des filles choisies par son père, belles et graciles, aux mouvements longs et doux, qui glissaient autour de Blanche en sandales de feutre, posant leurs plateaux, accomplissant leurs gestes les yeux baissés, parlant sans un éclat de voix.

— Vous avez tant vécu déjà, murmurait Blanche. Vous savez tant de choses que je ne sais pas.

Elle leur demanda des contes, des histoires d'amour, des récits décrivant le jeu sans fin des approches et des fuites, des cœurs qui s'enflamment et des cœurs qui se brisent. Comme le lui avait demandé l'abbesse Eusébie, elle voulait comprendre, avant de choisir de se donner à Dieu, ce que c'étaient que ces affaires de cœur et de corps qui animaient le monde.

Ses esclaves étaient des filles longuement sélectionnées pour entourer Blanche de pureté, de grâce et de merveilleux. Des histoires d'amour ? Bien sûr qu'elles en connaissaient, de belles même, avec des amants qui, à la fin, se marient, vivent heureux et ont beaucoup d'enfants.

Alors, Blanche s'installa confortablement dans ses coussins. Les torches allumées sur la terrasse projetaient au plafond une lueur diffuse que tamisaient les rideaux de tulle. Une bonne odeur d'eucalyptus flottait avec les insectes attirés par les lampes. Ses servantes s'occupaient d'elle, l'éventaient, la coiffaient, la massaient comme elles en avaient l'habitude. Et puis, aussi, elles racontaient. Certaines avaient la voix très douce, presque chantée, d'autres un ton grave, souterrain. Certaines parlaient avec les mains et d'autres restaient immobiles, dans l'ombre, statues d'ébène dont seule la bouche s'animait.

LA PRINCESSE TRANSPARENTE

C'était il y a longtemps, Mademoiselle, dans ces pays du Nord où j'ai passé mon enfance. Les paysages y sont si différents de ceux d'ici : arbres puissants, cascades, falaises de granit, brume éternelle, mer sauvage, nuits d'été hallucinantes où la lueur de la lune, un moment apparue entre les nuages, baigne les ruines et les lacs, où les étangs reflètent le fantôme tremblant des branches.

En ce temps-là vivaient Romuald et son clan. De farouches guerriers toujours à faire la guerre. Au printemps de leur vingtième année, il était coutume que les jeunes hommes s'en aillent chercher compagne. Ils écumaient les contrées alentour, profitaient des murailles tombées, des villes ouvertes, des palais pillés pour s'emparer des plus jolies princesses et les ramener au pays. Elles étaient souabes, burgondes, saxonnes ou gothes, avec des yeux bleus comme la mer, des cheveux blonds comme les blés, des hanches fortes et des jambes solides. Tous, cette année-là, étaient revenus de leurs lointaines campagnes avec une princesse enlevée.

Romuald, lui, moins vaillant que ses frères, moins malin, moins téméraire et toujours dans l'incertitude, avait tant tergiversé qu'à l'arrivée de l'automne, il était toujours bredouille. Alors qu'il se résignait, il s'égara, au sortir de forêts cendrées, au bout de chemins gorgés d'eau, dans un pays de brumes et de vapeurs où des châteaux de verre aux tours interminables s'ennuyaient au milieu des nuages. Allons, se dit-il, c'est ta dernière chance de ne pas être la risée du clan. Et, au premier pont-levis baissé, il entra au galop, hurlant et brandissant sa hache, profita de l'effet de surprise pour repérer parmi la foule une fille portant couronne, la chargea au travers de sa selle et s'enfuit, sous une pluie de flèches, sans demander son reste.

Ce ne fut qu'au retour parmi les siens, après avoir mangé, bu, dormi et pris un bain, qu'il jeta un œil à sa prise. C'était une petite chose, une jeune fille à silhouette de fée, un être à la grâce furtive, perdu dans ses pensées, avec de grands yeux noirs et une bouche triste. Il la mit nue. Elle frissonna au premier courant d'air. Le corps était insignifiant, plein d'os fragiles posés en équilibre, un torse de chat et des seins maigres. Il voulut la saisir, l'embrasser, la prendre, là, devant la cheminée, dans la bonne odeur des poulardes qui tournaient sur les broches… il ne brassa que du vent. Ses bras se refermèrent sans rien happer.

— Mauvaise pioche ! lui dit-elle d'un air désolé. Vous n'êtes guère chanceux, mon ami. Je ne suis qu'absence et transparence. Mon corps n'a pas de densité.

Romuald tenta de nouveau sa chance. Il désigna à la princesse son grand lit couvert de peaux de bêtes. Elle s'y allongea sans rechigner. Il se jeta sur elle. Mais il s'écrasa mollement dans les fourrures. Il l'avait traversée sans rien sentir.

— C'est ainsi, dit-elle d'un ton las. Personne ne m'a jamais touchée.

Quand la mésaventure de Romuald fut connue, les hommes du clan se gaussèrent de lui. Dans les jours qui suivirent, ils prirent plaisir, en sa présence, à parler de leurs femmes, à raconter leurs torrides étreintes, les corps-à-corps jusqu'à l'épuisement. Celui-là vantait la poitrine ballottant sous la chair, celui-ci le postérieur qui tangue sous l'assaut, celui-ci encore les hanches brûlantes comme des flancs de soupière, et tous égrenaient des caresses et des prouesses magnifiques. Chaque soir, au banquet, flanqués de leurs pouliches, ils laissaient volontiers leurs mains traîner sur le doré des cuisses, pétrissaient les seins lourds à travers les corsages, faisaient claquer les fesses de leurs paumes chantantes. Romuald, lui, baissait la tête, chipotait dans son assiette, ne savait que faire de ses mains désœuvrées. Pourtant, sa princesse le regardait, lui souriait parfois, semblait au plus haut point apprécier qu'il ne soit pas comme les autres du clan.

— Je dois vous faire une confidence, lui dit-elle un soir. Ma transparence n'est pas une fatalité. Il ne tient qu'à vous de me donner de la consistance.

— De la consistance ? Mais que dois-je faire ?

— Il faut s'occuper de moi, dit-elle avec le plus grand sérieux. Il faut m'accorder beaucoup d'importance.

Qu'avait-il à perdre ? Il se promit d'essayer.

Elle voulut tout d'abord qu'il la voie. Pour ce que je suis, précisa-t-elle d'une bouche boudeuse, et non pas comme un meuble ou une prise de guerre !

Alors, il l'observa attentivement. Puisqu'il ne pouvait pas la prendre dans ses bras, il décida de la tenir tout entière dans son regard. Il nota chacun de ses gestes, de ses mimiques, de ses poses, toute la charmante comédie de son corps. Il se réjouit de chacun de ses penchements de tête, de ses sourires appuyés ou négligés, de ses battements de paupières, de ses moues charmantes et de ses froncements de sourcils. Et il constata qu'elle était vraiment délicieuse à regarder.

Elle voulut qu'il apprenne à danser. Non pas ces danses paillardes que les autres singeaient au sortir de leurs beuveries, mais celles qu'on danse à deux, où l'on apprend à s'effleurer, à se frôler d'une caresse, du bout des doigts, à faire volter contre soi sans jamais la toucher sa danseuse légère.

Elle voulut qu'il lui chante des lais, qu'il reste à côté d'elle pendant qu'elle brodait et qu'il lui conte le menu détail de sa journée, que le soir ils aillent ensemble se promener sur les remparts crénelés du château, qu'elle lui prenne le bras, qu'il l'écoute à son tour, et qu'ils admirent à l'unisson les étoiles du ciel et leurs doubles se reflétant dans l'eau des douves.

Aux banquets, maintenant, les autres hommes du clan mangeaient entre eux. S'ils les honoraient encore parfois, le soir, par habitude, ils s'étaient quelque peu lassés de leurs plantureuses femelles. C'était à peine si, désormais, ils les regardaient. À leurs yeux, elles étaient devenues transparentes. Au contraire, Romuald et sa princesse ne se quittaient plus des yeux. Ils se penchaient souvent l'un vers l'autre, se parlaient à l'oreille. Leurs sourires se chiffonnaient ensemble.

Au sortir de l'hiver, Romuald, le cœur battant, put déposer sur la joue de sa belle, du bout des lèvres, son premier baiser. Au printemps, il parvint à la prendre dans ses bras. À l'été, elle tomba enceinte. Et, à ce qu'on raconte, ils vécurent heureux et eurent beaucoup d'enfants.

LOUISE AU BÛCHER

Le jour où l'on se décida à brûler Louise, dit la conteuse suivante, presque à l'instant où les gens d'armes allumèrent les fagots, un froid terrible coula sur la ville, sur la place, sur le bûcher que l'on avait dressé pour elle. Ce fut comme si, quelque part, une digue avait sauté et que le froid se déversait, en vagues immenses. Le vent glacé souffla, dans un tourbillon de poussière de neige, sur les villageois amassés, les mains encore crispées sur les manches des fourches et les bâtons. Du haut de son perchoir, Louise, malgré sa peur, vit la vapeur bleue s'immiscer dans les interstices des pierres, glisser sous les lourdes portes qui gardaient la ville et même sauter par-dessus les créneaux des murailles. Surprise par la baisse de la température, la foule se calma. Peu à peu, elle cessa même de l'insulter. Cela permit à Louise d'arrêter de trembler, de surmonter sa grande panique. Dans la tribune, au-dessus des gardes, au-dessus des juges emmitouflés dans leurs manteaux d'hermine, se tenaient le prince et la princesse. Qu'il est beau ! pensa Louise. Et elle se souvint de ce moment magique où, jeune bergère gardant ses blancs moutons, elle l'avait vu passer sur son fier destrier.

Moins elle avait peur et plus Louise se tenait droite dans la brume et le feu, silhouette qui fume et se consume, tison brandi dans la tourmente. Maintenant, elle s'était résignée à brûler. Sorcière ? Oui, sans doute, les juges avaient raison. N'est-elle point sorcière, celle-là qui veut sortir de sa condition ? Celle-là qui apprend les philtres d'amour et se glisse jusqu'aux cuisines du palais pour verser sa potion dans la timbale du prince ?

Qu'on en finisse ! pensait-elle. Mais le feu ne l'atteignait qu'à peine. Le froid terrible ankylosait les flammes. Elles s'entortillaient avec des lenteurs, prenaient de l'épaisseur, dansaient si lentement qu'à travers leurs filaments lumineux, Louise pouvait observer la foule. Elle posa un regard sans haine et sans malice sur les visages fermés de ces hommes et ces femmes, joues crevassées, nez gouttant, cils chargés de blanc, qui étaient venus la voir brûler. Elle regarda les enfants, les menottes au creux des mains des mamans. Elle interrogea les gestes des maris et les positions des épouses. Elle chercha à savoir lesquelles de ces personnes elle aurait pu être si elle n'était tombée amoureuse d'un être qui n'était pas pour elle. Le vent glacé fouettait le visage des femmes, emmêlait leurs cheveux, les torturait à petits coups d'épingles. Dieu leur reprochait d'être trop belles peut-être, ou trop laides plus sûrement. Il rabattait leurs coiffes sur leurs yeux. Il jetait des pelletées de pierres coupantes au visage des hommes. Il les giflait à tour de bras, leur sifflait aux oreille : « Efface-toi ! Efface-toi ! »

Elle, elle n'avait pas si froid. Tout au contraire, elle était bien maintenant, perdue dans cette fumée tiède, droite sur son poteau, pareille à une rose tenue par son tuteur. Elle se dit qu'il faisait sans doute meilleur, en ce jour, d'être sur le bûcher qu'autour. La tiédeur n'en finissait pas de se déverser sur elle. Elle ferma les yeux pour jouir de sa caresse. Elle resta longtemps ainsi, oublieuse d'elle-même, confite dans son bien-être.

Ce fut une nouvelle poussée du froid qui la sortit de sa torpeur. Quand elle releva ses paupières, tout était figé autour d'elle : la campagne, au loin, bien sûr, avec ses grands champs noyés, ses ponts suspendus au-dessus des rivières gelées et ses troupeaux immobiles dans des poses de moutons de crèche, mais aussi la foule amassée, chacun et chacune immobiles comme des statues de glace. Même les flammes s'étaient vitrifiées, en gerbes cassantes et brillantes, en longues effilochées givrées, en sabres aux lames longues et effilées. Il suffit alors à Louise de se pencher, de tendre les poignets pour que sautent ses liens.

D'abord, elle n'osa pas trop. Elle descendit quelques marches de l'escabeau du bûcher, s'assit, ramena ses genoux entre ses bras repliés. Elle regarda, émue autant qu'inquiète, la beauté de ces êtres de glace. Un morceau d'humanité était là, devant elle, figé dans un instant d'éternité, dans toute sa beauté et son inanité, silhouettes sublimes et misérables sous la danse immobile de la neige. Puis, elle s'enhardit. Elle descendit se mêler à ces hommes et ces femmes qui étaient venus la voir rôtir sous les flammes. Elle s'approcha d'eux au plus près. Elle examina les postures, les regards, toutes ces attitudes de résistance au froid, au lent travail d'effacement des flocons tombant sur les coiffures et les épaules. Et elle comprit que tous, tous avaient eu leur lot d'épreuves et de souffrances, leurs maux, leurs tares secrètes et leurs insuffisances. Elle s'approcha des hommes, les jeunes et les moins jeunes. Elle leur parla à chacun. Elle vint se blottir dans leurs bras. Elle leur dit qu'elle aurait bien aimé tomber amoureuse de l'un d'entre d'eux.

— Cela aurait été si simple, leur glissa-t-elle.

Elle alla aussi auprès de chaque femme. Elle leur prit la main.

— Moi aussi, j'aurais été, je crois, une bonne épouse et une bonne mère, leur dit-elle.

Mais pour cela, il aurait fallu qu'elle ne le rencontre pas, lui, là-haut, dans la tribune. Elle contourna les gardes. Elle dépassa les juges. Elle alla jusqu'à la loge royale.

Le prince était un mannequin dressé dans son manteau de martre, le collet relevé sur sa moustache blonde. Sa figure anguleuse et blême se dessinait comme un masque souffrant sur le champ du ciel. Dans ses yeux fatigués, il y avait les lueurs des flammes sculptées et comme une pâleur émue qui lui donnait une élégance infiniment touchante. Elle lui sourit. Elle épousseta sur ses joues la poussière de neige. Elle chassa du doigt les flocons qui s'étaient pris dans ses sourcils.

— Tu n'es pas si beau que cela, dit-elle. J'en ai vu en bas qui ont bien plus joli visage.

Mais il était prince et elle était bergère. Il devait y avoir comme une fatalité. Elle se pencha, l'embrassa sur la bouche, resta un court instant sa tête couchée sur son épaule. Elle pleura sur son amour impossible.

La princesse était recouverte aussi d'une fine pellicule. Sa coiffure avancée et légère enveloppait son visage d'une ombre ourlée. L'ironie chatouillait les coins de sa bouche et perlait, comme une touche de lumière, sur son sourire glacé. Louise admira ses colliers, son diadème, sa savante coiffure, la finesse des gants qui enveloppaient ses blanches mains.

— Mais en contrepartie, dit-elle, tu ne sauras jamais le plaisir de garder des moutons !

Et, sans trop savoir pourquoi, à elle aussi elle déposa un baiser sur les lèvres.

Louise était lasse. Le vent était tombé. Il faisait moins froid. Bien sûr, elle aurait pu s'enfuir, ouvrir la porte, gagner en courant la colline. Mais pour quoi faire ? Pour vivre quelle vie ? Elle rejoignit la foule. Elle leur dit à tous au revoir. Elle pleura encore un peu. Elle leur dit qu'elle les aimait tous, tous autant qu'ils étaient. Qu'elle était comme eux, exactement comme eux, c'est-à-dire perdue et seule dans ce bas monde. Puis, elle remonta sur le bûcher. Elle s'attacha maladroitement au pieu. Et elle attendit.

Curieusement, ce fut à ce moment-là qu'elle commença à grelotter. Que faire d'autre ? Que faire d'autre que de se laisser mourir ? Avait-elle une autre solution ?

Il ne fallut pas plus d'une heure pour que, avec le redoux, les flammes se remettent à chauffer. Un à un, tous ceux-là qui étaient venus regarder Louise brûler, sortirent lentement de leur sommeil. De la vapeur sortait de leurs bouches et de leurs narines. Ils ne mirent pas bien longtemps à se rappeler pour quelle raison ils étaient venus. De nouveau, il y eut des poings dressés, des injures.

Les flammes reprirent leur danse de mort. Elles léchaient les pieds de la fille sur le bûcher. Celle-ci se mit bien vite à hurler. Elle se tordait en poussant des cris stridents, tandis que sa peau rougissait et commençait à craqueler.

— Ne craignez rien, ma mie, glissa le prince à sa voisine en lui prenant la main. Cela ne dure jamais très longtemps.

Malgré les gants, Louise sentit les doigts glacés du prince qui cherchaient les siens. Elle lui sourit. Peut-être vivraient-ils heureux avec beaucoup d'enfants...

LE MAÎTRE DES REGARDS

Ah, l'entourage des rois francs ! Ah, la cour d'Austrasie ! soupira la conteuse. Clotaire, fils de Clovis, a égorgé de sa propre main deux de ses neveux, des enfants de dix et sept ans, qui demandaient grâce, sous les regards mêmes de leur grand-mère Clotilde ! Quand Chilpéric épouse l'Espagnole Galswinthe, Frédégonde, sa maîtresse, exige de lui qu'il la fasse étrangler. Quand Deutérie, femme du roi Théodebert qui règne à Metz voit sa propre fille devenir adulte, craignant d'être supplantée par elle auprès de son mari, elle la fait précipiter du haut d'un pont dans le fleuve. Quant à la reine Brunehaut, elle finit, septuagénaire, liée par les cheveux, par un pied et un bras à la queue d'un cheval sauvage qui, dans sa course folle, la déchire sur la pierre des chemins.

En ce temps-là, dit encore la conteuse, il était si difficile de survivre à la cour d'Austrasie qu'on n'y introduisait aucun jouvenceau ni aucune jouvencelle sans qu'il passe d'abord entre les mains du maître des regards. Celui-ci tenait une salle d'armes en face du palais et s'y pressaient tous ceux qui devaient être présentés au roi et à la reine.

— Dans cette cour d'intrigues et de complots, de jalousies et de rancœurs, expliquait le maître, chacun d'entre vous porte ses yeux comme un danger. Si vous voulez survivre, passer l'hiver, vous devez maîtriser vos regards. Vous devez aussi apprendre à déchiffrer ceux des autres. Dans la confrontation, le face-à-face, il ne faut pas se fier aux discours, à la posture des corps, il ne faut regarder que les yeux. Deviner l'ennui ou l'agacement qu'on fait naître quand on parle. Anticiper l'affront verbal, l'injure, l'exclusion ou la punition. Le regard est un miroir de l'âme.

Pendant de longs après-midi, il enseignait ainsi aux jeunes filles et aux jeunes gens le langage de la fixité et de l'humidité de l'œil, des battements de cils, de l'amplitude de la fermeture des paupières. Il leur apprenait à distinguer celui qui vous toise et celui qui vous lorgne. Il leur révélait comment, quand il leur échappait un regard qu'ils n'auraient pas dû porter sur une chose qu'ils n'auraient pas dû voir, pour réparer l'erreur, adopter la figure de celui qui n'a rien vu. Sans l'enseignement du maître, aucun n'aurait pu affronter les dangers de la cour.

Mais, dit la conteuse, mon histoire ne commence vraiment qu'au moment où cette fille entre dans la salle d'armes du maître des regards…

Elle était entrée pour quémander une leçon. C'était une fille très belle, celte sans doute, cheveux blonds croisés en natte, taille élégante et souple. Ses yeux étaient dorés et elle portait des boucles d'oreilles en forme d'abeilles. Une longue chemise de lin ornée de bandes de pourpre et fixée par deux ceintures, l'une sous le sein, l'autre sur les hanches, laissait à nu ses bras et le haut de sa gorge. Le maître l'avait toisée comme il savait si bien le faire. Il lui avait expliqué qu'il ne donnait de leçon particulière qu'aux hommes. Son art était un art noble. Elle n'avait qu'à s'inscrire au cours collectif. La princesse à la natte avait protesté : ce n'était pas apprendre à se défendre qu'elle voulait, c'était apprendre à attaquer ! Et elle avait ajouté, avec un petit ton de reproche amusé, que le cours collectif, elle l'avait déjà suivi, qu'elle regrettait qu'il ne s'en souvienne pas. Il en avait semblé un peu troublé, désarçonné.

— Attaquer ? Et comment cela ?

Elle avait expliqué qu'elle devait être présentée au roi dans quelques jours. Et c'était une occasion à ne pas manquer parce que la reine était en voyage. Elle voulait marcher crânement au milieu de la salle du palais, s'approcher jusqu'au trône, se pencher vers Sa Majesté et le séduire !

— C'est que je suis très jolie, avait-elle dit en battant des paupières sur l'or de ses pupilles.

Et de cela, il avait bien dû convenir. Elle avait souri et ce sourire avait jeté une douce élégance dans la rectitude de son regard, ses lèvres pâles laissant entrevoir de petites dents pointues et blanches pareilles à celles des jeunes chiots. Séduire le roi, donc. Mais on lui avait dit qu'elle n'en sortirait pas vivante. Car le roi serait entouré de ses autres concubines.

— Je suis très jolie et elles sont très jalouses.

À cela aussi, le maître avait dû acquiescer. S'avancer au milieu de ses rivales, c'était prendre part à une bataille silencieuse, un affrontement de regards croisés et décroisés où l'enjeu était de parer les coups et d'éviter la blessure mortelle. Bien sûr, l'on pouvait tenter de désarmer l'adversaire. Par un sourire par exemple, comme celui qu'elle venait de faire, qui, bien lancé, force l'autre à sourire à son tour et désamorce son regard en lui ôtant sa tension menaçante. Mais le maître n'y croyait pas trop. Il connaissait les dames de la cour, des êtres cruels et pervers qui avaient trop souvent goûté au sang pour ne pas chercher la mise à mort.

— Vous voyez bien ! avait-elle dit. Vous ne pouvez pas me laisser tuer ! Vous devez me donner des leçons !

Il avait tenté de protester encore. Il n'était pas un professeur de bas étage. Il était maître ! Il avait entraîné les plus grands à regarder. Des ducs, des comtes, des princes, des évêques. Pour les leçons particulières, il n'acceptait pas les débutants ! Il fallait s'adresser à d'autres. Lui ne tirait qu'avec des voyeurs confirmés.

— Oh, mais je suis déjà avancée dans la science des regards, avait-elle dit. Je ne suis pas tout à fait une amatrice.

Et, disant cela, elle lui avait décoché une œillade dorée, qu'il avait eu les plus grandes difficultés du monde à esquiver. Était-ce un coup de chance ? Mais la belle avait enchaîné les figures. Coups d'œil de côté, regards longs et courts, clins d'œil ! Elle allait et venait sur l'estrade, le poursuivant par des coups d'œil rapides, haut-bas, haut-bas, des estocades comme l'éclair, par des attaques et des feintes qu'elle improvisait fougueusement, sautant, débordante de joie. Fichtre ! se disait-il. La belle bretteuse !

— Où avez-vous appris à regarder comme cela ? avait-il demandé.

— À la cour de mon père. Je suis observatrice et j'imite assez bien. Allez, maître. Ce ne sera l'affaire que de quelques leçons.

Alors, par curiosité, il avait accepté de l'entraîner.

— Pupille droite contre pupille gauche ! Pupille gauche contre pupille droite ! Vos deux yeux, disait-il, ne sont rien d'autre que deux lames, deux lames acérées qui seules vous protègent de la mise à mort. Regarder l'autre est un combat à l'arme blanche. Si vous voulez survivre, il vous faudra frapper plus fort, plus vite !

Et avec une plus grande efficacité. Il faut forer profond, s'enfoncer loin, aller chercher avec la pointe acérée de son regard jusqu'au fond des entrailles de l'autre, percer le cœur, la bile, les poumons et le foie ! Mais attention, prévenait-il, la plongée au fond des yeux de l'autre, même brève, est une offre béante. On ne peut regarder dans les yeux d'autrui sans qu'en retour il puisse immédiatement, s'il le désire, vous retourner l'arme au fond de vos propres prunelles !

Et il l'entraînait, des heures durant, yeux dans les yeux. Défi ! Coups d'œil par-dessous ! Par-dessus ! Il la poussait dans ses derniers retranchements. Il adorait quand elle tentait de lui tenir tête, sourcils froncés, plis au front et le bout de sa langue rose entre ses belles dents. Il adorait quand elle pliait, furieuse de s'être exposée à ses œillades mais heureuse toutefois des progrès accomplis. Il adorait quand, à bout de souffle, sa poitrine battant à tout rompre sous son corsage, ses cils noyés de larmes, elle implorait enfin grâce.

— Et pour le roi ? avait-elle demandé enfin. Lorsque j'aurai neutralisé les prétendantes, pour séduire le roi, quel regard ?

Il avait hésité. Elle voulait donc vraiment plaire au roi ? L'épouser peut-être ? Défier la reine ? Se rendait-elle compte du danger ? Il avait pâli mais s'était dit que cela ne le regardait pas. C'était une élève et voilà tout.

— Le regard profond, avait-il murmuré, je vais vous enseigner le regard profond de l'amour fou. Tout compte pour porter ce coup-là.

Il lui avait appris à mobiliser les sourcils, le coin des lèvres, la couleur et la brillance des yeux, le port de tête. Le regard profond, celui qui rendait l'autre dingue de vous, devait être d'une violence expressive absolue car c'était un coup qu'on ne portait qu'une fois. Elle s'était appliquée et c'était une élève douée.

— Tout le monde peut y succomber ? avait-elle demandé à la fin.

— Tout le monde !

— Même vous ?

— Oh, moi..., avait-il dit d'un sourire triste. Moi, je suis trop sur mes gardes, trop au fait de toutes ces choses.

Et maintenant, en ce jour de grandes présentations, le maître des regards attendait derrière le trône, impatient de voir si son élève avait bien appris ses leçons. Quand on annonça la princesse à la natte, il y eut un « Ah ! », un « Oh ! » parmi les courtisans. Elle était plus belle que jamais. Ses yeux dorés brillaient au-dessus de ses dents blanches et sa longue natte blonde dansait jusqu'en bas de ses reins. Autour du roi, les favorites ne tenaient pas en place. Blondes, brunes et rousses, elles grondaient sous leurs fourrures de loutre, frémissaient en des rages sauvages, rehaussaient leurs babines pour mieux montrer leurs dents aptes à mordre et à déchiqueter.

Maintenant ! pensa le maître des regards. Agis tout de suite et prends-les par surprise ! Et comme si la princesse à la natte avait pu lire en lui, elle s'anima sur l'instant. Émerveillé, le maître des regards la vit se dresser avec dans l'œil la fureur de ces guerrières barbares d'autrefois qui, au milieu de la mêlée, maniaient la lance avec adresse et entraînaient les guerriers par leur courage et leurs discours. Avec une précision diabolique, elle empala sur son regard la première rivale qui s'avança, embrocha de ses deux yeux perçants les deux suivantes, para une attaque sournoise, croisa son fer, se dégagea, faucha dans le silence les têtes des rescapées que le maître prit plaisir à voir rouler sur le sol du palais. En quelques secondes, elle avait fait place nette. Interloqué et subjugué, le roi semblait bien démuni sur son trône de fer pour résister à l'ultime assaut de la guerrière.

Mais ce fut vers le maître des regards que la princesse à la natte décida de s'avancer.

— Tu as été un excellent maître, lui dit-elle. Mais je suis, moi, une très bonne élève. Et je suis venue t'affronter ! C'est ce que j'ai voulu depuis le premier jour où je t'ai vu.

Il ne comprit pas tout de suite. La première attaque fut si soudaine qu'il ne put éviter tout à fait le regard. Et, au milieu de l'éraflure, trois gouttes de son sang perlèrent. Il y eut des cris, de l'affolement. Les courtisans reculaient en tremblant. Le roi lui-même battit en retraite. Au milieu de la salle du trône, on leur laissa de l'espace pour s'affronter.

— À quoi bon ? demanda-t-il. Tu le sais bien, je suis un vieux solitaire. Un vieux mâle à la couenne épaisse qu'aucun œil ne peut toucher.

Mais, paupières levées, elle avait déjà pris la position classique du combat. Elle tenait son regard avec fermeté, sans excès, les cils serrés, maintenant la garde à hauteur. Elle le défiait, bien droite, la tête baissée, la pointe de son œil dressé. Il ne pouvait décemment fuir. Alors, il la salua et se prépara à l'assaut.

Elle tenta d'emblée une paire de feintes – clin d'œil de côté, regard par en dessous – sans autre but que de tester l'énergie qu'il mettrait à l'affrontement. Il répondit avec calme, maintenant la distance. Il observait sa position, son agressive sérénité, admirait l'excellence de sa posture. Quand il prit l'initiative, elle passa immédiatement en quarte. Bien, pensa-t-il, elle a retenu la leçon ! Il marqua d'un coup d'œil direct une demi-attaque en tierce. À sa grande surprise, elle resta ferme et répliqua en lançant, avec une rapidité inattendue, une œillade basse en seconde, en même temps que, de ses lèvres crispées, jaillissait un cri rauque et sauvage. Il se dégagea. La jeune femme se reprit, recula de deux pas, avança d'un pas, de nouveau en quarte, le regarda les paupières mi-closes, dans une attitude d'absolue concentration. Sa voix tremblait d'une colère mal contenue. Elle était immensément belle.

— Allons, dit-elle, il faut finir !

Elle sortit tout le jeu de ses bottes secrètes – regard doux, mielleux, enchanteur, regard faussement naïf – et il se sentit pour la première fois en danger. Alors, plus par instinct de survie que par réflexion, il haussa le combat, prit son fer, l'accula dans un coin de la salle et, sourcils froncés, la toucha d'un regard de vieux garçon qui ne veut pas mourir. Elle poussa un cri déchirant, tomba à genoux et des larmes coulèrent sur ses joues.

— Ah, mon Dieu, s'écria-t-il, je vous ai blessée !

Il s'agenouilla à son tour, soudain désarmé, la prit dans ses bras. Quand il comprit la feinte, il était trop tard. Avec un rire de triomphe, elle lui décocha le plus beau regard profond qu'on eût jamais vu et il ne put rien faire pour l'éviter. Il se sentit touché jusqu'au cœur, d'une blessure mortelle, d'une de ces blessures dont on ne peut guérir. Autour d'eux, la foule revenait et n'en croyait pas ses yeux. Le maître des regards avait trouvé son maître !

La suite ne fut que formalités. Le roi les maria en personne, la reine fut témoin. Et, à ce qu'on dit, ils vécurent heureux et eurent beaucoup d'enfants !

— Toi, dit-il, toi qui fais mon ménage tous les matins, laquelle dois-je épouser ?

Sarah, stupéfaite, s'arrêta un instant de redonner du volume aux coussins posés sur le lit du wali. Il lui parlait ? Lui, le bel Ibn Abbad, le wali de Séville ? Lui qui, depuis qu'il avait pris la ville avec ses mahométans, traînait toujours dans son ombre tout un troupeau de conseillers, d'intrigantes et de solliciteurs comme le flot des feuilles mortes court dans le sillage du vent ?

— Je m'appelle Sarah, dit-elle.

— Eh bien, Sarah, à force de ranger mes affaires, tu dois bien savoir laquelle il me faut ?

Oh, ça oui, à force tous les matins de l'observer par en dessous, elle le connaissait bien, le bel Ibn Abbad ! Elle aimait ce sourire mélancolique suspendu à ses lèvres, ses belles mains qui, au soleil, livraient leurs nervures comme le font les feuilles des arbres et cette façon, toujours, de déambuler d'un pas lent dans ce palais magique, fleuri de vert, de bleu, de jaune et de rouge, posé sur ses pattes d'ibis au-dessus du Guadalquivir.

Ibn Abbad était penché à sa fenêtre, pensif. Il regardait, dans la cour intérieure, l'arrivée des équipages des cinquante jeunes filles mozarabes, toutes chrétiennes, issues des plus nobles familles ibères, romaines ou wisigothes qu'il avait invitées aux grandes fêtes de son trentième anniversaire. On lui avait fait valoir que s'il voulait asseoir son autorité, il devait, comme Abd el-Aziz, le fils de l'émir Moussa ibn Nossair, qui avait épousé l'épouse de Rodéric, dernier roi wisigoth, prendre pour femme une princesse chrétienne.

— Mais ce n'est pas par politique que je me suis décidé, glissa-t-il à Sarah. C'est parce que ces mariages sont toujours, à ce que l'on m'a dit, des mariages d'amour.

Sarah sourit, approcha son corps de chevreau, sa peau tannée et ses cheveux noirs crépus et regarda à son tour par la fenêtre. Les chaises à porteurs se succédaient. Les esclaves numides déchargeaient les bagages. Les princesses s'époussetaient de leur voyage, s'étiraient et tentaient de rajuster leurs coiffures compliquées en se penchant sur l'eau des bassins. Qu'elles étaient belles, toutes ! Rondes, luisantes et bien en chair, avec leurs bras lourds hors des châles de dentelle, leurs regards de velours, leurs gorges pleines sur lesquelles pendaient des médailles de la Vierge.

— Je ne veux pas me tromper, comprends-tu ? Je veux la plus parfaite d'entre d'elles, celle dont le cœur sera resté pur.

Cela fit encore sourire Sarah. Un cœur pur ? Dans cette Espagne cahotée par les soubresauts de l'Histoire ? Quelle fille aurait pu rester loin des hommes, de leurs mains qui traînent partout, de leurs paroles qui vous entortillent, de leurs bras qui vous coincent dans les alcôves, des promesses qu'ils vous font et qu'ils ne tiennent pas ? Mais le prince lui avait posé une question, il fallait bien une réponse.

— Pourquoi, mon Prince, n'allez-vous point demander son aide à Rabbi Geshoa ? C'est un rabbin de ma communauté. Un spécialiste de la pureté, un ennemi des imperfections. Il est plein de ressources et il pourra vous aider.

Elle mena le wali à travers la vieille ville, entre les murs blanchis de chaux, dans le lacis des ruelles qui coulaient sous le vol des mouches. Au fin fond du quartier juif, El Madinat al-Yajud, la Juderia, elle le fit entrer dans l'atelier de Rabbi Geshoa.

C'était un vieux Juif d'autrefois, courbé, têtu, poli jusqu'à l'extrême, barbe et longs cheveux blancs. Il accueillit Ibn Abbad les bras ouverts, le remerciant, lui et ses congénères, de l'avoir délivré des persécutions des rois wisigoths. Il expliqua que, sous Wamba, comme tous les enfants de son âge, il avait été enlevé à ses parents pour être baptisé de force, que, sous Ervige, il avait dû dénigrer en public sa religion pour éviter l'exil et que, sous Égica, il avait perdu tous ses biens et dû fuir en Afrique pour échapper à l'esclavage. Il était revenu, comme tant d'autres, après la conquête musulmane. Il montra au prince ses vieux parchemins, ses alambics, ses lunettes astronomiques et ses forges. Car il était passionné de pierres, de celles qui roulent là-haut dans le ciel et de celles qui dorment dans les entrailles de la terre. Aussi passait-il ses nuits à observer les étoiles et ses jours à examiner les diamants et autres pierres précieuses dont il était passé maître à traquer les impuretés.

— Faites venir vos princesses dans mon atelier, dit-il à Ibn Abbad. Et vous saurez laquelle a le cœur le plus pur.

Le prince invita ses prétendantes à découvrir les beautés de sa ville. Il les promena sur les remparts roses de la citadelle, dans les jardins surchargés de fleurs du palais, leur montra les minarets de la mosquée et les flèches de la cathédrale. Puis, il les conduisit à travers la Juderia jusqu'à Rabbi Geshoa. Sarah fut chargée de distraire les princesses, de leur faire visiter l'atelier. Le vieux Juif fit passer Ibn Abbad de l'autre côté d'un paravent.

— Ce n'est pas n'importe quel paravent, dit-il. Il est confectionné avec une vieille peau tannée que j'ai trouvée au marché de Tanger. Elle aurait appartenu à Tubal-Caïn, le premier forgeron. À son travers, grâce au feu que ma forge projette, on aperçoit l'image des cœurs qui battent.

Chaque fois qu'une des princesses passait entre la toile et le feu, son cœur palpitant, son cœur rouge gorgé de sang se découpait avec une telle netteté qu'on eût dit qu'on lui avait ouvert la cage thoracique. Rabbi Geshoa alors s'approchait, une étrange lunette à la main, et il l'observait avec la plus grande attention.

— Pas de différence entre un diamant et le cœur d'une jeune fille, chuchotait-il au prince. Dans les deux cas, le moindre défaut en altère la beauté et en baisse le prix.

— Je veux la perfection, répétait le prince, un cœur de la plus grande pureté.

Alors, le rabbin traquait les imperfections souvent indécelables à l'œil mais que sa lunette débusquait. Il avait appris à voir, dans les pierres, les inclusions gazeuses ou liquides, à y déceler les matières emprisonnées, graphite, diopside, grenat, zircon, quartz, à y inventorier les brisures et les ébréchures. Et, pareillement, aucune imperfection d'un cœur n'échappait à son œil expert.

— Là, disait-il, un chagrin d'amour ! Léger, certes, peut-être juste une déception, mais voyez, Prince, comme cela fragilise l'ensemble ! Et ici, voyez-vous cette fêlure d'orgueil ? Regardez comme elle commence à lézarder autour d'elle. Et celui-ci, Dieu comme ce cœur est dur ! Et là, tous ces cristaux ! Tous ces coups de poinçon ! Joies et peines excessives !

Il expliquait au prince que les impuretés pouvaient se ranger en deux catégories. Tout d'abord, les inclusions internes, au cœur de la matière, des défauts présents dès l'origine ou créés lors de la cristallisation du cœur, dans cette phase de la prime jeunesse où les filles découvrent le monde : un père qui ne les aime pas, une mère jalouse, un frère trop possessif, le spectacle de disputes ou de trahisons et le cœur est marqué à jamais. Puis, les inclusions externes, celles qui surviennent alors même que le cœur est pur et s'est construit sans taches, par maniement extérieur.

— Si vous saviez, Prince, comme le cœur d'une jeune fille est une chose fragile ! Chaque amour, chaque amitié même peut y laisser son empreinte. Un regard appuyé, parfois, suffit à le rayer.

Et il montrait, à travers sa lunette, les marques sur le polissage, les abrasions des arêtes, les brisures à peine visibles des facettes.

Aucune des princesses qui défilaient n'offrait la perfection que désirait le prince et il commençait à se désespérer.

— Oh ! dit Rabbi Geshoa. Regardez celui-là, Sire !

Devant eux, un pauvre cœur battait d'un mouvement lent de soufflet, avec des soupirs et des sifflements comme s'il peinait à respirer. C'était un cœur traversé de blessures, d'échardes et d'éclisses, rayé de part en part, avec de profondes zébrures, des entailles mal cicatrisées, tant de balafres qu'on l'eût dit scarifié. Un cœur qui avait dû être brisé cent fois et réparé cent fois ! Le prince s'approcha, fasciné. Ce cœur était si amoché que c'était presque un miracle qu'il ait pu continuer à battre. Ce qui sautait aux yeux, c'était sa formidable envie de vivre, de continuer à aimer malgré les vicissitudes de la vie. On avait envie de se pencher vers lui, de souffler doucement dessus pour qu'il continue à rougeoyer, de le prendre dans les paumes de ses mains, comme un oisillon blessé, et de le réchauffer. Oui, c'était cela : il inspirait le désir d'en prendre soin et de veiller sur lui jusqu'à la fin des jours.

— C'est elle ! cria le prince. C'est elle que je veux épouser !

Seule de l'autre côté du paravent, Sarah, surprise par la voix du prince, en fit tomber les verres d'orangeade qu'elle portait aux princesses.

LA PRINCESSE QUI ROUGISSAIT

En ce temps-là, le duc Eudes d'Aquitaine, issu du sang de Clovis, avait une fille charmante prénommée Lampégie. Le corps souple, la taille fine, de grandes nattes blondes et des yeux d'un bleu mêlé de vert : à la voir au jardin de son père, cueillir la rose et écouter chanter le merle, on l'eût pu croire tombée de quelque conte. Mais à s'approcher, à lui parler, à lever les yeux sur elle, on découvrait la tare de cette pauvre fille : pour un rien, elle rougissait.

La moindre remarque, le moindre mouvement vers elle et elle s'allumait. Le moindre regard et ses jeunes seins haletaient sous la soie légère. Toujours, en public, le cou gonflé de soupirs, les lèvres chaudes, les paupières brûlantes. Sa peau, lui semblait-elle, n'avait pas l'épaisseur de celle d'un raisin. Elle était transparente, toujours à révéler l'emballement de son sang, toujours à laisser voir son âme tremblante. Et pour peu qu'on la dévisage, qu'on la frôle, qu'on prononce son nom, elle flambait, le front brûlant, torche vivante. Un esprit trop tiré vers les hauteurs, selon sa mère, trop porté à planer dans des espaces enivrants et confus. Elle ne savait que dire. Alors elle rougissait.

Pour cacher son infortune, elle se vêtait de blanc. Elle s'habillait de robes immaculées, de grands draps où elle se noyait, s'étouffait sous des flots de dentelles, de hautes coiffures poudrées, dans l'espérance d'éteindre sous la neige le feu à ses joues sans cesse attisé. Mais au travers de son habit, malgré la soie et les dentelles, on devinait l'ombre pulsée, fragile, de son cœur qui battait. Elle était comme ces écorchés vifs dont les muscles et les nerfs sont livrés à la merci de tous.

Et ils ne se gênaient pas. Elle voyait bien les clins d'œil amusés des pages, des damoiseaux, des jeunes chevaliers jouant, lorsque son père avait le dos tourné, à lui faire venir le pourpre aux joues. Et ces gestes qui la frôlaient pour allumer ses flammes ! Et ces plaisanteries douteuses pour l'incendier ! Et elle, toujours surprise, suffoquée d'émotion, brûlée vivante, le sang battant à sa gorge, à ses tempes.

Combien de fois, au château de son père, on la vit fuir ? Combien de fois, sa rouge silhouette courant par les corridors, éclairant, mieux que des flambeaux brandis, les hautes voûtes et les tapisseries, allumant les ferrures des coffres, éveillant les tapis, les meubles recouverts, les rideaux à demi tirés des alcôves ? Combien de fois, son corps brûlant jeté à travers les jardins, sur les pelouses, entre les massifs de fleurs ? Combien de fois, sur les quais dallés, sous les portiques, dans les allées, elle, en pleurs, flamboyante, incendiant de féerie hautaine la longue litanie des colonnes de marbre ? Elle, descendant les grands escaliers, courant encore jusqu'à la mer, incandescente, foulant le sable, ensanglantant les marches et les rochers d'une égale violence, cherchant l'eau, se jetant dans les vagues ?

Elle tenta bien de trouver le salut dans la prière. Le soir, dans le soleil couchant, elle entrait seule dans la cathédrale. Elle esquissait, confuse, un semblant de signe de croix mais sa main était si brûlante qu'à plonger ses doigts dans l'eau du bénitier, elle la faisait bouillir. Elle suivait sur le sol le pourpre écrasé des vitraux, allait jusqu'à l'autel, tentait de supplier le Christ en croix. Ô mon Seigneur, mon Maître, protégez-moi ! N'avez-vous pas aussi souffert dans votre chair ? N'avez-vous pas aussi, rouge de votre sang, été offert aux regards moqueurs des hommes ? Mais si Dieu se penchait, à sentir son regard, aussitôt elle rougissait. Elle se relevait, les joues en feu, pantelante, le visage éclatant de nacre et de sang. Elle reculait, laissant sur les dalles l'empreinte fiévreuse de ses pieds nus. Puis elle courait dans les allées et, sur les pierres fouillées par son ombre embrasée, les statues des saints, quand elle passait, brillaient soudainement, semblaient revivre. On les voyait, le visage furieux, le bras tendu, tenter de l'arrêter, avant de retomber dans l'ombre, éteints, soufflés, frustrés de ne l'avoir pu toucher. Elle sortait dans la fraîcheur du soir et on la voyait fuir, des flammes jusque dans sa chevelure.

Rouge, disait-on, rouge mort, colère, guerre, meurtre, alarme et danger, couleur de l'interdit et du péché, de l'enfer et de Lucifer, des bourreaux, de l'hypocrisie, de la trahison et du maléfice. Rouge comme le fer qui marque et vous désigne. Si les Sarrasins se faisaient si pressants, si le duc Eudes n'arrivait plus à endiguer leurs vagues, si Yahvé reculait et qu'Allah avançait, n'était-ce pas la faute de cette princesse qui rougissait ? Et n'était-ce pas sa faute aussi si Charles le Martel se faisait menaçant aux marches du duché ? Belle, bien sûr, d'une beauté de cœur qui bat, mais d'une beauté satanique, pareille sous sa chevelure blonde et sa cuirasse toute blanche à ces anges cruels et funèbres qui désignent de leur épée de feu les villes que Dieu va châtier.

Alors, les sujets du duc d'Aquitaine s'inquiétèrent. Ils grondèrent. Ils conspirèrent. Un soir, enfin, ils se mirent en marche, armés de fourches, de piques, de lances. Ils crièrent le nom de la coupable. Toute une foule d'hommes et de femmes en colère. Et d'entendre son nom hurlé par tant de bouches, Lampégie s'illumina plus que jamais. Le sang palpitait sur son visage et la transfigurait. Ses yeux brillaient. Son cœur était un cœur de forge, irradiant de l'intérieur sa peau d'une sourde lumière. Et pour ne pas que ces hommes s'en prennent à son père, elle marcha au-devant d'eux. Elle se livra à eux, immobile et superbe. Au-dessus d'elle, des masses se cognaient dans le ciel. Et quand ils dressèrent le bûcher, qu'ils l'attachèrent, qu'ils allumèrent un feu, elle rougit de plaisir à sentir les flammes lui lécher les jambes. C'était un endroit merveilleux, un endroit où tout homme pouvait rougir sans crainte de dépasser. Elle allait flamber enfin et, au milieu du brasier, qui pourrait voir alors l'incendie de ses joues ? Déjà, elle souriait à l'ange des ténèbres, au prince qui l'accueillerait dans un royaume où l'écarlate est roi.

Mais dans la nuit, soudain, des éclairs zébrèrent le ciel de grandes entailles rouges. Une pluie tomba, drue et dense, qui souffla les flammes, noya le bûcher, balaya en longues vagues la foule immense. La foudre s'abattit sur les murailles de la ville. Pareils à des bêtes par la faim attirées, on vit des Sarrasins passer la tête. Un, deux, puis cent. C'étaient les Berbères de Othman ben Abou-Neza, dit Munuza, gouverneur de Cerdagne, l'ancien émir de Cordoue qui, depuis qu'il avait été remplacé par Abd al-Rahman, ruminait sa vengeance au fond des Pyrénées. Ils entrèrent dans la ville par petites colonnes. Les éclairs renvoyaient sur le pavé mouillé les ombres cassées de leurs lances et de leurs étendards.

Ils s'avancèrent dans les rues désertes jusqu'à la place où restait attachée Lampégie. Munuza, ébahi, la contempla. C'était un grand loup maigre aux yeux de chat, un peu voûté. Il fuyait depuis toujours la duplicité des femmes, leur art de la simulation et du mensonge.

Il observa, médusé, cette fille qui rougissait. Quoi, pensa-t-il, celle-ci ne peut rien cacher ? Ses sentiments, ses émotions montent à la surface ? Sa fragilité saute aux yeux ? Voilà qui est admirable ! Alors, il l'admira, si rouge sous la lune blanche, si brûlante au-dessus des bûches éteintes, si lumineuse qu'elle éclairait le dessous des étoiles d'une poussière de corail. Et de se savoir regardée, elle rougit. Et c'était un très beau spectacle, lui inclinant sa tête noire de côté et plissant ses yeux fendus, elle presque nue, noyée, sa tunique plaquée sur ses formes rondes, ses cheveux collés sur son front, sur ses tempes. Et de se sentir si aimablement regardée, elle rougit de plus belle. Et de la voir rougir, malgré la pluie, vierge phosphorescente au milieu des nuées, il l'admira plus grandement encore.

Le duc Eudes arrivait, alerté par ses gens. Seul, ou presque, son épée à la main, son casque de guingois. Munuza lui demanda aussitôt la main de Lampégie.

— Faisons alliance, lui dit-il. Par ce mariage, changeons la face du monde. Entre les Arabes d'Abd al-Rahman – que Dieu le pousse en Enfer – et les Francs de Charles Martel – que le Tout-Puissant le torture jusqu'à la fin des jours –, unissons tes Aquitains à mes Berbères.

Eudes acquiesça, ravi de sauver sa fille et son peuple. Ils rêvèrent ensemble d'un grand royaume, aquitain jusqu'à la Loire et berbère jusqu'à l'Èbre.

Le mariage ne fut qu'un long embrasement, qu'un rougeoiement interminable au-dessus des feux de Saint-Jean, qu'une pluie de pétales rouges, et Lampégie un bonbon rose dans du papier blanc.

Au matin, Munuza, les yeux mi-clos, brillants, bouillonnants de désir, emporta Lampégie sur son bel alezan. Il l'emporta jusqu'à sa citadelle, son nid d'aigle. Plus ils montaient à travers les montagnes tremblantes et plus il susurrait son nom d'une voix douce et charmante. Plus ils montaient et plus sa bouche fraîche, sur les reflets de cire de la belle princesse, déposait de baisers comme autant de caresses. Et elle, rouge d'ivresse, comme une fleur qui, sous le poids d'une abeille, s'affaisse, ployait sous tant d'amour et de délicatesse.

— Tout cela est à vous, Lampégie, lui dit-il, je vous donne les Pyrénées. Je vais vous construire le plus beau des châteaux.

— Mais c'est si blanc ! dit-elle en contemplant, sur les sommets, la neige. C'est si blanc et je suis si rouge.

— Nous changerons cela, dit-il en l'embrassant.

Et il donna des ordres. Il engagea les meilleurs ingénieurs, les meilleurs architectes, les meilleurs botanistes. Il dépensa tout l'or arraché aux Wisigoths d'Espagne. Il construisit un palais de marbre rose, une citadelle perchée en équilibre, pareille à une bague de rubis posée sur un écrin. Des gardes rouges en surveillaient l'accès. Des drapeaux incarnats claquaient sur les remparts. Chaque salle, chaque chambre croulait sous des soieries tissées de fil pourpre. Il fit venir de l'eau, des machines pour faire fondre la neige. Bientôt les flancs de la montagne furent pleins de coquelicots, de pivoines, de massifs de roses fuchsia. Des restanques croulaient sous les plants de tomates. Dans ses vergers, il fit pousser la fraise et la framboise, le cerisier et le pommier d'api. Des rossignols chantaient aux branches de chaque arbre. Des coccinelles décoraient chaque feuille. Il remplit les rivières de poissons rouges, déposa, sur les lacs des montagnes, des milliers de flamants roses. Et Lampégie, la princesse qui rougissait, eut enfin un royaume à sa mesure.

VI

Les contes sur l'amour finissent mal en général

Où Eusébie apprend qu'il ne faut pas tenter le Diable. — Où Mauronte pleure sur la mer de Marseille. — Où Blanche se laisse convaincre d'écouter d'autres histoires. — Où de jeunes princes tentent de poursuivre les filles-biches. — Où un orfèvre cherche une belle pierre pour achever sa couronne. — Où l'on se fait des cheveux pour un Vandale. — Où l'on apprend pourquoi, certains soirs, il faut attacher sa femme. — Où l'on découvre la fin de l'histoire de la princesse qui rougissait. — Où l'on entend l'histoire de la dame qui s'ennuyait.

1.

L'abbesse Eusébie tenait dans ses mains les trois lettres qu'elle avait reçues, coup sur coup, de l'évêque Abdalong, de frère Pacôme et du patrice Mauronte en personne après qu'elle avait refusé aux uns et aux autres de les recevoir. À sa grande surprise, les trois lettres allaient dans le même sens : il ne fallait pas que Blanche entre dans sa communauté.

L'évêque Abdalong faisait longuement état, bien sûr, de la demande en mariage de Childebrand et développait de nombreux arguments théologiques pour démontrer que l'antériorité de sa réception faisait obstacle à toute suite favorable donnée à la démarche de Blanche. La motivation de frère Pacôme était plus subtile : il faisait état de l'avantage qu'il y aurait à négocier avec le pouvoir franc, à ne céder Blanche qu'en contrepartie de l'engagement de libertés rendues à la ville et invoquait, pour finir, la figure de la reine Clotilde et le rôle civilisateur que jouèrent de tous temps, auprès des Francs, leurs épouses chrétiennes. La missive du duc Mauronte la surprit davantage tant elle était persuadée que le patrice serait heureux d'éviter à sa fille ce mariage : il ne voulait certes pas de celui-ci « mais pour autant, écrivait-il, le couvent n'est pas pour elle. Peut-on croire que Dieu l'ait faite si belle pour la couper du monde ? Si c'était pour l'enfermer chez les Cassianites, la perfection de Blanche aurait été un investissement inutile. Depuis sa naissance, il est évident que ma fille est une arme entre les mains de Dieu. Il s'est trop appliqué pour qu'il en soit autrement. Il a nécessairement pour elle un autre dessein… ».

Et les trois lettres s'achevaient par la même information : Blanche était désormais enfermée au palais, avec interdiction d'en sortir.

Eusébie monta les marches une à une, le dos au mur, tenant des deux mains sa robe que le courant d'air gonflait. Par la meurtrière du palier, elle regarda le ciel. Une lune sauvage voguait très haut, un coup de pagaie à droite, un coup de pagaie à gauche, au-dessus de l'Huveaune. Elle se rêva allongée sur le croissant, son bras traînant dans l'eau du ciel, flottant lentement au milieu des étoiles. Elle aurait été faite pour vivre comme une princesse orientale, une déesse égyptienne, dérivant sur le Nil dans un bateau de papyrus. Mon Dieu ! Mon Seigneur ! Mon doux époux, qu'as-tu fait de moi ?

Sa chambre donnait sur le fleuve, en contrebas du réfectoire, presque à ras de l'eau. La nuit, les vagues la berçaient. Elle poussa la porte. La pénombre entrait par la fenêtre et caressait, du bout des doigts, les grandes dalles de pierre. Le bois sombre de son lit et du prie-Dieu se distinguait à peine ; l'argent du crucifix accroché au mur luisait faiblement. Un voile laissé sur le dossier de la chaise, les draps pliés sur la paillasse, le peigne d'écaille et le broc d'eau en porcelaine donnaient à la pièce un aspect recueilli, calme et apaisé. Et pourtant, elle sut aussitôt qu'il était là.

Elle ne le chercha même pas du regard. Elle l'ignora. Elle se mit aussitôt à genoux sur le prie-Dieu et, de toutes ses forces, elle pria le Seigneur. Mais elle sentait son odeur forte de soufre et d'étable. Elle devinait sa silhouette entortillée dans sa grande cape rouge, dont les pans devaient pendre comme des lambeaux d'ailes cassées. Elle savait tout de sa posture, de l'autre côté du lit, bras croisés, jambes allongées. Sans le voir, elle savait que, sur son visage, rôdaient cette finesse au-delà de l'intelligence, cette noblesse ailée délestée de toute morale, cette grâce vivante bien supérieure à la beauté où pouvait se glisser la violence la plus totale. Sans doute arborait-il à cet instant son sourire cruel et diagonal et, dans le jeu rasant des lumières, ses mains devaient, comme toujours, paraître métalliques et précises, coupantes comme des couteaux. Tel un chat de gouttière qui lèche ses blessures avec dans l'œil les images d'un oiseau éventré, il devait jouir du souvenir de quelque duel sauvage remporté la nuit même contre un soldat de Dieu. Dans sa fourrure devaient rester quelques plumes des ailes d'un archange étranglé.

Mon Dieu ! Mon Seigneur ! Mon doux époux, pensa-t-elle très fort. Cette fois, ne me laisse pas. Viens à mon secours.

— Tu l'appelles, Eusébie ? Tu l'appelles toujours ?

Elle fit mine de ne pas avoir entendu. Elle pria le plus fort qu'elle put, les mains jointes à s'en faire mal, les paupières closes à ne plus jamais pouvoir les rouvrir. Mon Dieu ! Mon Seigneur ! Cette fois, chasse-le ! Ne le laisse pas m'approcher ! Elle l'entendit qui ricanait.

— Celui que tu appelles ton « doux époux », depuis quand ne t'a-t-il pas rendu visite ? Depuis quand, ma toute belle, ne t'a-t-il pas touchée ?

Elle devina qu'il se levait, plus méchant que jamais, plus cruel qu'il ne l'avait jamais été. Il y eut, mêlé aux vols des oiseaux nocturnes sur le fleuve, le claquement de sa cape dans le silence de la pièce et, confondu avec le bruit de l'eau, le frottement de ses sabots sur les dalles de pierre. Elle entrevit sa face rubiconde reflétée dans le vernis de l'armoire en bois. Ses paupières étaient rehaussées de noir et ses mains teintes d'un ocre rouge.

— Où est-il, ma toute belle ? Où est-il, ton cher époux ?

C'était toujours la même voix, cette voix souterraine et chaude qui la prenait aux tripes. Son souffle était maintenant derrière elle. Son haleine fétide, son odeur de bélier tombaient sur ses épaules. Elle jeta un regard désespéré par la petite fenêtre. Des masses se cognaient dans le ciel. La lune, devenue rouge, n'était plus qu'une blessure sanglante, une plaie ouverte d'un coup de griffe. Elle savait maintenant ce qui allait arriver et tout son corps flambait, ses jambes tremblaient, tout était feu jusqu'à ses joues brûlant de honte et d'impatience.

— Me veux-tu, ma toute belle ? Je veux l'entendre de ta bouche : me veux-tu ?

Elle sanglotait, le front plaqué sur le prie-Dieu, les genoux posés sur le bois. Les larmes coulaient le long de son nez. Tout son corps était pris de convulsions. Elle murmura quelque chose qui se perdit dans les gargouillis.

— Je n'ai pas entendu, Eusébie ! Dis-le d'une voix claire et ferme ! Me veux-tu ?

— Oui ! dit-elle presque en hurlant.

Elle s'écarta, releva sa robe et la rabattit haut vers ses épaules, jusqu'à sa tête, découvrant ses hanches maigres.

Alors, de ses grandes mains rugueuses et baguées, il palpa ses fesses, tâta ses os de gigot, il lui écarta les cuisses d'un mouvement précis de son genou poilu, la fit pivoter un peu pour que la lumière de la lune révèle tous les détails de son sexe et de sa croupe. Elle s'offrit, écartelée, la tête enfouie dans sa robe, son long nez asphyxié par l'odeur de la laine. Il la pénétra de son glaive de chair. Tout bouillonnait en elle sans déborder, tout montait à la rendre folle. Il laissait s'accumuler en elle les nuages noirs de mille tempêtes mais refusait de les faire éclater.

— Qu'es-tu venu demander ? gronda-t-elle. Que veux-tu, ange maudit ?

Il continuait à la marteler, à pétrir ses mamelles tombantes, à jouer avec sa croupe offerte, à la maintenir à bout de bras au-dessus des flammes où tout son corps rêvait douloureusement de tomber. Elle n'était plus que cette brûlure qui la pourfendait, que ce flux et ce reflux de lave qui roulait de son sexe à son cerveau.

— Je veux la nouvelle, dit-il. Je veux Blanche. Je veux que tu l'acceptes dans ta communauté.

2.

— C'est de la Méditerranée, expliquait frère Pacôme, que sont nées toutes les civilisations. C'est sur ses rivages que sont apparues toutes les religions. Tant qu'elle a été au centre de l'Histoire, Marseille a été indépendante et puissante. Mais quand les grandes invasions ont balayé l'Empire romain, quand les Francs ont pris le pouvoir, le monde a basculé au nord et notre cité n'a plus été qu'à sa périphérie. Je ne sais pas ce qu'il adviendra de ces mahométans mais ce que je sais, Monseigneur, c'est qu'en installant leur nouvel empire sur la façade sud de la Méditerranée, en opposant une force crédible à celle des Francs, ils ramènent le centre de gravité du monde vers nous, ils replacent notre mer au cœur de l'Histoire et nous avons tout à y gagner.

C'était une salle haute et voûtée, pleine d'échos, d'ombres et de froid, éclairée de chandelles accrochées aux grands murs de pierre. Il y avait des pupitres où des moinillons, la plume à la main, reproduisaient en silence les cartes anciennes. En son centre, comme un autel, trônait une longue table en bois, encombrée de rouleaux, de papiers et de livres. Pas d'autres bruits que les plumes qui grattaient le papier et les soupirs des scribes.

Mauronte était penché, soucieux. À ses côtés se tenaient frère Pacôme et le maître des cartes. Celui-là était un moine au visage laiteux et rond, embrasé de rousseurs, comme attaqué de moisissures. Quoi qu'il dise et quoi qu'il fasse, ses yeux gris étaient toujours immobiles, des œufs de caille pris dans de la gelée, figés dans une sorte d'indifférence. Mais Mauronte ne le détestait pas. Il aimait ses belles mains, blanches, longues et pâles, cette façon qu'elles avaient de caresser les nervures des parchemins, de dérouler les cartes par un lent glissement des paumes à contre-courant de la roulure. Comme celles qui étaient à ce moment devant eux, de belles reproductions du monde connu, des cartes de navigation que le duc achetait à prix d'or sur les quais et dont il aimait tant les roses des vents, les mots *terra incognita* écrits aux quatre coins et les dessins des monstres marins dès que l'on s'éloignait trop des côtes.

— Voyez, dit le maître des cartes. Aux temps anciens, chaque endroit, chaque ville presque avait sa mer : mers de Phénicie et de Cilicie, de Lydie et d'Icarie, d'Alboran et de Biban, des Baléares, de Gênes, de Tarente, de Marseille ou de Valence, mer de Candie et mer de Morée.

— Mer de Marseille ?

— Oui, Monseigneur, en ce temps-là, Marseille avait sa mer.

— Mais où sont passées toutes ces mers ? Comment ont-elles disparu ? Qu'est devenue la mer de Marseille ?

— Nous ne le savons pas, Monseigneur. Elles ont disparu, c'est tout.

— Moi, dit frère Pacôme en se penchant à l'oreille du patrice, je sais où se trouve la mer de Marseille. Du moins ce qu'il en reste. Elle est tout entière cachée dans un vieux bénitier.

Alors, il le mena à travers les ruelles du Panier, le fit entrer dans une chapelle cachée au fond d'une cour, un édifice branlant, épaissi de larges murailles, un sanctuaire barbouillé de rouge et de bleu, aux courts piliers, aux chapiteaux entamés de formes grossières et où, sans doute, on avait prié des dieux bien avant la naissance du Christ. Une lumière d'absinthe sourdait de partout et le miroir du bénitier concentrait dans sa source les verts pâles qui tombaient des vitraux. Mauronte plongea la main dans la « mer de Marseille ». Des larmes lui venaient aux yeux en constatant que sa mer remplissait à peine une vasque.

Et il se dit que peut-être, du choix qu'il s'apprêtait à faire entre se donner tout entier aux Francs ou tenter de s'entendre avec les Maures, dépendait le sort de la Méditerranée. Si les Francs de Charles Martel triomphaient des Arabes et fixaient le cœur de leur empire plus au nord, si ces derniers, battus, se retiraient aujourd'hui de Septimanie et demain, peut-être, d'Espagne pour situer le centre de leur empire plus à l'est, à Bagdad ou à Damas par exemple, alors la Méditerranée ne serait plus qu'une mer minuscule. À son tour, une vasque suffirait pour la contenir tout entière. Si au contraire leurs cultures se mélangeaient, si la Méditerranée redevenait lieu d'échanges et non frontière, alors ses vagues submergeraient le monde entier.

Et il posa ses mains fraîches sur ses joues mouillées.

3.

Une lune frileuse, cachée derrière des effilochés de nuages, tendait sa longue jambe lumineuse et tâtait de son pied précautionneux le noir du ciel. Son reflet s'argentait sur la mer et dansait le long du golfe clair.

Des fourneaux que Blanche avait fait allumer sur la terrasse de sa chambre s'échappait une fumée âcre qui montait et se déroulait sous les arbres. Quand elle avait appris que son père l'avait enfermée, elle en avait pleuré de colère et de désespoir. Depuis toujours, Blanche aimait plus que tout ce père aux cheveux grisonnants, au sourire si doux accroché à la barbe, veuf depuis sa naissance puisque sa mère était morte en couches. Lorsqu'elle était enfant, son plus grand plaisir était de parader à travers les salles du palais, petite, droite et de blanc vêtue, suspendue à son bras et lui, de son pas martial, la promenait et la laissait ainsi, minuscule, battre son flanc comme l'épée qu'il avait autrefois portée. Il l'appelait Précieuse et c'était bien là un prénom qui la rangeait parmi ces épées fabuleuses, Joyeuse, Florence, Haute claire ou l'Immaculée, ces épées magiques des chansons de geste, fidèles compagnes des preux, capables de fendre des rochers et de faire jaillir l'eau de la pierre. Et voilà qu'il la trahissait ? Qu'il l'enfermait en ne lui laissant que sa chambre et sa terrasse ? Alors, il n'y avait donc sur cette terre que dans le Seigneur Christ qu'elle pouvait avoir confiance ?

On lui interdisait la calanque et la compagnie du faune. On lui interdisait les veillées du soir. Elle avait dit qu'elle allait en mourir. Et à force de se lamenter, elle avait obtenu deux adoucissements à son enfermement : chaque matin, avant la levée du jour, elle était autorisée, dûment accompagnée, à aller prier dans la chapelle du palais et, le soir, elle pouvait recevoir des conteuses.

Mais sans doute son père se méfiait-il de ses servantes. D'autres filles lui avaient été envoyées. Celles-là, elle les croisait quelquefois. C'étaient, pour la plupart, des esclaves de son père. Certaines étaient ses maîtresses. C'étaient des filles splendides, amenées par bateaux, achetées à prix d'or sur les marchés de Marseille. Certaines étaient juives, carthaginoises, syriennes, d'autres vandales, burgondes ou saxonnes. Toutes des créatures magiques, des femmes éblouissantes et fascinantes, des Aphrodite enluminées, ruisselantes sous les bijoux de pacotille.

— Tu veux entendre des histoires d'amour ? répétèrent-elles, un peu surprises de sa demande. Tu veux connaître la musique qui fait danser les mâles et les femelles ?

Elles entourèrent Blanche de leurs rires, de l'éclat de leurs bracelets et de leurs ongles peints. Elles l'emmenèrent sur la terrasse, lui montrèrent Marseille sous le clair de lune. Blanche, en se penchant, en devinait les profondeurs, les gouffres d'ombre, les porches secrets, les cours mystérieuses, les passages couverts plongeant vers les entrailles. Elle distinguait les rues qui montaient du port, noyées dans la lueur des flambeaux et les vapeurs d'encens. Elle entendait la musique et les éclats de rire. Elle devinait les hommes saouls, proférant des insultes, titubants et, contre les murs, les formes étirées, les longues jambes maigres, les faces tristes peinturlurées des filles qui les attendaient. Elle aperçut même la silhouette de celui-là, debout, penché sur une fille, les deux mains appuyées à plat sur ses hanches, englué dans un balancement hypnotique.

Les servantes ne savaient pas le motif de l'enfermement de Blanche. Mais elles présumaient que c'était pour l'empêcher de rejoindre quelque amoureux. Elles pensèrent qu'elles seraient d'autant mieux payées qu'elles dissuaderaient Blanche de suivre les élans de son cœur.

— Les histoires d'amour finissent mal en général, lui dirent-elles. C'est pour tromper les belles que les contes s'achèvent sur la promesse d'un mariage, d'une vie longue et heureuse et d'une bordée d'enfants. Veux-tu connaître la vérité ? Veux-tu entendre nos contes ?

L'air chaud montait. Marseille dansait et se déformait avec lui. Blanche avait la tête lourde. Elle regagna son lit, se laissa aller dans ses coussins. Les filles étaient autour d'elles, virevoltantes, les yeux brillants. Impatientes de raconter leurs histoires.

BICHES

Des douze filles de Tibur, commença la première conteuse, de Tibur le coureur des bois, celui qui vivait du commerce des fourrures, on disait qu'elles avaient quelque chose de ces biches qui vivent dans des forêts mouillées, dans le brouillard de clairières laiteuses et bleutées.

C'étaient des filles à jambes minces, à taille fine, à grands yeux de velours, qui vivaient en liberté dans la forêt où travaillait le père. Tibur avait trop à faire pour s'occuper d'elles, alors elles couraient dans les sous-bois sans entrave ni contrainte. Mais elles fuyaient le monde. Tibur, le père, les avait mises en garde. Il leur avait raconté ce qu'il était advenu de leur mère, comment elle avait été punie de s'être approchée de trop près des mâles. Trop belle, trop coquette, trop incline à chercher les hommages et les compliments ! Quand, excités, les hommes s'étaient rués sur elle, elle avait dû fuir, la pauvre enfant, pour ne pas se faire dévorer ! Débuchée, harcelée, traquée, en proie aux morsures et aux abois des chiens, aux nasillards appels des cors, aux piques, aux lances et aux flèches, elle avait dû courir, toute la nuit, tandis que lui, Tibur, tentait de lui porter secours. Il l'avait retrouvée à l'aube, au terme d'une quête épuisante, couchée tout au fond d'un fossé, le flanc percé de flèches. Elle respirait à peine. Des blessures s'ouvraient, telles des bouches aux lèvres de rubis, dans le velours lustré de sa robe fauve. Elle lui avait confié ses filles.

Aussi, quand des chasseurs se perdaient dans les méandres de la forêt, si les filles de Tibur s'approchaient parfois à pas feutrés, se recelaient sous les arbres, frémissaient avec le vent, humaient l'odeur des hommes, elles ne se montraient pas. Elles disparaissaient, peureuses, au moindre mouvement des feuilles.

— Et tu dis qu'elles sont belles ?

— Belles et pures, Messeigneurs. Des merveilles !

— Des filles qui n'ont jamais connu l'homme ! rêvait le chevalier Roland. Qui n'ont jamais joué le jeu de la séduction ! Le croyez-vous, mes compagnons ?

Ils s'étaient arrêtés dans cette auberge perdue à l'orée des grandes forêts. Leur petite troupe avait cavalé tout le jour et là, exténués, ils avaient décidé de se reposer auprès d'un bon feu et de passer la nuit. Et puis ce vieillard édenté, cet homme courbé sur son bâton, avec ses yeux vairons, l'un vert, l'autre marron, était entré en demandant l'aumône et leur avait parlé des filles de Tibur. Alors, ils lui avaient offert à boire et à manger.

— Si ces filles sont ce que tu dis, objecta Enguerrand, elles doivent susciter bien des convoitises.

— Tous les garnements de par ici ont essayé de les approcher, répondit le vieillard. En vain. Elles connaissent les bois comme leur poche. Elles fuient. Et c'est là grande sagesse car, comme toutes les bêtes traquées, leur extrême fragilité excite la convoitise implacable des prédateurs.

— Des filles préservées de la corruption du monde ! rêvait encore Roland. Des filles que rien n'a perverties. Sans ruse ni malice. Sans séduction ! Sans minauderies !

Le soir, dans la chambrée, il convainquit ses compagnons.

— Des femelles à la pureté originelle ! Non pas seulement vierges de corps mais vierges d'esprit ! Des filles qui n'ont connu que les fleurs et les papillons ! Allons, leur dit-il, hésiteriez-vous à séduire Ève en personne au fond du Paradis terrestre ? Une partie de chasse, demain ! Pour nous qui sommes de grands veneurs, qu'est-ce donc ? Cela ne nous prendra que quelques heures et nous goûterons à ces gibiers sublimes !

Au matin, ils se déployèrent.

C'était une forêt confuse, noyée de brume, si dense qu'on n'y pouvait marcher qu'à pied, mais d'une beauté stupéfiante : chênes inclinés, feuilles tremblantes, branches et racines frottées de lichen. Une vapeur légère, partout présente et suspendue comme une haleine, dorait les troncs, lustrait l'eau trouble des rivières, éclairait d'une douce lueur les rameaux des arbres qui égouttaient leur rosée sur l'émeraude des mousses. Ils avançaient à l'aveuglette dans ces grands bois, se repérant l'un l'autre à l'écarlate de leurs capes, posant d'un pas précautionneux leurs bottes dans les trous des racines, fendant de leurs lourdes épées les rideaux de feuillages.

Le soleil était haut et ils commençaient à désespérer quand ils l'aperçurent. C'était une fille de Tibur, à n'en pas douter ! Elle était agenouillée près d'une mare, lapant l'eau à petites languées, les yeux mi-clos, tout au plaisir de se désaltérer, s'offrant ainsi, sans défense, oublieuse du danger, tout le haut de son corps abaissé, la croupe offerte sous sa mince chemise. Ils se glissèrent d'arbre en arbre pour mieux la voir. Mais Roland était trop impatient et fit craquer des branches. Elle redressa la tête, tendit l'oreille. Il fit encore un pas. Elle le devina aussitôt. Elle recula, tremblante, se mit à l'abri des arbres. Ils la suivirent. Dans la pénombre de la forêt, ils virent d'autres yeux qui brillaient. Au premier bruit de leurs bottes claquant dans la première flaque, d'autres filles, ressemblant à la première, relevèrent le torse et restèrent là, suspendues, immobiles, dans l'attente de quelque chose. Roland fit signe aux autres de se déployer. Enguerrand à droite ! Gauvin à gauche ! Ils en comptèrent quatre, cinq, dix, douze bientôt !

— Holà ! Damoiselles ! dit Roland. N'ayez point peur de nous.

À la première parole, elles déguerpirent, avec des bonds pareils à ceux des sauterelles dans les herbes sèches. Ils coururent après elles, sur les mousses luisantes, sous les branches gorgées de pluie, fascinés par les frémissements, les voltes, les sauts de ces filles étranges. Roland allait en tête, le plus décidé, le plus excité. Il encourageait de la voix ses compagnons. Celle qu'il voulait, c'était celle qui se désaltérait au bord de la mare. Longtemps, il poursuivit ses longues cuisses, aperçues, disparues, dans l'interstice des troncs, ses regards tressautant de peur et de vertige, sa crinière dansant jusqu'au creux de ses reins. Mais elle le sema bientôt. À bout de forces, en nage, soufflant, il s'affaissa le long d'un tronc, s'assit sur la mousse entre les racines d'un grand arbre pour reprendre haleine. Il avait perdu ses compagnons. Le silence tombait sur les hautes futaies.

Mais elles étaient là, cachées derrière les feuilles. Effrayées et fascinées sans doute par les traits réguliers de son visage beurré de sueur, par sa bouche et son cœur palpitants, par ses pupilles lustrées sous la lumière qui perçait les ramures. Il les devinait bien plus qu'il ne les voyait. Il se dit qu'à la course, elles gagneraient toujours. Ce qu'il fallait, c'était les raisonner, les avoir par la ruse et le boniment.

— Montrez-vous ! cria-t-il. N'ayez point peur de moi.

Il leur dit qu'il comprenait leurs craintes, qu'il devinait leurs rêves contradictoires de curiosité et de fuite. Il savait bien que les femelles, avant d'approcher les mâles, doivent prendre des assurances de n'être ni mordues ni mangées. Mais qu'elles observent combien il était inoffensif ! Combien il était doux, aimable, attentif à les rassurer !

— Si elles veulent avoir un jour la moindre chance de connaître l'amour, les filles doivent franchir la barrière de l'instinct. Elles doivent maîtriser leur envie sourde de s'échapper et céder à la tentation de se laisser séduire.

— Qui te parle de peur ? dit l'aînée des filles de Tibur.

— Qui te parle d'envie sourde de s'échapper ? ajouta la cadette.

— Qui parle ici d'amour et de séduction ? dirent toutes les autres.

C'étaient des filles sauvages, des filles qui n'avaient point connu le monde et ses civilités, auxquelles on n'avait pas appris ces douceurs et ces mignardises, ces mines et ces douces postures qui font de leurs semblables des êtres dociles et aimables. Elles surgirent des bosquets tout autour de Roland. Haletantes, gueule ouverte, yeux rouges, belles dents. Elles grondaient, retroussant leurs babines, leurs longs poils dressés le long de leur échine. Cruelles et affamées, elles tournaient autour du jeune homme, attendant le signal de la curée.

Tibur était là, dans l'ombre d'un chêne, vieillard édenté, courbé sur son bâton, observant la scène, l'œil marron fermé, l'œil vert seul à s'éclairer. Manger ou être mangé, c'était là la dure loi de l'amour. Proie ou prédateur, il fallait choisir. Aujourd'hui, celui-là suffirait pour que ses filles assouvissent leurs instincts mais, demain, il faudrait retourner à l'auberge et espérer encore la venue d'étrangers. Il leva son bâton et elles se ruèrent sur Roland.

LA COURONNE

Le palais de l'émir enfonçait en silence, dans la nuit mauve, ses minarets, ses coupoles revêtues de turquoise, ses flèches plus aiguisées que des lames de lances. Leurs ombres se profilaient, immenses et farouches, sur les dunes encore chaudes des déserts alentour où dormaient les lézards. Des gardes patrouillaient sur les remparts et, dans les jardins, le vent s'amusait, avec les palmes, à imiter le bruit de cartes qu'on bat.

Ils étaient seuls au milieu des vasques de marbre, des murs couverts de mosaïques, dans ce patio où les bassins offraient à tout ce qui voulait se pencher de longs miroirs d'eau pure. Ils étaient seuls, lui devant sa table de travail et elle assise en face de lui. Et elle parlait sans s'arrêter. Depuis qu'elle savait qu'il comprenait la langue des Francs, elle n'arrêtait plus. Les phrases s'enchaînaient les unes après les autres. Au début, il avait tenté de la suivre. Elle disait que deux ogres l'aimaient, des êtres si grands et si forts que s'ils apprenaient qu'elle était seule en sa présence, ils renverseraient les montagnes, ils franchiraient la mer avec leurs jambes énormes, ils retourneraient le désert jusqu'à la retrouver et, sans doute, ils étrangleraient toute personne surprise à son côté. Elle racontait que, pour ses huit ans, son père lui avait offert un char tiré par deux loups appelés

Tendresse et Amour éternel. Elle disait qu'elle avait un collier d'ambre magique, qu'elle ne le mettait pas pour ne pas rendre les ogres jaloux car, lorsqu'il était à son cou, tous les hommes devenaient fous d'elle. Elle demandait s'il voulait qu'elle le mette, pour voir...

Elle disait qu'elle savait qui il était. On l'appelait le Roumi. Il était esclave comme elle. Il était orfèvre de son état, le meilleur de tous, disait-on. L'émir de Bagdad l'avait tiré des geôles. Il avait mis à sa disposition ses coffres emplis de pierres précieuses, le butin de toutes ses razzias. Il lui avait dit qu'il lui rendrait la liberté s'il parvenait à confectionner la plus belle couronne qui ait jamais été sertie, le seul objet peut-être apte à séduire sa jeune épouse, cette princesse chrétienne qu'il avait achetée à prix d'or au marché de Bagdad et qui se refusait à lui. Elle disait qu'il ne fallait pas se fier à son mari. Qu'il ne tiendrait jamais sa promesse.

Lui ne lui répondait pas. Il avait disposé devant lui les grands coffres pleins d'or et de pierres, rubis, émeraudes, saphirs, diamants, topazes, jaspes, agates, améthystes, cornalines, calcédoines, cristal de roche. Il n'avait jamais vu pareilles merveilles. Il y plongeait les bras, frottant ses mains froides, paume contre paume, son regard gris posé entre ses paupières alourdies de rides et de plis, tout occupé à chercher, dans l'entrechoquement des splendides cailloux qui roulaient dans ses doigts, un peu d'inspiration. Il était orfèvre, le meilleur d'entre tous, disait-on. Et c'était là une occasion unique de réaliser un chef-d'œuvre.

Mais comment se concentrer avec cette fille qui ne voulait pas se taire ? Elle pleurait. Elle riait. Elle cherchait son regard. Elle racontait le pays de son père et de ses ancêtres. Elle décrivait les paysages de son enfance, arbres puissants, cascades, falaises de granit, brumes éternelles, mer sauvage, nuits d'été hallucinantes où la lueur de la lune baigne les ruines et les lacs, où les étangs reflètent le fantôme tremblant des branches. Elle disait aussi – elle disait surtout – que ce beau pays, elle aimerait tant le retrouver qu'elle se donnerait volontiers, et pour toujours, à qui voudrait bien l'emmener, là, tout de suite, loin de ces païens, de ce mari maladroit, de ce palais grotesque perdu dans ce pays de feu. Elle disait d'ailleurs que ce palais n'était pas si bien gardé, qu'elle connaissait un passage secret, une porte qui permettait de fuir. Une porte, disait-elle, qu'ouvrait la clé au bout de la chaîne en or qui pendait entre ses seins.

Mais il ne l'écoutait pas. Il travaillait. Tant de pierres magnifiques à sertir sur cet or fin, de dessins à tracer, d'étincelles à polir, de lumières à tamiser, de gestes précis à aligner dans l'entrelacement de tant de patience ! Il était si près de l'œuvre parfaite. Que lui importait le reste ! Si près… Juste encore cette dernière pierre à poser, là, au sommet de la couronne… Il en fallait une exceptionnelle. Il aurait peut-être déjà trouvé si la princesse arrêtait de jacasser !… Gemmes de lumière, pépites de lune fondue, gouttes du sang du Christ solidifiées au sable de Judée, pupilles vertes de serpents, pupilles rouges de dragons, larmes des martyrs du cirque… Il fouillait dans les coffres ouverts devant lui. Quelle pierre pour achever l'œuvre ? Quel joyau assez beau pour conclure l'ensemble et venir s'incruster dans l'alvéole finale, au faîte de la couronne ?

— Enlève-moi ! dit soudain la princesse en lui saisissant les mains. S'il te plaît ! Par le Christ ! Par la Vierge Marie ! Enlève-moi ! Prends la clé ! Ouvre la porte ! Et si tu l'aimes tant, cette couronne, vole-la ! Emportons-la dans notre fuite !

Elle posait sur lui un œil désespéré, un œil mouillé de larmes, d'une infinie tristesse, d'un bleu suppliant d'une brillance magique. Et le Roumi, pour la première fois, parut la regarder. Son visage s'éclaira d'un bonheur sans pareil.

Le Roumi fuyait à travers le désert, heureux, léger, rasséréné, comblé jusqu'au plus profond de lui. Il poussait à plein galop le cheval qu'il avait trouvé de l'autre côté de la porte, celle-là qu'ouvrait la clé. Il fuyait avec, glissée dans sa besace, brinquebalant à son côté, la couronne achevée, son chef-d'œuvre, portant la pierre bleue magnifique à son sommet. Il fuyait tandis que résonnaient par-delà la palmeraie, par-delà les remparts, par-delà la solitude infinie des dunes les hurlements de la princesse borgne tenant sa face ensanglantée.

LA VIERGE ARAIGNÉE

C'était une fille longue, musculeuse, la peau dorée, cuite et recuite, avec des cheveux lourds plus blancs que blonds qu'elle ramenait en gerbe sur son épaule, tantôt à droite, tantôt à gauche. Elle s'appelait Élia. Elle s'approcha de Blanche presque à la toucher.

Le voyez-vous, Maîtresse, le Vandale ? demanda Élia en écartant les jambes et en balançant légèrement le torse, mimant un cavalier en mouvement.

Les pas lourds de son cheval s'enfoncent dans les feuilles. D'une laideur bestiale, avec des sourires longs sur ses lèvres de cendres, le Vandale va lentement, droit sur sa monture, les reins martialement cahotés. Une pluie fine tombe, coupant de mille hachures le ciel pâle. Le pays dans lequel il entre est une étrange contrée. On y pénètre par une forêt aux couleurs paresseuses, pleine de cris d'oiseaux et de chants de harpe dans les branches. Au centre d'une petite clairière se dresse une longue statue. Assurément une déesse d'autrefois, une de ces divinités obscures et dangereuses qui vivaient alors dans les bois. Elle est devenue, sous la pression des prêtres, une Vierge Marie argentée de lichens et dorée par les mousses. Ses traits se sont effacés sous l'usure du temps et les intempéries. Sa bouche bée, livide, sous des yeux vides, blancs, comme crevés. Ainsi, elle ressemble à toutes les femmes. Même à Élia, pense le

Vandale. La Vierge trône, mangée par la végétation. Des araignées que le vent balance tressent leurs toiles autour d'elle. Quand le cavalier la dépasse, elle le suit de biais, avec ses regards d'aveugle.

Comme ça ! dit Élia en plissant les yeux dans la pénombre. Et Blanche tenta de l'imiter.

La Vierge fixe la grande hotte du Vandale, son couteau, semble renifler, de ses narines cassées, les parfums lourds qui le suivent. Sans doute espère-t-elle quelque hommage, un signe de soumission. Mais lui, superbe, il l'ignore.

Maintenant, dit Élia, il attend sous les arbres. Le voyez-vous, Maîtresse, tapi comme un fauve à l'affût ? Il guette, paupières lourdes, œil acéré, l'agitation des filles, là-bas, dans les champs, dans les vignes lointaines. Elles peuvent être belles ou laides, il s'en moque. Il ne regarde pas leurs jambes, leurs gorges, leurs hanches. Il ne voit que les lumineuses chevelures qui dansent. Blonde, brune, châtaine, rousse, peu lui importe. Mais quand il a repéré sa proie, il ne la lâche plus du regard. Il boit chacun de ses pas, chacune de ses poses, le moindre geste qui peut faire bouger ses merveilleux cheveux. Il attend patiemment qu'elle se découvre. Alors, il cingle son cheval et il fonce sur sa cible. Il hurle pour terroriser la fille et la fille, terrorisée, hurle en fuyant à toutes jambes.

Comme Élia avait brusquement haussé le ton, Blanche poussa un petit cri, mais Élia lui sourit et se remit à chuchoter.

Ce moment-là, il l'adore, quand il dévale de la montagne en se déployant dans le soleil, quand il voit courir devant lui la fragile silhouette, quand chaque mouvement de la fille balance sa longue chevelure jusqu'à fouetter ses reins et ses épaules. Il ne voit plus qu'eux, cible mouvante et émouvante, attiré par leur lumière comme un papillon par les flammes d'un feu. Et quand il arrive à la hauteur de la fille, il se dresse sur ses éperons et il tombe sur elle, roule avec elle dans l'herbe. Elle se débat mais que peut-elle faire, elle si fragile et lui si fort ? Elle si affolée et lui si calme, si sûr de chacun des instants qui vont suivre ? À califourchon sur ses reins, tandis que ses jambes maigres gigotent, il l'écrase de tout son poids, lui tord les bras pour qu'elle ne bouge plus !

Il aime, sous sa paume, sentir trembler sa nuque. D'une main il saisit sa lourde chevelure, de l'autre il prend son couteau. Tous les cheveux dans sa main. Cette gerbe d'odeurs et de couleurs. Il scalpe la fille !

Blanche sursauta encore et couvrit de son bras ses cheveux.

Il la scalpe, d'un mouvement rond et précis, le couteau ciselant la peau du crâne. Puis, d'un geste sec, il lui vole son âme. Là, que ce corps allongé, sanglotant, le crâne à vif, et là, dans son poing, tant d'épaisseur, de douceur, de lumière ! Il plonge son nez dans son trophée, jouit du parfum lourd de l'âme de sa proie. Et puis, il siffle son cheval. Il jette la chevelure arrachée dans la hotte et il repart, sans un regard, sans un regret.

Le voyez-vous encore, Maîtresse, le soir, dans la forêt, seul sous ces grands arbres qui montent comme une cathédrale ? Il creuse dans les feuilles une couche, y verse tout le contenu de sa hotte et s'endort dans son nid de cheveux, saoul du parfum capiteux des mèches flamboyantes, pour des songes tressés, des nuits soyeuses et peignées. Il s'endort, le dos douillettement emboîté dans la ouate des mèches. Parfois il rêve d'Élia, cette fille qu'il a aimée autrefois. Ses cheveux blond platine dansent en lumière sur ses épaules nues. Elle tente une nouvelle fois de le garder, de le retenir dans le cocon de ses baisers et de ses caresses. Mais, comme toujours, il la quitte. Comme au matin il abandonne, triste, sa couche. Et seule la perspective d'autres courses le console quand, plusieurs jours après, il vend sa marchandise aux commerçants flamands et laisse ses trophées partir pour orner les coiffures des grandes dames franques.

— Il faut raser les filles, disent les vieux des villages. Qu'elles soient chauves, désormais. Que leurs crânes toujours soient aussi nus qu'un œuf ! Le guerrier finira par se lasser et il ira ailleurs, plus loin, chercher d'autres proies.

— Jamais ! s'écrient les belles. Nos cheveux sont notre fierté, notre consolation de la dureté des jours, de la rudesse des travaux des champs. Et si nous devons les perdre, quelle différence que ce soit sous le couteau du Vandale ou sous la lame de vos rasoirs ?

Mais comme la décision est prise, elles vont implorer la Vierge, la bienheureuse Mère de Dieu. Malgré la peur, elles s'enfoncent dans la forêt jusqu'à la clairière. En souvenir de ce que la Vierge a été autrefois, elles déposent à ses pieds des présents, elles lui chantent d'anciennes chansons. Elles promettent que si elle les sauve, elles seront à jamais bien sages, vertueuses et très peu volages. Et la Vierge de pierre, impassible, laisse autour d'elle bourdonner les insectes.

Quelques jours plus tard, le voyez-vous, cette fois, au sommet des collines, à l'orée des sous-bois ? Le voyez-vous passer et repasser, le regard fiévreux, le corps tremblant, à chercher quelque chose dans le ciel ? Même quand il croise des filles, il continue son étrange pantomime, le nez en l'air, une main toujours à tenter de capturer des choses invisibles.

Chaque jour un peu plus, il les voit. De merveilleux cheveux. Des cheveux qui flottent dans le vent, des filaments. Tourbillonnants, il les voit passer. Transparents, d'une fragilité de verre soufflé, d'une légèreté de plume, ils se déposent entre les branches, sur les feuilles. Ils se croisent, se tressent en de mystérieuses géométries, forment des guirlandes de lumière sur lesquelles s'accrochent des perles de rosée, des larmes salées, des étoiles tombées. Il va vers eux, hypnotisé. Il se sent léger, comme eux, délivré de toute pesanteur. Les cheveux flottent et le projettent du côté du ciel, du côté des anges, de l'aube, de l'ivresse des oiseaux. Ils captent les courses hachées des insectes, l'humidité des mousses, la douceur des siestes au pied des arbres. Ils absorbent la beauté du monde.

Au début, il n'en croit pas ses yeux. Il avance à petits pas, tenant son cheval par le licou. À qui, à quelle fille peuvent appartenir ces merveilleux cheveux ? se demande-t-il. Et puis, quand le réseau de branches se fait trop dense, il s'en va seul. Il ramasse dans le creux de sa main les filaments recueillis entre les arbres. La chevelure se déploie. Elle tisse des liens improbables entre des choses qui auraient dû s'ignorer, des roches, des branches, des rayons de soleil. Et il se doute bien qu'elle tisse d'autres choses encore, visibles et invisibles, entre ce qui est et ce qui n'est pas, entre ce qu'il voit et ce qu'il ressent, entre ce qu'il a été et ce qu'il n'est plus.

Plus il s'avance et plus les cheveux s'étirent en rets lumineux, l'enjambent et le recouvrent. Il peine désormais à cheminer dans la toile toujours plus serrée de cet écheveau de soie. Il pourrait tout fendre de son épée, tout détruire. Mais il s'approche encore et il admire. La Vierge l'attend dans la clairière. Elle lui sourit, les cheveux déployés. Ainsi, c'est à elle, cette merveilleuse chevelure ? Il avance dans l'ivresse de la beauté de cette construction fragile et éphémère. Il avance au cœur du piège humecté de salive, sans voir la poussière et les tuniques d'insectes vidées accrochées aux filaments, sans voir les milliers d'araignées qui courent maintenant sur lui, sans comprendre que l'arachnéenne splendeur de cette toile tissée se charge du poids agglutiné du remords et du temps.

Le voyez-vous enfin, Maîtresse, au cœur de la clairière, étouffé dans son cocon de toiles d'araignée ? Il reste immobile, tout étourdi de beauté, à attendre la mort en regardant le soleil jouer dans les merveilleux cheveux d'Élia…

Élia était au milieu de la pièce. Elle avait écarté, de ses deux bras tendus, la masse de ses cheveux blancs et elle pleurait devant Blanche.

IL EST REVENU

Dès que la nouvelle fut connue, dit la conteuse suivante, elle se répandit comme une traînée de poudre dans tous les villages de la vallée. Martin en fut informé alors qu'il revenait de traire les vaches. Il rentra précipitamment chez lui et en avertit Perrine, sa femme :

— Il est revenu. On l'a aperçu à Gorges et à Vieille-l'Église. Il sera par ici ce soir, demain au plus tard.

— Mon Dieu, dit Perrine en se signant. Que la Vierge Marie nous protège !

Martin alla chercher les chaînes et les fers à la grange. Il les fixa solidement au lit de Perrine, au lit aussi de Jeanne, sa fille aînée de seize ans, et même, par précaution, à celui de Louise, la cadette qui n'avait pas douze ans. Quand, au moment de se coucher, alors qu'elles avaient revêtu leurs chemises de nuit, il leur emprisonna les pieds dans les fers, les deux gamines s'étonnèrent.

— Il est revenu, dit simplement la mère. C'est mieux ainsi. Je vais faire comme vous, mes filles, je vais me laisser attacher… et prier le Seigneur.

Elles dormaient. Martin seul veillait, sa fourche posée entre ses jambes, la lanterne à portée de main. Ce fut juste avant minuit que cela commença. Il y eut des frémissements dans les arbres des bois et des hurlements de loups derrière les collines. Perrine la première se retourna sur sa couche. Elle dormait encore mais son corps était pris de tremblements légers. Ses mains s'agitaient dans son sommeil. Elle articulait des phrases qui ne sortaient pas. Et puis Jeanne se dressa brusquement sur son lit en poussant un cri terrible, guttural. Elle était en nage. Louise, à son tour, se mit à pleurer sans raison. Martin s'approcha de ses filles pour les rassurer. Et puis Perrine bondit de sa couche et surgit au milieu de la pièce, à demi nue, les yeux exorbités. Elle ricanait, murmurait des insanités en tirant sur sa chemise.

Il était là, à n'en plus douter. Martin prit sa fourche et sa lanterne et sortit. À cet instant précis, des nuages cachèrent la lune, jetant sur tout le décor comme un long frisson de froid et de peur. Les chiens dans la grange aboyaient et gémissaient tout à la fois. Dans l'étable, les brebis bêlaient et se heurtaient les unes contre les autres. Martin fit quelques pas en levant la lanterne. Il tentait de distinguer les formes dans l'obscurité. Enfin, il le vit. Sa silhouette se détachait à l'entrée du chemin. Il était sur son cheval, sa cape flottant dans le vent.

Martin voulut lui crier quelque chose, mais ses paroles furent couvertes par les hurlements des femmes. Perrine, Jeanne et même Louise étaient sorties sur le seuil de la mansarde. Elles étaient devenues comme folles. Elles avaient les yeux rouges, de la bave aux lèvres. Elles avaient remonté leurs chemises. Elles tiraient sur leurs chaînes pour pouvoir rejoindre l'homme.

— Que veux-tu, maudit ? finit par crier Martin.

— Je veux trois de tes brebis, dit le cavalier.

— C'est trop ! L'année dernière, je ne t'en ai donné qu'une.

— Les temps sont durs, dit le cavalier. Cette année, c'est trois. Sinon, je m'approche de tes femmes.

— Une et c'est assez !

Le cavalier soupira. Il manœuvra son cheval, fit quelques pas en direction de la ferme. Perrine et ses filles hurlèrent alors à s'en arracher la voix. L'une après l'autre, elles se précipitèrent dans la cour, oublieuses de leurs fers, et leurs chaînes, en bout de course, les tirèrent en arrière et les jetèrent au sol.

— D'accord, dit Martin, blêmissant. Va pour trois brebis.

Il entra dans l'étable, prit le couteau, saigna trois bêtes et les donna à l'homme qui les jeta sur le dos de son cheval. Puis le cavalier, sans un remerciement, fit faire une volte-face à sa monture et disparut dans la nuit.

Martin s'en revint vers la ferme. Les femmes se roulaient encore par terre, prises de convulsions. Elles labouraient leurs ventres à pleines mains. Les morsures des fers couvraient leurs jambes de sang. Il fallut encore de longues minutes avant qu'elles ne reprennent leurs esprits.

— Maudit prince charmant, grommela Martin. Que le Diable l'emporte !

LA PRINCESSE QUI ROUGISSAIT (suite)

Oh oui ! dit la conteuse. Je la connais, l'histoire de Lampégie, la fille du duc Eudes d'Aquitaine, la princesse qui rougissait. Je n'ignore rien de son mariage d'amour avec Othman ben Abou-Neza, dit Munuza, gouverneur de Cerdagne, l'ancien émir de Cordoue, qui lui avait offert un royaume de rouge et de neige au fond des Pyrénées. Je sais les coquelicots, les pivoines et les massifs de roses fuchsia. Je sais la framboise, la fraise, la tomate et la pomme d'api. Je sais les rossignols sur les branches, les coccinelles sur les feuilles et les poissons rouges dans les rivières… Mais je sais aussi la fin de l'histoire.

Ils se marièrent donc, vécurent heureux quelques mois mais n'eurent jamais d'enfant. Leur amour aurait pu durer toujours si la nature n'était pas si cruelle. À être ainsi aimée, à flotter au milieu de ce décor de rêve, à se laisser porter par un bonheur toujours renouvelé, Lampégie prit confiance. Elle accueillait son prince les bras ouverts, la bouche offerte, les yeux baignés d'une douce tendresse.

— Tiens, lui disait-il, vous ne rougissez plus ?

— Je vous aime, répondait-elle.

Et lui, il la prenait mollement dans les bras.

— Vous ne rougissez plus, répétait-il, triste, en lui baisant la main.

Elle comprit le danger. Elle chercha des images, des mots capables de l'ensanglanter, des situations aptes à l'enflammer. Mais las, elle était trop heureuse !

— Vous ne rougissez plus, disait-il.

Elle acquiesçait.

Il dépérit. Le château s'abîmait et il ne bougeait pas. Son armée s'étiolait, les soldats désertaient et il ne bougeait pas. Eudes, le duc d'Aquitaine, harcelé au nord par les troupes de Charles Martel, l'appelait au secours. Munuza ne bougeait pas. Abdel-Rahman, l'émir de Cordoue, lança ses Arabes vers son royaume, conquit une à une ses villes, assiégea jusqu'à son palais, et Munuza ne bougeait toujours pas.

— À quoi bon, disait-il à Lampégie, vous ne rougissez plus.

Ce ne fut que lorsqu'on força la porte de la chambre, quand les soldats entrèrent pour les emprisonner qu'il consentit à quelques gestes : il embrassa sa femme sur le front et sauta dans le vide.

On dit depuis que Lampégie fut capturée et envoyée en présent à l'émir de Damas. Il s'en amusa quelques jours, puis s'en lassa. Elle fut un temps esclave au sérail du vizir, passa des bras d'un officier à l'étal d'un marchand. On la vit longtemps dans le quartier du port, parmi les filles exposées dans les embrasures, les lèvres cernées d'un rouge fracassant, le visage bariolé comme la queue d'un paon, semblable à une poupée d'enfant, cassée et jetée au milieu des ordures. Et quoi qu'on lui fasse, disait-on, plus jamais on ne la vit rougir.

LA DAME QUI S'ENNUYAIT

La première fois que Lena s'ennuya vraiment, dit la conteuse, c'était le jour de ses treize ans, au jardin de son père, là où les lilas sont fleuris et où la caille, la tourterelle et la jolie perdrix viennent faire leur nid. Elle avait alors des taches de rousseur, des yeux à traîner partout et une moue boudeuse sur ses lèvres d'enfant. Dans le ciel éclatant, au-dessus du jardin, de grandes lanières d'oiseaux fouettaient la mélancolie du soir. Lena ferma les yeux et pensa : Je m'ennuie. Il y eut alors une grande agitation autour d'elle, des cris, des entrechoquements d'armes et, avant qu'elle ne comprenne ce qui lui arrivait, elle fut emportée par des pirates barbaresques. C'étaient des hommes rustres, à barbe de raphia, avec de belles mains de marins habituées à la levée des ancres qu'elle prit plaisir à laisser courir sur son corps.

Elle fut vendue à Chypre à un armateur borgne qui ne se séparait jamais de sa longue pipe de jasmin et de sa veste de velours brodé. Il lui fit connaître l'amour mais il n'était ni très beau ni très causant. Un soir, elle se dit : Je m'ennuie et, aussitôt, elle fut enlevée par des voleurs. C'étaient des Abyssins à la peau noire, au turban blanc, qui riaient tout le temps et la forçaient à danser des heures au son des tambourins. Ils la cédèrent à un prince d'Alep, un bel homme, au plein de l'âge, le ventre creux, les cuisses longues, les poignets fins, qu'elle apprécia quelques mois mais qui était brutal avec son peuple et qui aimait trop la chasse. Un jour, elle constata que le temps en sa présence lui paraissait long. Dans l'instant, le peuple prit d'assaut le palais et décapita le prince.

Elle parvint à s'enfuir en compagnie de marchands syriens. Ils menaient, d'Alep à Damas et de Damas à Alep, une caravane de neuf cents chameaux. Elle aima, au début, le long balancement des bêtes, le feu du ciel et la langueur, les campements sous les étoiles, les contes écoutés autour du foyer dans la pluie d'étincelles des branches de bois mort des feux qu'on allumait. Mais très vite, le trajet jusqu'à Damas lui parut très long et le voyage bien monotone. Alors qu'elle s'en faisait la réflexion, le campement subit une razzia. Des pillards du désert surgirent de la nuit et, sans qu'elle n'ait eu le temps de jeter un cri, l'enroulèrent dans un tapis et l'emportèrent.

Elle se retrouva cloîtrée dans un harem au Caire, s'amusa un moment de la compagnie des femmes, s'abrutit avec elles dans les vapeurs du bain et du haschisch. Mais attendre son tour pour rejoindre le lit de son seigneur la fatigua bien vite et à peine s'en fit-elle le constat qu'un eunuque amoureux d'elle l'enleva. Il avait de longs cils, un ventre doux comme un coussin et connaissait quantité de chansons qu'il récitait en pinçant sa cithare. Mais elle ne mit pas trois jours à bâiller à s'en arracher la mâchoire. Presque aussitôt, le pauvre fut assassiné dans le souk par les hommes de main d'un émir de Kairouan qui, après avoir aperçu Lena, l'avait sur-le-champ désirée. Elle fut emprisonnée dans la cale d'un bateau.

Lena finit par comprendre quels étaient ses étranges pouvoirs : à peine un homme l'ennuyait-il qu'elle avait la faculté de changer de bras ; il suffisait qu'elle exprime sa lassitude et, aussitôt, un événement se produisait et elle était transportée ailleurs. Elle usa et abusa de cette faculté. Certaines années, elle fut si exigeante qu'elle passa plus de temps jetée sur les épaules des voleurs ou ligotée en travers d'une selle que dans son lit. Elle voyagea, connut la couche de princes et de bergers, de guerriers et de mendiants. Elle apprit cent langues et visita cent pays.

Et puis un jour, alors qu'elle désespérait de rencontrer l'homme qui la rendrait enfin heureuse, elle se retrouva dans un palais merveilleux, entouré de jardins couverts d'arbres fruitiers, compagne d'un prince jeune et beau, drôle et intelligent, détenteur d'une richesse inépuisable. Elle en tomba éperdument amoureuse. La seule idée qu'il existait et qu'elle vivait à son côté suffisait à combler ses jours et ses nuits. Elle le chérissait, le dorlotait, veillait sur lui, répondait au moindre de ses désirs.

Un soir où elle le découvrit pensif, accoudé à la balustrade de la terrasse de son palais donnant sur la mer, elle lui demanda :

— Qu'avez-vous, mon seigneur et maître ?

Il soupira et répondit :

— Je m'ennuie.

Aussitôt, tombant des nuées, un aigle fondit sur Lena, l'emporta dans ses serres et la jeta dans la mer.

VII

La ville où les conteurs sont rois

Où l'on comprend quelle est cette marchandise secrète qui enflamme Marseille. — Où le patrice Mauronte se mêle à la foule des conteurs. — Où il rencontre Marie des Mouettes et le capitaine Algésiras. — Où l'on apprend comment naissent les sirènes et pourquoi le beau Corentin n'a toujours pas de femme. — Où l'on écoute le capitaine parler des ailes de La Sardine tentaculaire, *de la reine aux grains de beauté et des filles-miroirs. — Où Marie des Mouettes s'emmêle dans ses oiseaux, pleure sur son enfance et torture un petit nuage.*

1.

À force s'était constituée à l'intérieur des murailles de Marseille une foule considérable de conteurs. Une fois que le patrice Mauronte les avait rémunérés, quelques-uns s'en allaient, mais la plupart restaient, dans la claire conscience qu'aucune ville, en ces temps difficiles, ne leur ferait meilleur accueil. Ils se regroupaient, s'installaient sur les bancs, sous les arbres, s'asseyaient sur le sol au milieu des places, déballaient leurs histoires comme d'autres leurs marchandises. Les Marseillais venaient faire leurs emplettes. Des parents achetaient des histoires à raconter le soir à leurs enfants. Des jeunes hommes paisibles glanaient des exploits aptes à embellir leurs existences monotones. Des jeunes filles recherchaient des contes de princesses et de princes charmants dont elles s'enivraient ensuite dans le secret de leurs chambres.

Si les conteurs étaient ainsi accueillis comme des rois, c'était que, dans cette ville, les contes, les fables grossies de racontars, les galéjades avaient toujours été la grande affaire. Depuis la nuit des temps, chaque migration avait apporté son écot, laissant sa stratification d'histoires, remaniant de manière continue, en un jeu enivrant d'ajouts et de suppressions, d'enluminures et d'arabesques, les fictions des précédents arrivants.

C'était le conte, cette marchandise plus précieuse que toute autre, que les Marseillais s'échangeaient fiévreusement, dans des trafics obscurs, sous les porches et les arches des ponts, cela qu'ils marchandaient des heures, accroupis autour des étalages à la sauvette. C'était cela la véritable cargaison que les portefaix débarquaient secrètement des cales des tartanes, dans le jour surchauffé, au milieu des étoffes brodées, des fruits et des épices, cela encore que les usuriers juifs, dans les tanières autour du port, pesaient au trébuchet et achetaient à prix d'or, cela encore que les marchands syriens comptaient dans l'obscurité de leurs boutiques du quartier Saint-Jean. De belles histoires qui passaient de l'un à l'autre, polies à force d'échanges, pareilles à ces morceaux de verre que l'on trouvait sur le rivage, ronds et brillants après avoir été roulés sans cesse par les vagues.

Et le soir, quand Marseille était encore plus dangereuse, avec ses feux de camp redevenus sauvages, ses grands tam-tams sous la lune et ses filles qui se déhanchaient, sous chaque lampion, autour de chaque feu, au milieu des effluves humains, des senteurs d'herbe, de l'odeur de l'huile des lampes, c'étaient encore des groupes et des palabres. À chaque coin de rue, dans le cercle tremblotant de la lumière, des conteurs, les yeux mi-clos, les mains jointes sur le ventre, continuaient à raconter leurs histoires.

2.

La présence des conteurs et l'agitation autour d'eux créaient dans la ville toute une effervescence débridée, une confusion joyeuse et chahuteuse, réaction à l'angoisse qui par ailleurs montait. Cela décontenançait les soldats francs, habitués à plus d'ordre et de rigueur. D'ailleurs, ils n'osaient plus s'aventurer en petit nombre dans les ruelles. L'un d'eux avait été retrouvé mort, égorgé, au milieu des ordures, dans l'arrière-cour d'une taverne du port, et il avait fallu que Pacôme parlemente longtemps avec les officiers pour les dissuader d'une expédition punitive, arguant d'un simple règlement de compte, d'une rixe entre soûlards – pour faire bonne mesure, le tenancier, qui pourtant n'y était pour rien, avait été jeté en prison et l'établissement immédiatement fermé. Les Francs, échaudés, restaient désormais auprès de l'évêque, à l'intérieur des murailles du château Babon, et ne sortaient qu'en longue colonne, armes à la main, pour rappeler leur présence et leur force.

Le duc Mauronte n'avait rien dit à Abdalong, rien dit à Pacôme. Il avait pris la décision tout seul. Il ne pouvait plus rester dans son palais. Pour opérer les choix qu'on attendait de lui, il devait comprendre cette effervescence nouvelle, cette atmosphère d'une ville immergée dans les contes. Il devait se mêler à la foule. Aussi s'était-il couvert d'un manteau, avait dissimulé son visage sous une capuche et, à l'aube, il était descendu vers le port.

Il aima immédiatement ce brouhaha ininterrompu de musiques et de paroles, cette atmosphère vivante de bruits et de chaos. Il fendit d'un pas allègre, l'oreille tendue, les places grouillantes de monde, les marchés, les rues et les cours, attentif à ne rien perdre des contes qui s'échangeaient.

— Venez, disaient les conteurs. Venez, vous dont l'œil étincelle, écouter une histoire encor…

À force, Mauronte était devenu un auditeur averti et attentif. Il avait appris à repérer le cœur de l'histoire et ses ajouts. Et rien qu'à les entendre, il devinait si les conteurs étaient les inventeurs des contes ou simplement leurs colporteurs. Il pouvait savoir, à une certaine aisance dans les digressions, au ton plat ou emphatique, aux figures de rhétorique utilisées, à la longueur et à la scansion des phrases, si l'histoire était toute fraîche ou si, avant d'arriver à lui, elle avait vécu plusieurs vies. Certaines, à passer de bouche en bouche, allaient vers la simplicité. D'autres, au contraire, étaient comme ces rochers qui au gré des marées se couvrent d'algues et de parasites. Certains contes cherchaient le merveilleux et d'autres la vérité, certains voulaient ménager une chute imprévue et d'autres préféraient faire naître une attente plus qu'un étonnement. Il y avait des souvenirs de souvenirs de souvenirs dont les minimes déviations le ravissaient, persuadé qu'il était que l'histoire au final n'avait rien à voir avec celle d'origine.

Il savait désormais que l'art de conter était un art difficile et exigeant. Jamais le conteur ne pouvait revenir en arrière. Quand une parole lui échappait, il ne pouvait pas l'effacer, tout au plus pouvait-il l'ensevelir sous un amoncellement d'autres mots ou tenter d'en fausser le sens en entraînant le récit vers une autre piste. Le conteur s'efforçait sans cesse, boussole en main, de garder le cap de son récit et d'échapper aux tentations multiples de digressions, d'ajouts, de prises de chemins de traverse et de routes buissonnières. Il s'attachait à la trame principale de son conte comme Ulysse au mât de son bateau, seule solution pour résister aux chants des sirènes qui voulaient l'attirer vers les récifs. Certains chassaient les images et les mots avec de grands mouvements de bras, repoussant leurs attaques, se protégeant de ce bouclier dérisoire, luttant vaille que vaille contre la gourmandise du langage, la tentation des bonheurs d'expression. D'autres semblaient émerveillés de leurs propres récits. Ils avançaient dans leur narration comme on explore des grottes secrètes, des tombeaux découverts, des palais oubliés, se contentant de brandir leur flambeau et s'exaltant de chacune de leurs découvertes – dessins rupestres, coffres d'or, plafonds couverts de fresques…

Parmi tous les conteurs, bien sûr, rapidement, il eut ses préférés : Marie des Mouettes et le capitaine Algésiras. Leurs histoires étaient courtes, simples, d'une fragilité qui le ravissait.

3.

Quand, sur le port, Marie des Mouettes apparaissait, sa figure battue de ses longs cheveux blonds, les pêcheurs se figeaient, leurs filets à demi lancés, dans la pose auguste du semeur. Les portefaix, gens de main-d'œuvre d'habitude pliés en deux sous leurs ballots, relevaient tant bien que mal leurs reins faussés. Elle avait des joues dorées, des paupières lilas, des lèvres d'un rose fané, des yeux du même bleu que le ciel et toujours cette taille fine et fragile, cette façon de ne toucher le sol que du bout de l'orteil qui lui donnait, depuis l'enfance, une grâce de libellule. Tous, ils la regardaient s'avancer, flottant dans ses haillons savamment agencés. Quel âge avait-elle, maintenant ? Nul ne savait le dire. On la prétendait un peu sorcière, un peu fée. Ses petits seins, encore joliment perchés, tremblaient aux mouvements qu'elle faisait pour garder l'équilibre quand elle posait ses pieds sur les pierres plates brûlantes du port. Elle descendait jusqu'à la grève, jusqu'à ce que l'eau vienne lui lécher les chevilles. Les vagues respectueusement déposaient à ses pieds toutes sortes d'offrandes, des arêtes de palmier, des algues, de l'écorce de chêne-liège, des oursins aux piquants brisés et des bouchons flotteurs blanchis, arrachés aux filets qui séchaient sur la plage.

Elle levait ses yeux bleus fanés vers la sarabande tourmentée des mouettes. Elle tendait la main et les oiseaux plongeaient, virevoltaient dans la lumière, venaient lui becqueter les doigts. Ils écoutaient ses consignes et ses ordres, puis repartaient en une longue gerbe enveloppée de cris qui semblait jaillir de ses paumes ouvertes. Alors, les mouettes tombaient dans le sillage des bateaux, se perchaient sur les voiles et les haubans, écoutaient les histoires que s'échangeaient les marins, d'autres s'en allaient tourner, tourner au-dessus des marchés de la ville, se posaient sur les toiles des étalages des marchands, interceptaient les conversations, les confidences. Puis, une à une, en cris stridents, elles venaient tout raconter à Marie. C'était ainsi, à ce qu'on disait, que celle-ci alimentait ses histoires, ainsi qu'elle connaissait le secret des gens.

Mauronte s'était glissé parmi ceux-là qui venaient l'écouter. Il s'était assis, comme eux, sur les rochers, avec le vent de sel qui lui fouettait le visage et ce fond sonore des mouettes qui dansaient au-dessus d'eux, et il ne perdait rien des récits de Marie.

4.

Sur les quais de Marseille où les grands navires, dans le soir enflammé, débarquaient leur cargaison de bois de cèdre, d'outres d'huile, de sacs d'épices et de vin de

Corinthe, les jeunes mâles aux cheveux gominés n'en finissaient pas d'écouter les fascinantes harangues des capitaines qui recrutaient pour des pêches miraculeuses, pour des courses de l'autre côté de la mer. Et le plus fort à ce jeu-là, c'était le capitaine Algésiras, le capitaine de *La Sardine tentaculaire*. Mauronte l'observait en douce sous sa capuche. Il fallait le voir, le capitaine, au bout de sa passerelle, sa haute silhouette découpée sur le ciel orangé, lancé dans de grands gestes qui semblaient commander aux nuages. C'était un vieux brigand à la face cuivrée qui se donnait volontiers des allures de pirate, portant le foulard sur la tête et, aux oreilles, des boucles d'argent. Son bateau, *La Sardine tentaculaire*, était une vieille barque phénicienne à deux voiles et à soute profonde, couturée de partout. Elle tenait bon la mer mais elle était fatiguée. Elle avait bien besoin d'être un peu retapée.

Le capitaine donnait de sa personne, mais il peinait à recruter car, de nos jours, les jeunes ne rêvaient plus. Ils voulaient gagner beaucoup et sans trop faire d'efforts. À ceux qui cherchaient l'aventure et le merveilleux, il parlait des poissons-chats qui gobaient les rats sur les ponts puis se léchaient les babines. Il décrivait la Grande Baleine, au-delà des colonnes d'Hercule, plus haute que trois navires mais qui, brave bête, venait délicatement manger dans la paume le morceau de sucre qu'on lui tendait. Il évoquait le Calamar Géant qu'on croisait au large de Chypre, si joueur qu'il s'amusait à s'accrocher au mât, à se gonfler de vent en mimant la voilure. À ceux qui cherchaient le dépaysement, il décrivait l'île aux oiseaux-fruits, où les oranges chantaient à l'arrivée de l'aube et où l'on buvait des jus de perroquet. Ou bien l'île aux forêts-ciseaux où les arbres, devenus fous, dans un enchevêtrement de lames d'acier, cliquetaient dans le vent et menaçaient de découper en morceaux les nuages.

Mauronte ne se lassait pas de ces récits. Il se mêlait aux matelots, il se cachait derrière les rouleaux de cordes ; parfois même, il aidait les portefaix à monter les barriques pour ne rien perdre des récits du capitaine Algésiras.

OISEAUX

Je vous parle du temps, dit Marie, où, à Marseille, les oiseaux avaient des fils.

Les oiseaux voletaient au-dessus des bateaux, des entrepôts, des places des marchés, dans des arabesques si compliquées, des volutes si tourmentées qu'ils s'emmêlaient souvent. Il suffisait alors aux garçons d'aller prendre les volatiles grotesquement entortillés dans les rets des filets qu'ils s'étaient eux-mêmes fabriqués.

Moi, Marie des Mouettes, je préférais les délivrer. J'ai toujours eu bon cœur. Je m'asseyais en tailleur et je passais des heures à dénouer les nœuds. J'aimais l'œil effrayé et curieux des oiseaux prisonniers. Puis, je les regardais s'envoler, très haut, vers les nuages. Parfois, je gardais un moment leurs fils dans ma main. Je les promenais dans le vent, pareils à des cerfs-volants. J'aimais la pression du fil dans mes doigts, la sensation, au creux de ma paume, du battement des ailes à l'autre bout des cordes, la panique des oiseaux à bout de course, tentant, pour se libérer, un dernier coup de rein. Mais toujours, à la fin, je les relâchais. Je les regardais s'envoler vers le soleil et dans le vent.

Il ne faut pas croire les marins, Monseigneur. Ils racontent que, plusieurs fois, ils m'ont vue passer au-dessus du Lacydon, soulevée par des milliers de goélands. Ils disent qu'ils m'ont vue monter au-dessus de

Saint-Victor, suspendue aux milliers de fils que je tenais dans ma main. Et même, ces fieffés menteurs racontent que, certains jours de mistral, traînée par les gabians, je dansais au milieu de la mer, par-delà les îles dans la baie mauve, que je tournais au milieu des nuages et des anges. Cela ne fut jamais longtemps, Monseigneur, jamais plus que quelques heures.

Mais c'est vrai que j'aime à croire, comme il se raconte aussi, que c'est de peur de me voir m'envoler, plus haut, plus loin, jusqu'à des terres où l'on ne croit pas en lui, que Dieu, pour me garder près de lui, un beau jour, prit cette grave décision.

Il inventa l'oiseau sans fil.

LA SARDINE PAPILLON

Comment je suis devenu capitaine de *La Sardine tentaculaire* ? demande le capitaine Algésiras. C'est cela, jeunes gens, que vous voulez savoir ? C'était au large de Tyr…

C'était au large de Tyr, le long de la côte phénicienne, un soir de grande tempête. J'étais alors simple matelot sur *La Sardine tentaculaire* qu'avait mise à la disposition du capitaine d'alors l'armateur marseillais Andrius. Nous devions lui livrer une cargaison de fruits, paiement à livraison. Mais il y a des courses où rien ne va. À peine sortie du port, *La Sardine* essuie un grain comme il y en a peu en Méditerranée. Une voile se déchire et le capitaine, en tentant de la carguer, est emporté par une lame. Tant bien que mal, nous parvenons à regagner la côte et à jeter l'ancre à l'abri dans une crique. Le second est un abruti mais je parviens à le convaincre de protéger ce qu'il reste de voiles.

— Mais comment ? me demande-t-il. Avec ce vent et cette pluie, rien ne tiendra !

J'aperçois alors des feux sur la grève. Je m'y rends. C'est une caravane de marchands qui fait campement. Ils viennent de très loin, de Scythie, de Samarkand. Pour un prix exorbitant, ils acceptent de me vendre un rouleau de fil de soie qu'ils s'en allaient vendre à Tyr. Et me voilà à cheval sur les vergues, au milieu des éclairs, mouillé jusqu'aux os, embobinant mon fil sur ce qu'il reste de voiles. Je ne lésine pas. Deux, trois couches de fil pour que cela tienne bien.

Mais c'est vraiment une mauvaise tempête. Impossible de reprendre la mer avant trois jours. Quand enfin le soleil revient, le second se lamente de tout ce temps perdu. Les fruits doivent être livrés avant la fin de la semaine. On se dépêche. Mais là, stupeur ! Impossible de démailloter les mâts ! Le fil de soie a formé des cocons !

— Il se passe quelque chose là-dessous ! crient les autres marins.

Et tous reculent en se signant, disent que c'est là l'œuvre du Malin, que cette course est maudite ! Le second s'y met aussi : impossible de livrer à temps et l'on ne sera pas payés ! Tous décident d'abandonner le navire et de se joindre à la caravane pour regagner Tyr par la terre et tenter de se faire engager ailleurs. Et me voilà tout seul avec *La Sardine tentaculaire*, assis sur le pont, à manger des oranges. Une nuit, un jour encore, et je me dis que j'aurais dû suivre les autres. Et puis, soudain, un terrible craquement ! Un deuxième ! Je me penche. Je cherche le récif sur lequel le bateau a dû dériver. Mais les bruits viennent d'en haut.

Et là, mes enfants, je vois mes cocons ouverts, fendus en deux, qui se détachent des mâts et tombent. Et mes voiles se déploient. Mais pas des voiles ordinaires : des ailes magnifiques de papillons ! Des ailes de papillons de vers à soie !

À peine le temps de lever l'ancre et de m'agripper au gouvernail que voilà *La Sardine* qui bat des ailes, qui s'arrache de l'eau et qui gagne le ciel ! Quelle balade au-dessus de la mer ! Je dépasse Chypre et la Sicile. Je survole la Sardaigne et la Corse. Et j'amerris en douceur, en un dernier coup d'aile majestueux, au milieu du Vieux-Port, avec deux jours d'avance sur la date prévue.

Andrius me paye grassement et, avec l'argent, je lui rachète *La Sardine* ! Voilà, jeunes gens, comment je suis devenu capitaine !

NUAGE

Un jour, dit Marie des Mouettes, quand j'étais toute petite, j'ai trouvé un petit nuage prisonnier d'un trou d'eau. Il avait plu pendant plusieurs jours et, quand le soleil est revenu, j'en ai profité pour aller courir sur les rochers. C'est là que je l'ai aperçu à la surface du trou où il était resté coincé. J'ai levé les yeux vers le ciel et j'ai vu ses congénères, tout un troupeau, qui s'éloignait vers le levant, en l'oubliant.

Pendant plusieurs jours, je l'ai torturé avec mon bâton. Mais au bout d'une semaine de plein soleil, toute l'eau s'est évaporée. Il a tenté de se cacher au fond du trou. Il était peureux et crépu comme un mouton. Mais j'ai réussi à l'embrocher. Je l'ai promené, triomphale, au bout de mon bâton. Et puis, je l'ai mangé comme une barbe à papa.

LES FILLES-MIROIRS

L'amour est-il autre chose que son propre reflet aperçu dans le miroir ? demande le capitaine Algésiras. Aime-t-on quelqu'un parce qu'on est amoureux de lui ou parce qu'il est amoureux de vous ? Et cesse-t-on de l'aimer quand on ne l'aime plus ou seulement au moment où il a cessé de vous aimer ?

C'était au temps où, avec mes matelots de *La Sardine tentaculaire*, nous faisions le commerce de perles dans l'océan Indien. Nous avions abordé une île où vivait une race étrange. Les filles avaient un visage lisse sans rien qui y soit dessiné : ni lèvres, ni yeux, ni nez, qu'un masque poli, un ovale concave imprimant la douceur des choses qui s'y reflétaient. Un peuple de filles mélancoliques et pensives. Des êtres qui, à la manière des miroirs, ne savaient que réfléchir.

Bien sûr que je suis tombé amoureux de l'une d'elles ! Impossible de faire autrement ! Et chacun de mes matelots trouva celle qui lui convenait. La mienne avait toujours la face tournée vers le ciel et j'étais fasciné par la beauté des paysages sur son visage. J'y suivais, émerveillé, la course lente des nuages, les couchers de soleil, le vol des oies cendrées dans les matins blêmes.

Quand je me penchais vers elle, les yeux pleins d'amour, mon sourire tendre au coin des lèvres, je voyais en retour ses yeux remplis d'amour et son sourire si tendre sur ses lèvres fines. Ce fut une période merveilleuse. Nous allions, enlacés, sur les chemins qui entouraient l'île. Nous consacrions des heures entières à nos caresses, son visage contre mon visage, dans une même expression d'extase et d'excitation. Et puis, un jour, je me mis à douter de son amour. Peut-être ne m'aime-t-elle que parce que je l'aime ? me disais-je. Peut-être suffirait-il que je ne l'aime plus pour qu'elle ne m'aime plus ?

Je voulus lui en parler. Je l'interrogeai, inquiet, le sourcil soucieux, et je ne vis sur son visage que circonspection et interrogation. Plus je doutais et plus son doute m'apparaissait comme une évidence. À la fin, je ne l'aimais plus et, quand je trouvai la force de m'approcher d'elle pour le lui avouer, je vis qu'elle ne m'aimait pas davantage.

Je regagnai la rive où étaient déjà mes autres compagnons. Nous remontâmes à bord. Nous nous éloignâmes lentement. Assises au bord de l'eau, sur les rochers, nos compagnes nous laissèrent repartir. Nous espérions un au revoir, un peu de regret, des larmes peut-être. Mais il n'y avait sur leurs visages que le reflet du ciel, que l'image du vol des mouettes au milieu des nuages, et la même indifférence que celle que nous affichions.

ÉCAILLES

C'est un matin de lait et de vanille, de calme et de crème tremblée, dit Marie des Mouettes en dansant sur les rochers.

De sa main fine, elle se protégea du soleil afin de mieux discerner les traits du duc Mauronte, pourtant caché parmi la foule. Mais avec sa capuche par ce soleil, il attirait l'attention. Elle mit un doigt sur sa bouche, lui sourit, puis reprit.

Un matin de lait et de vanille, de calme et de crème tremblée. La mer est belle. Des filets et des voiles sèchent sur les pierres, étalent au soleil leur triangle blanchi ou leur réseau de dentelles rougeâtres. Déjà le port s'anime d'hommes perchés sur les mâts, à califourchon sur les vergues, de marins avec leurs faces hilares, tannées par le grand large, leurs bras gravés de tatouages pendant qu'au bord des quais halètent et se démènent, tout moirés de sueur, les portefaix.

Les femmes, elles, s'occupent des poissons. Les voyez-vous, comme elles sont belles, posées l'une à côté de l'autre, au bord de l'eau ? Elles sont assises sur des pierres, sur des trépieds ou sur des chaises. Flavie, pour la première fois, est parmi elles. Elle est très fière de ses quinze ans, de ses yeux verts et de ses seins naissants. Elle a pris place entre ses deux cousines, ses aînées. Elle s'applique à prendre la même posture qu'elles, jambes écartées, les jupes levées au-dessus des genoux, les mains penchées vers les baquets où soubresaute la pêche des hommes. Elle les observe, imite chacun de leurs gestes. Elles prennent d'une main ferme les poissons. Elles les posent sur leurs cuisses. Elles les étêtent. Elles les vident soigneusement. Elles grattent leur peau avec la lame d'un couteau. Flavie s'applique. La dorade glisse entre ses doigts, elle la rattrape, la maîtrise, frissonne de sentir à sa merci cet être visqueux qui palpite.

Elle gratte et les écailles sautent. Elles s'éparpillent en copeaux acérés et blancs, en étincelles fines et transparentes. Elles se collent sur ses paumes, sur ses poignets, sur ses mollets. Elles s'incrustent dans sa chair.

— Tu n'y peux rien, lui glisse sa cousine Octavie. Les écailles sont notre malédiction. Il va te falloir vivre avec. Aucun bain ne peut en venir tout à fait à bout.

— Elles s'insinuent un peu partout. J'en ai encore de ma toute première fois, ajoute Isis, son autre cousine.

Flavie relève son couteau. C'est vrai qu'elle en a déjà partout. Même sur la joue où l'une d'elles s'est déposée. Elle l'enlève d'un geste sec. Mais ses doigts sont tout maculés du visqueux du poisson. La bestiole de son œil mort s'amuse de sa moue dégoûtée. Flavie la repose dans le baquet.

— Il faudra bien te laver, dit Octavie. Et puis prendre quelques précautions. Ne plus t'approcher des garçons.

— Oh, pour ça, répond Flavie, pas de danger. Je suis une fille sage et, à l'automne, je vais épouser Julius ! Mais quel rapport ?

— Pauvre Julius ! murmure Isis avec un sourire au coin des lèvres. J'espère qu'il ne veut pas d'enfant…

— Bien sûr que si ! Pourquoi pareille question ?

— Regarde, dit Octavie, regarde dans quel état sont tes cuisses !

Et les deux cousines se penchent, écartent les jambes de leur cadette, laissent au passage traîner leurs mains. Le soleil fait briller sur la peau de Flavie quelques écailles égarées.

— Veux-tu connaître notre secret, belle Flavie ?

— Veux-tu savoir ce qui nous est arrivé à toutes ? Veux-tu savoir ce que le destin te réserve ?

Alors les cousines s'approchent, conspiratrices, baissent la voix. Elles racontent : les écailles sont intrusives, on les retrouve aux pires endroits, jusqu'à l'intérieur des cuisses. Même en se lavant abondamment à l'eau des fontaines, on ne peut les empêcher de se glisser là. Bien mieux : à chaque fois qu'elles préparent les poissons, des écailles rampent jusqu'à leur toison, s'insinuent au plus profond d'elles.

— Vous voulez dire, murmure Flavie, que les écailles s'égarent jusque dans nos parties intimes ?

Les cousines opinent du chef, les yeux mi-clos. Et Flavie, à cette révélation, reste figée, haletante, les cuisses ouvertes au-dessus des poissons, affolée de toutes ces écailles à venir qu'elle ne pourra pas récupérer, effrayée et excitée tout à la fois en pensant à ce que dira Julius quand il sentira au plus profond d'elle, au hasard de leurs coïts, le visqueux des écailles.

— C'est donc cela, votre secret ?

— Oh, non ! lâche Octavie, mystérieuse. Cela, ce n'est pas un secret.

— Ne devines-tu point, demande Isis, ce qui devient inévitable ?

Flavie tremble. Elle avoue son manque d'imagination. Alors ses deux aînées se penchent encore, baissent un peu plus la voix.

— Une fois qu'elles sont lancées, on n'arrête pas les écailles. Dieu les a faites ainsi qu'elles glissent dans un sens et se cabrent dans l'autre.

— Elles s'enfoncent ! Elles s'en vont de plus en plus loin ! Elles disparaissent dans ton ventre !

Et c'est là que se produit ce dont il ne faut jamais parler. Toutes les femmes ici ont connu pareille mésaventure. Un jour ou l'autre, dans le secret de leurs couches, elles donnent naissance à des enfants étranges, de petits êtres couverts d'écailles. Les garçons sont très laids, le haut du corps avec des nageoires, la peau gluante et froide, les yeux voilés d'une membrane. Elles les étouffent. Mais les filles sont très jolies, de longs cheveux, des yeux clairs, la peau dorée, avec simplement, à la place des jambes, une queue de poisson.

— Nous les cachons dans les plis de nos robes, dit Octavie en se redressant. Les hommes ne doivent pas savoir ! Nous les portons jusqu'au bout de la jetée. Celle-là que tu vois là-bas.

— En prenant bien garde à ne pas être vues, nous les laissons glisser dans l'eau ! Nos filles barbotent un peu et puis, en deux coups de rein, elles disparaissent. C'est ainsi que naissent les sirènes.

Les deux cousines ont repris leur pose. Elles se jettent des coups d'œil entendus. Comme elles, Flavie saisit une nouvelle dorade. Elle hésite un instant et puis, d'une main ferme, l'immobilise contre sa cuisse et brandit son couteau.

PLEURS

Quand j'étais petite, raconte Marie des Mouettes, j'allais avec ma mère chanter dans les ruelles de Marseille pour gagner de quoi nourrir mes petits frères et sœurs. Mais je n'ai jamais eu une jolie voix. Quand je chantais, les passants se moquaient de moi ou ils pressaient le pas pour ne plus m'entendre. Quelques-uns, parfois, me donnaient même un sou pour que je cesse immédiatement.

En revanche, j'étais très belle à entendre pleurer. Je veux dire que quand je pleurais, quand le chagrin me submergeait, mes sanglots étaient d'une grande beauté. La foule s'amassait pour m'écouter geindre. Quand ma mère s'en rendit compte, elle n'hésita pas une seconde. Chaque jour, elle me giflait, très fort et sans raison, juste pour voir mes larmes couler et m'entendre sangloter. Il fallait me faire vraiment mal et que cela soit vraiment injuste car seuls mes pleurs sincères étaient jolis. Presque aussitôt les gens apparaissaient. Ils s'approchaient, jetaient des pièces. Aucun ne s'agenouillait pour me consoler ou pour essuyer l'eau sur mes joues. Tout au contraire, ma mère les autorisait à me pincer ou à me tirer les cheveux pour que je ne m'arrête pas de pleurer.

Mais à force, bien sûr, je me suis endurcie. Les gifles de ma mère ne m'ont plus fait ni chaud ni froid. Je la regardais fixement et avec insolence. Je haussais les épaules. Quand les passants me pinçaient, je les pinçais aussi et ils n'osaient plus s'approcher de nous. Mes petits frères et sœurs mouraient de faim et cela faisait pleurer ma mère. Mais elle n'était pas très douée. Personne ne s'arrêtait pour l'écouter.

GRAINS DE BEAUTÉ

Un soir, conte le capitaine Algésiras, le capitaine de la fameuse *Sardine tentaculaire*, j'ai accosté au rivage d'une île couverte de palais. C'était le royaume d'un peuple étrange qui, croyant que les dieux avaient distribué les grains de beauté en fonction de la valeur des gens, élisait pour reine celle qui en était la plus pourvue. La foule accourue à mon approche me guida à travers les places et le long de grands escaliers monumentaux jusqu'à la chambre de sa souveraine. C'était une beauté lascive qui vivait toujours nue, étalant sa peau constellée de points sombres aux yeux de ses sujets. Elle m'accueillit couchée sur son grand lit de plumes blanches, ses cheveux bruns dénoués sur ses reins lourds, ses seins tendus veloutés comme de jeunes pêches, et la peau piquetée d'éclats noirs qui brillaient comme du mica. Elle exigea de moi des étreintes immédiates. Je refusai bien sûr, car mes caresses ne sont pas pour la première venue. Je le fis d'abord poliment, puis, comme elle insistait, me menaçant de me livrer à la vindicte de son peuple, je haussai le ton et je partis en claquant la porte.

En claquant si fort la porte, jeunes gens, que tous les grains de beauté de la reine tombèrent de son corps et roulèrent en cascade du haut des escaliers. La foule tenta d'attraper au rebond ceux qui bondissaient puis, quand ils eurent roulé un peu partout, se mit frénétiquement à leur recherche à quatre pattes. J'en profitai pour gagner le rivage, monter à bord de ma *Sardine tentaculaire* et regagner le large.

Et pour donner crédit à son récit, le capitaine Algésiras ouvre sa main où reposent quelques perles noires, des grains qui, dit-il, avaient sauté et qu'il a retrouvés dans ses poches.

SIRÈNE

C'est un autre jour, dit Marie des Mouettes. L'odeur de la mer toute vibrante de sel grimpe le long des ruelles étroites, coupées çà et là d'escaliers, aux caniveaux centraux où flottent les côtes de melons écrasés. Il y a l'arête vive des collines, la ville accroupie dans la brume turquoise, l'amas des mouches, les chiens errants et, partout aux étalages, des oursins, des poulpes encore vivants, des fruits, des gousses d'ail, des olives dans des amphores.

Et sur le quai, au bord de l'eau, Flavie et ses cousines écaillent toujours les poissons...

Flavie s'applique mais elle paraît soucieuse. Un joli pli barre la surface plane de son front. Des lauriers-roses tombent en fleurs sur les terrasses au-dessus d'elle. Et à côté, dans la paresse, des barques vertes et rouges dorment sur les plans inclinés.

— Mais cette histoire de sirène, demande-t-elle au bout d'un moment, aucun mari ne l'a jamais entendue ? Pas un homme à Marseille n'est au courant ?

— Un mari ? répond Octavie sans lever les yeux du poisson. Es-tu folle, cousine ? Veux-tu que l'on nous brûle pour sorcellerie ?

— Aucun mari, tu peux en être sûre ! ajoute Isis en bâillant. Mais un homme, si.

— Un homme ?

— Un seul ! Le beau Corentin. Tu as déjà dû entendre parler de Corentin de l'Estaque.

Et comme Flavie avoue encore son ignorance, les cousines se penchent.

Ah, Corentin ! Corentin de l'Estaque ! Nous en étions toutes folles quand nous étions jeunes ! C'était un pêcheur longiligne et musculeux, un Apollon tranquille. Beau, si beau, avec ses boucles brunes et son sourire si doux. Et des yeux, Flavie, à oublier les étoiles du ciel ! Il ne traquait ni le thon ni la dorade. Pas de sorties au large. Il s'en allait avec sa barque juste à l'entrée du port. Il jetait ses filets et il pêchait de quoi faire sa soupe. Seul. Car il était seul. Seul quand il partait à l'aube, seul quand il revenait, son baquet plein de poissons multicolores. Nous lui tournions autour, gamines, en admirant ses mains toutes striées d'entailles, de blessures et d'éclisses, en l'écoutant chantonner de sa voix basse et rocailleuse.

— Où est ton amoureuse ? lui demandions-nous.

— À quoi me servirait une épouse ? répondait-il. Je n'en ai pas besoin.

Et en vidant ses gobies et ses girelles, il nous faisait les gros yeux pour nous chasser, nous menaçait de son couteau. Mais nous, pestes, pires que des mouches, nous revenions.

— Où est ta demoiselle, Corentin ? Laquelle de nos grandes sœurs saura prendre ton cœur ?

Cela finissait par l'amuser. De sa lame, il ouvrait en deux les ventres et vidait les entrailles – foies et estomacs –, rinçait les poissons à l'eau de mer, les écaillait, et reprenait en souriant :

— Toutes vos aînées ont essayé. Mais vraiment, que ferais-je d'une compagne ? Voyez, je suis un être simple.

Ma barque, la mer et mes poissons. Je n'ai besoin de rien d'autre pour être heureux.

Mais nous, nous n'étions pas d'accord.

— Tout homme a besoin d'une femme ! disions-nous. De quelqu'un qui te cajole et te caresse !

Et puis Corentin est trop beau, pensions-nous. Il est bien trop gentil. Ce serait grand dommage qu'un tel corps, qu'une telle âme, ne trouve pas quelqu'un qui lui corresponde. Ce qu'il lui faudrait, c'est une de nos demi-sœurs ! Une de ces sirènes que nos mères ont enfantées dans le secret ! Quelle compagne plus proche de la mer, plus attentive à tout ce que Corentin aime ? Quelle autre plus apte à vivre avec lui ses passions ?

Alors, nous avons décidé de nous rendre tous les jours au bout de la jetée, à cet endroit précis où nos mères jetaient à l'eau nos sœurs. Nous nous penchions au-dessus des ondes et, l'une après l'autre, nous vantions les mérites de Corentin. Nos mots s'en allaient avec les vagues rouler jusqu'au fond de la mer.

— Et nous avons dû être fort convaincantes, dit Octavie, car la plus belle de nos sœurs de la mer, la belle Céline de Maguelone, se laissa séduire et convaincre.

— Ah, quelle beauté que cette Céline de Maguelone ! ajoute Isis. Qu'est-ce que j'aurais donné pour pouvoir lui ressembler : des formes à se damner, des yeux à se perdre dedans, une voix à oublier le vent !

— Elle se laissa prendre dans les filets de Corentin. Elle se laissa tirer par ses bras jusqu'à la barque. Elle glissa, toute nue, jusque sur ses genoux.

— Voilà, cousine, pour répondre à ta question, comment un homme, Corentin de l'Estaque, connut l'existence des sirènes.

Une bouffée de vent porte jusqu'aux femmes une odeur de cannelle. Un petit âne à maigre échine passe devant elles, poilu comme une chèvre. Un enfant, mis en surcharge entre deux outres, le stimule en lui piquant les plaies du cou. Flavie chasse la mèche de ses cheveux qui tombe sur ses yeux.

— Oui, mais après ? Qu'advint-il après ? demande-t-elle au bout d'un moment.

— Oh ! Après ? dit Octavie. Corentin n'avait pas besoin de femme. Nous aurions dû l'écouter.

— Quand il a vu la sirène, ajoute Isis, il a fait comme d'habitude : il a pris son couteau et il l'a vidée. Sa soupe, à ce qu'on dit, était ce soir-là excellente.

VIII

La légende de Blanche

Où l'on découvre qui est Youssouf ben Abd al-Rahman al-Fihri, le wali de Narbonne. — Où Blanche s'envole dans le matin calme. — Où Youssouf entend parler de la fille du duc Mauronte et veut en apprendre encore davantage. — Où Dieu lui-même reste en admiration devant sa création. — Où Pacôme se perd des années dans les collines. — Où l'on traque la Licorne dans les rues de Marseille. — Où l'on tente de faire disparaître une vilaine cicatrice. — Où l'on assassine des cupidons. — Où l'on admire Blanche nue dans un baquet. — Où on laisse traîner un philtre d'amour au risque qu'il soit bu par n'importe qui.

1.

Ce fut pendant l'été 719 qu'Al-Samh ibn Malik al-Khawlani, gouverneur à l'époque de l'Espagne, fort d'une armée renforcée de Berbères, de Syriens et de Yéménites fraîchement débarqués, alors qu'il s'était décidé à s'aventurer au-delà des Pyrénées en suivant l'antique Via Domitia qui reliait encore, tant bien que mal, l'Espagne à l'Italie, découvrit Narbonne sans trop l'avoir cherchée. Quand il apprit de marchands juifs qu'il s'agissait là de l'antique Narbo Martius, plus ancienne colonie romaine de Gaule, un temps capitale des Wisigoths, il résolut de la conquérir. Il la prit en deux jours tant ses murailles étaient décrépites et sa garnison peu encline à se battre. L'endroit lui plut aussitôt et, refusant pour l'heure d'aller plus loin, il décida de faire de cette belle ville ouverte sur la mer la base arrière de ses futures conquêtes. Avant de repartir, il confia la tâche de la consolider à son lieutenant Youssouf ben Abd al-Rahman al-Fihri, qu'il nomma wali, et à son curieux compagnon, le poète aveugle Ibrahim al-Faraj.

Il avait certes le désir de récompenser ce guerrier fougueux pour la part décisive qu'il avait prise dans les combats mais aussi d'éloigner définitivement ce séducteur impénitent de son harem de Cordoue. Car Youssouf ben Abd al-Rahman al-Fihri était aimé des femmes. C'était un bel homme, grand, d'apparence encore jeune malgré la quarantaine, le visage mat taillé au couteau et le corps souple structuré de muscles doux et longs. Libre d'esprit, nonchalant de tournure, il promenait sur les choses et les êtres le même regard d'un noir ciré, impertinent, usant et abusant d'un sourire rapide et séduisant dont il savait faire tantôt une caresse, tantôt une arme.

Youssouf, en bon soldat, obéit aux ordres de l'émir de Cordoue. Il installa la garnison à l'intérieur des murailles de la vieille cité gallo-romaine, sur la rive gauche de l'Aude, et laissa les populations chrétiennes et juives investir la rive droite, là où pendant l'Antiquité s'étaient construites les nécropoles et quelques villas. Il transforma la vieille église abandonnée de Saint-Félix – celle-là même dont le roi wisigoth Alaric avait déjà fait sauter le toit parce qu'il gênait sa vue – en une belle mosquée. Sur les conseils d'Ibrahim al-Faraj, il fit réparer l'enceinte, draguer le port, curer les étangs et consolider le barrage romain de Sallèles pour obliger le fleuve tumultueux à ne pas s'éloigner de la ville. Toutes ces décisions qui relançaient le commerce vers l'Espagne et l'Afrique du Nord furent bien accueillies par une population lassée des caprices des Wisigoths. Et comme il indiqua aux juifs et aux chrétiens, selon les principes appliqués dans toutes les terres conquises par l'Islam, qu'ils pourraient continuer à pratiquer leurs rites pourvu qu'ils le fassent discrètement et paient l'impôt, la dîma, au titre de sa protection, il obtint le soutien des élites et établit une paix qui s'étendait loin autour de la ville.

Les premières années, Youssouf prit plaisir à cette nouvelle vie qui s'écoulait à des milles et des milles de son Damas natal. Les filles étaient belles. Les fruits débordaient des corbeilles et Allah était grand au bord de l'Aude. Il se promenait, avec Ibrahim, de longues heures dans les ruines des bâtiments romains, le théâtre, le forum, le temple d'Auguste dont il avait fait nettoyer le marbre blanc pour qu'il brille au soleil. Ils erraient ensemble le long des étangs, sous le ciel splendide et morne et poussaient jusqu'à la mer qui, sensible à la caresse, frémissant sous le vent, matelassait l'horizon de ses vagues gris fer. De temps en temps, Youssouf s'en allait, avec ses braves, pour des courses rapides de quelques jours, des razzias soudaines à travers ce pays mystérieux de l'Ifrandia, terre des Francs, qu'il percevait comme un pays immense, au climat rude mais aux sols couverts de rivières et de forêts, de champs de céréales, de troupeaux, de vin et de miel.

Et puis, il commença à s'ennuyer. Son dernier plaisir était de se réunir avec ses hommes, chaque soir, autour du feu, devant les tentes qu'on gardait dressées devant le palais pour ne pas trop s'accoutumer à la vie citadine, et d'écouter Ibrahim al-Faraj, le vieil aveugle, réciter des poésies et parler des poètes. Depuis la nuit des temps, à travers les déserts, les Arabes avaient composé des vers et Ibrahim les connaissait tous, ceux par exemple d'Hassan ibn Tâbit, compagnon du Prophète, ceux de Murakkish l'Ancien, dit l'Amant éternel, ceux d'Al-Muhalhil, le Tisserand de légèreté, ceux d'Imrou'l Qays, le Roi errant, qui racontaient les amours perdues et les terres qu'on ne reverrait plus. Ibrahim pouvait réciter chacune des sept *mu'allaqat*, les « suspendues », les

« pendentifs », ces odes-qasidas qui parlaient si bien de la guerre, du vin et de l'amour. Youssouf, de son séjour en Al-Andalus, avait gardé un faible pour les chansons sèches et tristes qui naissent au bourdonnement de la guitare, pour les nouvelles courtes qui content comment le cœur des hommes s'enflamme et se consume dans le désir d'amantes inaccessibles, dans la passion de belles aux yeux de biche, aux dents de louve. Il aimait les écouter, sous la voûte étoilée de la nuit de Narbonne, dans la douceur du soir, buvant sa tristesse comme on s'enivre. Alors, les soirées avec Ibrahim finissaient toujours par des *nasîb* et des ghazal, par la poésie galante d'Omar ibn Abi Rabia, par des histoires d'amour courtois. Et souvent, Youssouf versait quelques larmes.

2.

La chapelle du palais de Mauronte, là où Blanche, prisonnière, était autorisée à venir prier, était une bâtisse sombre qui sentait la pierre froide et la mousse, accrochée à flanc de rocher presque au-dessus de l'eau et sur le toit de laquelle se posaient des colombes. Elle avait été élevée, disait-on, à l'emplacement d'un ancien temple païen et peut-être était-ce pour cette raison que les statues de saints qui scandaient le déroulé de son allée ne paraissaient pas très catholiques, avec leurs silhouettes de mendiants pétrifiés, de dieux déchus, va-nu-pieds, manchots, boiteux, guettant le pécheur égaré pour lui voler sa bourse.

Quand ils avaient aperçu Blanche, ce matin-là, dans l'encadrement de la porte, les saints avaient deviné ce qui se complotait, contrairement aux deux gardes qui, comme chaque jour, l'avaient laissée entrer. La jeune fille s'était avancée vers l'autel et les saints avaient bien tenté de l'arrêter, les bras tendus. Mais un à un, sous le choc de sa beauté, ils avaient suspendu leur geste, pétrifiés, et ils étaient retombés dans l'ombre, impuissants et frustrés.

Blanche s'était avancée donc vers le fond de la chapelle. Elle n'avait d'yeux que pour lui, le magnifique christ en croix, suspendu à son bois, qu'elle venait prier tous les jours. Il avait un visage sec et osseux, les joues tendues, la bouche comme une longue blessure. Comme chaque matin, en l'apercevant, il avait secoué sa couronne de ronces dans l'arc-en-ciel qui tombait du vitrail et laissé pleuvoir à ses pieds ses épines dispersées. Il avait posé sur elle ses yeux brûlants. Il lui avait souri. Il avait décroché une main de la croix et tendu vers elle sa paume ensanglantée.

— Blanche, avait-il simplement murmuré.

Mais Blanche n'avait pu en entendre davantage car, à cet instant précis, deux religieuses étaient sorties de l'ombre, portant la robe des Cassianites. Elles lui avaient fait signe de garder le silence.

— C'est l'abbesse qui nous envoie, avait dit la plus vieille. Il y a une porte dérobée, une échelle de corde. Nous venons vous enlever car personne, pas même votre père, n'a le droit de s'opposer à l'appel du Seigneur.

Blanche les avait suivies. Elle avait descendu bravement l'échelle qui bougeait dans la brise de l'aube tandis que, derrière elle, le ciel immense et la mer se couvraient du jus d'orange sanguine du soleil levant. Sur sa gauche, dans la calanque, le faune joufflu lui avait adressé un signe de la main.

Et maintenant, l'abbesse Eusébie l'attendait au fond d'une longue barque sans lanterne dont les douze rames étaient tenues par des religieuses vigoureuses dissimulées sous des cagoules.

— Nous sommes venues vous chercher, Blanche, car nous avons pris la décision de vous accueillir parmi nous.

— Ah ! Merci, ma mère !

Blanche se jeta à genoux tandis que la barque tanguait. L'abbesse sourit, d'un sourire pâle et froid. Sous la lumière blafarde de l'aube, elle paraissait un spectre sorti d'un tombeau.

— Relevez-vous, ma fille, vous allez nous faire chavirer. Nous prenons beaucoup de risques, c'est vrai, mais nous ne faisons qu'accomplir la volonté de Dieu.

Blanche leva vers elle ses yeux mouillés de larmes. Elle brandit vers les vieilles mains tachées et couvertes d'écailles, vers le cou ridé, les joues creuses, les cils blancs de poussière, vers les pupilles de glace, vers le nez monstrueusement long de l'abbesse, la pureté de ses lignes dans la lumière douce de l'aube.

La beauté de cette fille, pensa l'abbesse, est un scandale incommensurable, une injustice impossible à supporter. Elle fut convaincue qu'elle aveuglait le Seigneur, l'empêchait de percevoir les mérites de toutes celles qui s'étaient données à lui et étaient bien plus méritantes. Mais maintenant, Blanche allait être prisonnière dans sa maison. Elle allait la tenir dans le creux de sa main.

Les rames clapotaient à l'unisson et la barque glissait sur l'eau noire semblable à des ciseaux découpant une étoffe de soie. Eusébie sourit de nouveau à Blanche. Et elle se dit que ce serait un plaisir immense de profaner pareille perfection.

3.

Youssouf ben Abd al-Rahman al-Fihri, le wali de Narbonne, aimait donc beaucoup les contes. Sur le conseil d'Ibrahim, le poète aveugle, il accepta, pour distraire ses hommes, de faire venir le soir des conteurs de langue d'oc. Entre chrétiens et mahométans, on échangea volontiers les chansons, les récits, les histoires. D'autres – marins, voyageurs de passage – vinrent s'ajouter à ce cénacle. Et ce fut ainsi que, peu à peu, Youssouf entendit parler de Blanche. Au début, il n'y fit guère attention. Le nom était glissé dans les histoires comme celui de tant d'autres beautés, de tant de princesses enlevées et de reines captives. Il ne la distinguait pas de toutes celles-là dont on lui chantait les mérites, Artémise, Cléopâtre, Arsinoé ou Flora la belle Romaine.

Mais à chaque fois que les conteurs en venaient à comparer les mérites des dames, les réelles comme les imaginées, les mortes comme les vivantes, ils finissaient toujours par vanter, l'émotion dans la voix, la beauté de la fille du duc Mauronte, ce patrice de Marseille qui aimait aussi beaucoup les contes. Il y avait dans leurs paroles tant d'enthousiasme, sur leurs visages tant de sourires que Youssouf finit par en être fortement impressionné.

Alors, il ne demanda plus que des contes sur Blanche. À chaque arrivée d'esclaves sur les quais de Narbonne, il faisait discrètement venir à lui ceux qui connaissaient la cité phocéenne et les interrogeait lui-même. Il voulait tout savoir sur Blanche, sur Mauronte, son père, sur ce Pacôme qui l'avait connue toute petite, sur cette abbesse Eusébie qu'elle était allée voir. Très vite l'on sut dans toute la Septimanie que si, par malheur, l'on tombait entre les griffes de Youssouf ben Abd al-Rahman al-Fihri, le wali de Narbonne, il était possible d'obtenir sa clémence en lui racontant des histoires, des contes sur Blanche, la merveilleuse fille du patrice Mauronte.

— C'est cela ! disait-il. Parlez-moi de Blanche !

Et ses yeux brillaient de bonheur et de désir.

CRÉATION

Eh bien voilà..., dit le conteur. Nous sommes au Paradis...

Un soleil d'osier dérivait, comme le panier de Moïse, au milieu du fleuve céleste. Le ciel était d'un bleu très pur, lavé, brossé, sentant le propre. Des groupes d'anges s'étiraient, nonchalants, l'aile pendante, couchés dans l'herbe, flânant le long de la rivière ou lançant des cailloux dans l'eau. Un saint à la barbe frisottée dormait, à l'ombre d'un pommier, un autre passait, riant tout seul, serrant dans ses doigts un gros chapelet avec l'air d'un Bacchus chapardant une grappe de raisin. Dans les profondeurs des feuillages, au-dessus des pelouses, dans les cerisiers blancs, dans les troènes en fleur, dans les lilas chargés de bouquets et d'arômes, des oiseaux chantaient.

Saint Pierre, le sourire fatigué, le blanc de l'œil craquelé comme le fond des vieilles soupières, assis dans son fauteuil, donnait des consignes à deux angelots assis à ses pieds qui notaient fébrilement sur des tablettes chacune de ses paroles. C'était lui qui gérait l'intendance, avec pour seule préoccupation que Dieu n'ait à s'occuper de rien, qu'il n'ait d'autre souci que de créer, que de continuer à créer. Il lui jeta d'ailleurs un regard plein de respect et de tendresse. Il était là-bas, au bord de l'eau, avec son chapeau de paille et son tablier, un pinceau à la main, deux autres coincés entre les dents. Des pétales de fleurs venaient parfois se perdre dans sa grande barbe puis s'envolaient pour se confondre avec les papillons qui dansaient dans les prés. Devant lui, comme tous les jours, s'étalaient sa grande toile, ses gobelets et toutes ses boîtes de couleurs.

Ses yeux clignotants sous ses paupières blanches levaient parfois un regard d'ennui vers le ciel et le soleil, comme s'il avait besoin de temps en temps d'un éblouissement pour réchauffer ses trop froides pensées. Tout semblait comme d'habitude et cela rassurait saint Pierre dont la tâche était justement que tout reste toujours pareil.

Et puis, cela se produisit. Oh, il n'y eut aucun mouvement, aucun bruit, aucun signe particulier ! Mais cela se produisit et tous tournèrent la tête. Dieu était là-bas, le geste suspendu, l'âme arrêtée, fixant la toile. Le soleil s'était figé. Les oiseaux avaient cessé de chanter. L'eau dans la rivière ne coulait plus. Alors, les anges, les saints, même les angelots assis aux pieds de saint Pierre, pressentant que quelque chose d'inouï venait de se passer, se levèrent et s'approchèrent. Ils se penchèrent par-dessus son épaule. Bouche bée, le souffle coupé, ils regardèrent.

Saint Pierre en soupirant finit par se lever aussi. Qu'est-ce qu'il y avait encore ? Avec tout ce travail déjà en retard et la journée de demain à préparer... Il rejoignit le groupe, en maugréant, traînant la savate. Qu'est-ce qu'il avait encore inventé ? D'autres anges, d'autres saints venaient aux nouvelles. Saint Pierre dut jouer des pieds et des mains pour accéder jusqu'au Créateur et voir la toile.

Elle était là, magnifique : Blanche. La fille du duc Mauronte. Elle n'était pas seulement belle – la beauté est une donnée si personnelle, si subjective –, elle était d'une grâce exquise, d'un charme secret qui remplissait l'âme d'un sentiment très doux. Ce n'était encore qu'un tout petit bébé dessiné sur la toile. Mais à chaque fois que Blanche se mouvait, qu'elle esquissait un geste, un babil, un sourire, c'était comme si l'on entendait une musique sublime. Ce n'était pas une beauté parfaite, loin de là, mais cet écart participait pleinement de sa grâce. C'était une imperfection qui allait au-delà de la perfection, comme si Dieu l'avait d'abord faite sans défaut et puis, pour la rendre plus séduisante encore, avait corrigé quelques détails pour qu'elle apparaisse plus fragile, plus émouvante. À n'en pas douter, c'était là son chef-d'œuvre.

— Je n'ai pas fait exprès, dit-il en regardant saint Pierre avec un sourire gêné comme pour s'excuser. On croit toujours faire les mêmes gestes, à quelques variantes près. Et puis soudain, il se passe quelque chose qui vous échappe.

— Mais vous êtes le commencement et la fin de tout, objecta saint Pierre.

— Sans doute, répondit-il, sans doute. Mais parfois, j'ai l'impression qu'il y a des idées dans l'air, comme diffuses, que je suis l'instrument de quelque chose qui s'impose. Je suis émerveillé moi-même par ce qui vient de se créer.

Dieu continuait de parler, pour lui-même peut-être, seulement pour lui-même. Il disait qu'il n'avait rien prémédité, qu'il ne cherchait même pas.

— Cela vient, c'est tout, sans autre explication. Les mains travaillent toutes seules. L'œuvre émerge au fur et à mesure qu'elle est créée, elle s'épanouit, elle s'impose. Et le miracle se produit.

Et le miracle, c'était Blanche. Il avait demandé aux anges et aux saints de s'écarter. Il avait reculé sa chaise pour mieux admirer son œuvre. Il jubilait. Il riait tout seul. Il pleurait presque. Et saint Pierre se sentit blêmir. Il se demanda si, avec Blanche, Dieu n'était pas parvenu à la perfection. Mieux : s'il n'était pas allé au-delà de la perfection. Si tel était le cas, quel intérêt aurait-il à créer encore ? Et s'il se contentait, désormais, comme à l'instant, de regarder Blanche ?

De poser ses pinceaux, de s'asseoir, de laisser le monde tourner sans lui et d'admirer Blanche. Pour l'éternité.

IVRE DE DIEU

Pacôme ? répéta le conteur. Le conseiller du duc Mauronte ?

C'était un garçon rêveur, avec de grands yeux noirs étonnés devant le spectacle du monde. Très jeune, il avait été repéré par les évêques qui gravitaient autour du patrice d'alors, le comte Antenor. Il avait été, comme beaucoup de jeunes nobles, invité à suivre les leçons dispensées dans les écoles du palais et y avait montré très tôt des dispositions hors du commun pour la concentration et la méditation. Il était un lecteur fervent d'Origène, de Tertullien, de saint Cyprien, de saint Ambroise. Il pouvait réciter presque par cœur l'*Hortensius* de Cicéron et les *Ennéades* de Plotin.

— Tu veux devenir prêtre ? Ou évêque comme Monseigneur Ignace ? demandait Blanche, inquiète, en ramenant ses mèches folles derrière ses oreilles.

Oui, dit le conteur en plissant ses yeux de malice, je vous parle bien de Blanche, celle-là qui vous intéresse tant, la fille du duc Mauronte. À l'époque, celui-ci n'était qu'un noble parmi d'autres, issu par sa mère d'une vieille famille massaliote et franc par son père, un parmi tous ceux que le comte Antenor abritait au palais. À l'époque, Blanche non plus n'était pas grand-chose, une petite poupée blonde aux yeux clairs, joues rondes et peau de pêche douce et duvetée. C'était à peine si l'on faisait attention à elle. Elle courait dans les couloirs du palais, pareille à un rayon de soleil. Elle échappait souvent à sa nourrice pour venir s'asseoir à côté de Pacôme. Elle s'approchait, à petits pas de chat, se posait presque à le toucher. Elle était d'une intelligence vive, instinctive, et l'avait vite repéré, parmi tous les garçons du château, comme le seul digne d'un peu d'intérêt. Elle n'exigeait rien de lui, rien d'autre que de l'entendre lire à haute voix les ouvrages qu'il empruntait à la bibliothèque du monastère : l'*Histoire lausiaque* de Pallade, la *Vie de saint Antoine* par Athanase, évêque d'Alexandrie, l'*Histoire des moines d'Égypte* de Rufin d'Aquilée, la *Vie de Paul de Thèbes*, premier ermite, par saint Jérôme, et les *Entretiens avec les moines d'Égypte* de Cassien, qui avait fondé à Marseille les couvents de Saint-Victor et de Saint-Sauveur. Elle ne comprenait rien, bien sûr, ou du moins pas grand-chose – quoique parfois ses questions étaient si fines et si précises que Pacôme en restait bouche bée –, mais elle prenait un plaisir immense à se laisser bercer par la voix du jeune homme.

— Prêtre ? Évêque ? Oh non ! disait-il. Je veux être bien plus que cela.

Il expliquait à la petite Blanche qu'en ces temps de grande désespérance, Dieu n'habitait plus au milieu des hommes, qu'il avait déserté le monde civilisé et qu'il fallait à présent le chercher aux confins des solitudes désertiques.

— Tu vas partir loin d'ici, alors ? demandait Blanche.

— Loin de ce monde, oui, répondait-il en lui caressant la joue.

Et, les yeux brillants, il lui raconta que, comme ces saints qu'il admirait, il voulait se retirer, ivre de mystère et de Dieu, dans des confins de solitude. Il se ferait ascète, il se ferait anachorète dans la pleine et sereine abstraction des déserts. S'enfouir loin du monde, dans les ténèbres, demeurer des années dans la nuit et le silence, nourri de prières et d'eau, voilà ce qu'il voulait. Afin de racheter les péchés du monde.

— Le Diable te rattrapera, disait la petite Blanche de sa voix douce et fluette. Il est plus fort que nous tous.

— Je ne le crains pas, disait Pacôme en souriant. J'ai étudié, dans la vie des saints ermites, toutes ses manigances. Je me suis préparé à toutes ses tentations.

Et il expliquait comment cela allait se passer car il connaissait, pour les avoir analysées, toutes les ruses de Satan. Au début, sans doute, celui-ci le prendrait à la légère. Il le combattrait avec la paresse et l'ennui, se contentant de lui murmurer des paroles de doute, l'incitant doucement à renoncer à cette vie qu'il qualifierait d'absurde. Mais après, quand il verrait quelle serait sa détermination, quand il comprendrait que cela ne suffirait pas, l'ange déchu lui enverrait des démons sous l'aspect de femmes s'asseyant pour manger avec lui, récitant des poèmes obscènes, prenant, incidemment, des poses lascives pour l'exciter.

— Lascives ? demandait Blanche. Qu'est-ce que cela veut dire « lascives » ?

Peu importe, répondait Pacôme, puisque cette phase-là ne durerait qu'un temps. Après, le Diable déchaînerait contre lui toutes sortes de créatures, mi-hommes, mi-bêtes, hybrides, improbables, à l'image de ces mythologies païennes qui empruntent à toutes les espèces et semblent le bestiaire des créations ratées par Dieu : chimères, centaures ou minotaures.

— Mon Dieu ! murmurait Blanche en ouvrant de grands yeux. Moi, j'aurais trop peur !

— Pas moi, disait Pacôme.

Il expliquait qu'il ne craignait celles-là pas plus que les autres car il s'était préparé à les affronter aussi.

Et d'autres viendraient qu'il connaissait par cœur : c'étaient, parfois, des êtres séducteurs et tentateurs au sommet de la beauté profane et, d'autres fois, des êtres monstrueux, fantômes terrifiants et tortionnaires. Il vivrait au quotidien au milieu de ces créatures fantasmagoriques dont les grimaces tapisseraient son cerveau, dont les ricanements gonfleraient son cœur et son âme. Mais il leur résisterait.

— Tu te trompes, disait Blanche en écarquillant ses grands yeux sur sa petite tête d'oiseau. Le Diable est plus fort que toi ! À la fin, il s'enveloppera dans sa cape rouge, il frappera le sol avec ses hautes bottes, il te montrera du doigt et il rira de toi !

Mais il ne l'écouta pas. Il partit un matin, avant l'aube, sans dire au revoir à personne, pas même à la petite Blanche, un simple baluchon sur l'épaule. Il suivit le chemin qui, derrière la ville, s'enfonçait dans la garrigue. Il gagna les collines. Il chercha de longs jours, dans la solitude, un lieu assez désolé pour se fixer. Il le trouva au milieu de la pierraille, dans un endroit sans aucun arbre, sans aucune ombre, avec juste le ciel immense au-dessus de lui. Pendant une éternité, sous le soleil torride et le bruit des cigales, il attendit. Il faisait ses prières debout, immobile, les bras en croix, le plus longtemps possible, avec parfois de lourds cailloux sur les épaules et des pierres serrées dans les paumes. Ou alors il restait les bras élevés vers le ciel, depuis le coucher du soleil jusqu'à son lever le lendemain, sans jamais fermer les paupières ni chercher le moindre repos.

Il attendait les légions du Diable.

Et cela dura longtemps, très longtemps. Et rien ne se passa.

Il n'y avait que le soleil brûlant du jour et le froid glaçant de la nuit.

Cela dura des mois, des mois, puis une, deux, trois années entières. Il s'aventura sur tous les chemins de l'ascèse : ne boire que de l'eau croupie et putride, mêler à sa nourriture du sable et des déjections pour la rendre immonde, s'entourer d'épines, de pointes. Il prit un silex et il s'entailla la joue droite d'une immense plaie, de la tempe jusqu'à la bouche, pour voir si le sang attirerait le Diable. Mais à part quelques mouches, il n'y avait rien. Les démons ne venaient pas.

À force, il vivait par miracle, dans un corps inhumain, la peau noire et crasse, craquante comme du parchemin, plus fragile et plus offert au souffle du vent qu'une poussière de fleur. Au moindre courant d'air, sa carcasse s'entrechoquait dans un bruit d'osselets, ses yeux roulaient dans leurs orbites comme des haricots secs au fond d'une gamelle. Son âme ne tenait plus à ce monde que par une enveloppe charnelle dérisoire.

Trois années entières. Personne ne venait.

Sauf la petite Blanche. Elle apparut un matin, poussa un cri en l'apercevant et tenta de lui donner de l'eau et de nettoyer sa longue cicatrice. Mais il la supplia de n'en rien faire. Alors, depuis, quand elle venait, elle se contentait de s'asseoir, non loin de lui. Elle arrivait dans le soleil et le vent, s'asseyait à son côté, regardait le paysage de roches et de terres brûlées, lui souriait de tout l'éclat de ses jeunes dents, remettait derrière son oreille les mèches de ses cheveux que le vent rabattait sur son front. Et, comme lui ne parlait pas, c'était elle qui faisait la conversation. Elle expliquait qu'elle avait mis longtemps à le trouver. Elle l'avait cherché des heures entières dans les collines. Dans les collines et dans les livres, précisait-elle. Car elle était très fière d'avoir appris à lire.

— Pour mieux te comprendre, disait-elle.

Elle était devenue très jolie, une gerbe de bleu et de blond, un bouquet d'odeurs et de rondeurs. Elle ne le critiquait pas. Elle parlait d'elle, du palais, du patrice Antenor, de son père, le duc Mauronte, des gens qu'il avait autrefois connus. Et puis, quand le soleil était près de se coucher, elle s'en retournait, toujours d'un même pas, facile et doux, avec le mouvement gracieux de ses robes autour de ses hanches, ses pieds nus sur le chemin pierreux. Elle se contentait, quand elle était tout en haut de la colline, de lui faire un signe d'adieu de la main.

— Et les démons ? demandait-elle parfois. Les as-tu vus, les démons ?

Non, les démons n'étaient pas venus.

— Et les anges ? Les as-tu vus, les anges ?

Non, les anges non plus ne s'étaient pas montrés.

Et d'autres fois, la petite Blanche disait des phrases comme ça :

— C'est dans la vraie vie que tu dois venir changer les êtres et les choses. Tu as si peu de consistance désormais. Peut-être que les anges et les démons ne te voient même plus.

Alors, peu à peu, il la laissa s'approcher de lui. Elle pouvait laver sa longue balafre sur son visage, nettoyer son corps couvert de plaies. Il accepta qu'elle lui verse de l'eau dans la bouche et qu'elle lui donne à manger à la cuillère. Il levait les yeux sur elle puis, au-delà d'elle, il cherchait à voir au-delà de la plaine. Un sentiment étrange montait en lui. Il lui venait le désir, après toutes ces années de solitude, de retourner à ce monde autrefois congédié, de retrouver le tumulte des villes, de se mêler à la vie de ses semblables.

— Mais si les démons et les anges ne me voient plus, demanda-t-il, qui me voit ?

— Moi, dit-elle.

Elle lui sourit et il pensa que ce sourire, peut-être, rachetait le péché originel. Alors, il finit par accepter de la suivre et de retrouver le monde des hommes. Ensemble, ils reprirent un matin la route vers la ville.

Derrière eux, à l'abri d'un rocher, le Diable s'enveloppa dans sa grande cape rouge, il tapa sur le sol avec ses hautes bottes, montra du doigt Pacôme et il rit bien de lui. Car celui-là, vraiment, avait été l'un des plus rapides et des plus faciles à séduire.

LICORNE

En ce temps-là, dit le conteur, le duc Mauronte n'était qu'un parmi d'autres. C'était au temps où Marseille était sous la coupe du patrice Antenor, un colosse à la physionomie sans grâce, la peau grêle et l'encolure épaisse. Un homme violent, obscur, inquiet, sans Dieu ni roi, affranchi de toute morale, posant sur toutes choses des yeux d'un noir sans reflet et sans ride où ses regards restaient figés, immobiles, comme des araignées d'eau. Il croyait en la fin imminente du monde, à la mort prochaine et tragique d'un univers agonisant et d'une société à jamais corrompue.

— À moins que nous n'attrapions la Licorne, disait-il.

C'était là son obsession. Il ne pensait qu'à la Licorne, l'animal de pureté, seul à même de repousser la présence étouffante du mal, seul capable d'assurer le salut et la survie de l'homme.

Alors, tous les soirs, au crépuscule, c'était la même sarabande. Le patrice Antenor descendait dans la ville, escorté par ses gens d'armes, ses archers, ses piquiers tenant les chiens en laisse. Ils déferlaient sur les quartiers, défonçaient les portes, brisaient les fenêtres. Ils fouillaient, maison après maison, à la recherche d'une fille. Ils repoussaient les mères, tuaient les pères s'il le fallait. Ils s'introduisaient jusqu'aux chambres, jusqu'aux lits pour capturer une vierge, une fille qui n'avait jamais fauté. Puis, ils poussaient devant eux la jeune fille à moitié nue.

Ils allaient vers le port jusqu'à la grande esplanade du quai. Ils attachaient les bras de la fille à la potence d'un gibet dressé au milieu de la place, puis ils se dissimulaient derrière les rouleaux de cordes, derrière les barques retournées, dans l'obscurité des angles des murs. Et ils attendaient, là, sous la lune.

— Ce soir, nous l'aurons, disait le patrice Antenor. Nous l'aurons !

Antenor attendait. Les arcs étaient bandés. Les lances étaient dressées. Les guerriers avaient déjà l'épée hors du fourreau et les gardes tenaient fermement en laisse les molosses.

— Oui ! répétait Antenor. Elle viendra ce soir, la Licorne ! Elle viendra car elle ne peut résister, dit-on, au parfum d'une vierge. Elle s'avancera vers la jeune fille, la reniflera et se couchera à ses pieds. Alors nous pourrons nous jeter sur elle et la transpercer de nos flèches, de nos lames et de nos piques. Et ce sera mon plus beau trophée !

Et ils patientaient des heures et des heures. La fille gémissait, le visage baigné de larmes. Elle pleurait, les bras levés, et la lune allumait sous son pubis et ses aisselles une rosée de sueur odorante et brillante, apte à attirer la bête fabuleuse. Ils retenaient leur souffle. Ils guettaient le moindre signe, le moindre bruit de cavalcade sur le pavé. Jusqu'à l'aube, immobiles, patients, concentrés, prêts à la mise à mort. Mais jamais Licorne ne venait et aux premiers rayons de l'aube, dans le matin blanc, le patrice Antenor laissait éclater toute sa terrible colère. Il prenait son épée et, de rage de n'avoir pu tuer sa Licorne, il éventrait la vierge.

Et devant le corps ouvert de la pauvresse, le patrice grondait en levant son poing vers le ciel.

Chaque fois, pensait-il, c'était peut-être parce que celle-là n'était pas assez pure, qu'elle était, sans doute, vierge de chair mais peut-être pas assez vierge de cœur. Peut-être, se disait-il, que les filles de Marseille ont trop de rêves impurs, que même lorsqu'elles sont encore immaculées, elles ont trop le désir de ne l'être plus.

Mais il ne renonçait pas. Le lendemain, de nouveau, il envoyait ses hommes à travers les rues de Marseille défoncer les portes à la recherche d'une nouvelle vierge, et le soir, inlassablement, il offrait celle-ci à la corne de la Licorne légendaire. Et toujours, au matin, de rage, il éventrait la fille.

*

Le duc Mauronte entra dans la basilique en se signant. Des gabians survolaient ses trois nefs et chantaient sa gloire en des cris stridents qui se répercutaient contre ses colonnades et s'en allaient se perdre, au-delà des rochers, sur une mer d'un bleu de paon. L'évêque avait réussi, disait-on. Il avait convaincu le patrice de mettre un terme à sa folie. Antenor voulait se confesser lors d'une grande cérémonie de pénitence. Il voulait demander pardon à Dieu de toutes les vierges sacrifiées.

Mauronte cligna des yeux en passant de la lumière du jour à la pénombre de la basilique. Des cierges brûlaient dans les candélabres et leurs flammes chuchotaient dans les courants d'air. Sur les vitraux, le soleil se mourrait et coulait dans un pourpre jaunâtre et cireux. Au premier rang, un genou à terre, les mains jointes, se tenait le patrice Antenor. Il priait douloureusement devant la statue de Marie. Des lueurs fauves tremblaient aux angles de sa face carrée et sur sa crinière blonde.

Vêtu de la coule blanche à longues manches avec gland d'or au capuchon, la croix sur sa large poitrine, la tête coiffée de la mitre mérovingienne, Monseigneur Ignace paraissait dépassé par l'événement. Quand le duc Mauronte s'approcha pour lui baiser la main, il posa sur lui ses yeux globuleux, enfouis dans ses orbites trop rondes et trop creusées, posés là comme des jaunes d'œufs au fond de leurs demi-coquilles.

— Je ne voulais pas, dit-il. Je n'y suis pour rien. C'est lui qui a tout manigancé.

Mais la cérémonie devait commencer et le duc gagna rapidement les rangs où avaient déjà pris place quantité de ses pairs. Tous se retournèrent vers lui furtivement, avec des sourires gênés, et il crut que c'était parce qu'il était un peu en retard. Comme les autres, il chanta quand il fallait chanter et pria quand il fallait prier. Il remercia le ciel de lui avoir donné Blanche. Il remercia la Vierge que Marseille existe et demanda au Christ Roi de pardonner au patrice Antenor ses péchés.

Ce fut au moment de se présenter devant l'évêque pour recevoir la sainte hostie que le duc Mauronte commença à s'inquiéter. Monseigneur Ignace se pencha vers lui.

— Je ne pouvais pas savoir, dit-il. C'est sans malice que je lui ai parlé de Blanche.

— De Blanche ?

— Il faut résoudre cette histoire de Licorne, comprenez-vous ? Une bonne fois pour toutes...

Le duc Mauronte pâlit. Blanche ? Il l'avait laissée au château, sans grande surveillance. Elle était encore trop jeune pour assister à si longue cérémonie. Une main gantée de fer se posa sur son épaule. Antenor était devant lui. Avec ses grands yeux et son regard figé, son regard d'araignée d'eau.

— Seule votre fille, dit-il d'une voix traînante, seule Blanche est assez pure, vous le savez bien. Cette fois, nous ne pouvons pas échouer. J'ai demandé l'appui des saints, l'appui de la Vierge et du Christ. C'est un sacrifice nécessaire.

Mauronte hurla que personne ne toucherait à sa fille. Mais des mains le saisirent. Il voulut se débattre mais d'autres mains encore le maîtrisèrent. Il comprit que tous étaient complices. Les autres seigneurs, les corps constitués, les métiers, les marchands de Marseille, jusqu'aux prêtres et jusqu'à l'évêque, tous s'étaient entendus pour sacrifier Blanche afin de mettre un terme à la folie du patrice Antenor.

Blanche était là, sur le parvis, devant la basilique, attachée à un immense poteau enfoncé dans le sol. Mauronte cria son nom et elle se tourna vers lui. Son visage était doux et son sourire radieux. Elle n'avait jamais été aussi belle. Sous le voile qui la recouvrait, léger et ridé comme une eau, ses épaules, ses bras, sa poitrine, ses reins creusés avaient des lignes d'une grâce mouvante. Elle ne se cachait pas, ne tentait pas de dissimuler sa semi-nudité. Elle ne semblait pas avoir peur. Tout au contraire, elle se tournait vers la foule qui, repoussée par les gens d'armes, se massait sur l'esplanade, brandissant les images dorées des icônes, saint Lazare, saint Victor et Marie-Madeleine.

Suivi par un moine au crâne ras cerclé d'une couronne de cheveux qui brandissait une crosse de bois, Monseigneur Ignace s'approcha de Blanche. Il la bénit. Et puis, tous s'écartèrent pour dégager la place, pour laisser le passage à la Licorne qui, assurément, allait venir.

Le patrice Antenor et ses hommes se tenaient prêts. Certains étaient à cheval et d'autres à pied. Ils avaient sorti leurs glaives, leurs lances et leurs piques. Ils tenaient les molosses en laisse. Les vagues de sable qui venaient de la mer les enveloppaient d'une buée ambrée qui les effaçait à demi et les estompait sur l'esplanade en taches sombres et tremblantes. Tout le monde se taisait, même Mauronte qu'on avait bâillonné et qui gesticulait en vain entre les mains de ceux qui le maîtrisaient. Tout le monde retenait son souffle. Blanche était trop belle, trop pure, trop scandaleusement attirante pour que rien n'advienne. Mais il n'y eut, pendant de longues minutes, que les mugissements de la mer sur les rochers et, de temps en temps, les cris rauques des gabians, là-haut dans le ciel, au-dessus de la basilique.

Enfin, des bruits de sabots tombèrent des rues pentues, lointains d'abord, puis prenant peu à peu de la consistance. Ce fut, dans la vieille ville, comme un grand souffle de vent qui balayait les tuiles et les pavés. On sentit le sol trembler. Il y eut un instant suspendu. Même les oiseaux dans le ciel, même les vagues sur les rochers se turent quelques secondes. Et, brusquement, elle déboucha de la rue de Phénicie. Une licorne magnifique, haute de plus de six pieds, à la robe de neige. Sa corne d'ivoire tressée paraissait une lance immense. Elle s'arrêta, huma le vent en direction de Blanche. Et puis, soudainement, ce ne fut pas une mais vingt, cent licornes qui surgirent des rues adjacentes, de grands troupeaux affolés tourbillonnant avec le vent. Elles déferlèrent sur l'esplanade, renversant les hommes et les bêtes. Elles piétinèrent, sans distinction, les moines, les catéchumènes, les pénitents, les diacres, les ministres inférieurs et les prêtres en chasuble. Elles poussèrent à la mer les gens d'armes d'Antenor, ses soldats, ses piqueurs, ses veneurs, ses archers et l'ensemble de ses leudes Elles empalèrent l'évêque et le patrice en personne et exhibèrent leurs corps ensanglantés au reste de la populace qui fuyait à travers les rues.

Et quand elles eurent fini, qu'elles eurent tout nettoyé, les licornes vinrent une à une s'agenouiller aux pieds de Blanche. Elles la touchèrent du bout de leur corne. Elles la libérèrent de ses entraves. Elles se laissèrent caresser par la jeune fille. Et puis, sans se presser, à pas très lents, elles repartirent et sortirent de la ville.

CICATRICE

Elle a voulu s'en aller promener au cœur de Marseille, dit le conteur en fermant les yeux. Alors il l'a accompagnée. Ils marchent par les ruelles lustrées de mistral, traversent des petites places cuirassées de palais défraîchis aux armes d'anciennes familles. Leurs ombres allongées s'arquent et se perdent très haut sous les voûtes des passages couverts. Et puis, ils pénètrent dans le tumulte des marchés colorés, pleins de glapissements et d'appels, d'odeurs d'ail, de pourriture et d'aromates, de fruits, d'épices entassées, d'étoffes teintes, de verroteries et de chariots à bras. Malgré la sueur et la poussière, malgré le brouhaha incessant des palabres, des cris gutturaux des marchands, malgré les mouches, les quartiers de mouton et d'agneau saignant aux étalages, Blanche, la fille du duc Mauronte, promène sa jeune candeur, sa silhouette pâle et dorée. Elle a quatorze ans désormais. L'œil vif, d'un bleu d'eau de calanque, et dans chacun de ses gestes un ange qui danse. Et lui, Pacôme, le conseiller du duc depuis que celui-ci est devenu patrice, il lui court derrière ou bien devant, tente de la distraire, de la faire rire, d'attirer rien qu'un instant ses yeux sur lui. Il l'a connue toute petite. Elle est venue le chercher au milieu des collines. Depuis, elle lui occupe toute la tête. Mais avec cette balafre sur sa joue droite qui le défigure, maintenant qu'elle est presque devenue femme, pourra-t-elle jamais l'aimer ? Ne lui a-t-elle pas dit qu'elle le considérait comme un grand frère ?

Elle avance, étourdie par tant de couleurs et de bruits. Il la protège, repousse les obstacles, veille à ce qu'elle ne trébuche pas sur les sacs ouverts de henné, de santal, de pistaches ou de fèves, écarte en leur montrant sa cicatrice les gamins qui s'approchent de trop près. Surtout, il l'admire, fendant la foule de sa grâce magique. La traîne de sa robe ramasse la poussière des épices et sur sa chevelure se déposent les fleurs envolées des étals. Des marchands lui offrent des morceaux de melon, des écorces d'orange confite et des panisses dans des cornets dorés. Elle est si belle, pareille à une Vierge promenée dans une châsse. Si belle et lui si laid, avec cette balafre qui biffe son visage et rappelle la folie de ses jeunes années.

— Belle cicatrice, l'ami ! Veux-tu en connaître le secret ?

Un homme a coupé la route à Pacôme et l'invite à pénétrer dans une échoppe sombre dont le seuil est encombré de vieux livres, de jarres et de barriques. C'est un personnage curieux, en tunique jaune et veste rouge à feston d'or. Il a le nez pointu, l'œil perçant, une barbe fauve et avec ça de l'embonpoint et un sourire par en dessous. Pacôme a horreur que l'on fasse allusion à la balafre qui le défigure. Il repousse le drôle avec un juron.

— On m'appelle le Syrien, dit l'homme en revenant à la charge. Syrien de rite melkite, marchand de tout et de rien. Je vends des livres et de l'huile.

— Drôle d'association, remarque Pacôme.

— J'ai toutes sortes de livres, Messire, et toutes sortes d'huiles. Attendez-moi un instant !

L'homme s'engouffre dans sa boutique et ressort avec un vieux grimoire qu'il tapote pour en ôter la poussière.

— C'est le *Traité des balafres et des cicatrices*, écrit par Hiram de Tyr, celui qui a coulé les parties en bronze du temple de Jérusalem à la demande de Salomon.

Pacôme hausse les épaules. Il a lu tant de livres, déjà.

— Regardez le croquis de la troisième page. Ne croirait-on pas le sillon qui laboure votre visage ?

Pacôme doit bien reconnaître qu'il y a quelques ressemblances. Comme l'homme se recule dans l'ombre, il est bien obligé de le suivre. Il prend l'ouvrage des mains du marchand et examine attentivement le dessin. Même couleur, même tracé, emplacement exact : c'est bien sa balafre. La page de droite est couverte d'une petite écriture serrée dans un alphabet qu'il ne connaît pas.

— C'est de l'araméen, dit le Syrien, devançant la question. Il y est dit que votre cicatrice est une plaie d'amour, de celle que l'on se fait pour se protéger des femmes. Et il est indiqué aussi le subtil mélange d'huiles dont vous pourriez frotter votre blessure pour la faire disparaître.

— M'en débarrasser à jamais ?

— Hélas, non ! Seulement la faire disparaître... de votre visage. Car une fois frottée par cette huile magique, pendant quelques minutes, votre cicatrice pourra se déplacer. À vous de la glisser à l'endroit qu'il vous plaira !

— Faire glisser la cicatrice ? Mon Dieu, comme cela doit être amusant !

Blanche est sur le seuil de la boutique. Elle bat de ses cils lourds pareils à des branches chargées de neige et, dans le mouvement, dérange les particules de poussière qui dansent dans les rais de soleil. Pacôme est subjugué tant elle est sublime ainsi, entre l'ombre et la lumière, à contre-jour, dans sa robe de vertige.

— Voici l'huile, dit le Syrien brandissant un flacon. Pour cinq pièces d'or, elle est à vous.

— Cinq pièces d'or !

L'homme redouble de courbettes et émet de nouveau son petit rire gêné.

— C'est que ce n'est pas n'importe quel mélange, Messire ! De l'huile issue d'olives qui assistèrent à l'arrestation de Jésus dans l'oliveraie de Gethsémani, rehaussée de trois gouttes de l'huile extraite du rameau d'olivier que portait dans son bec la colombe qui annonça à Noé la fin du déluge !

— Allons, Pacôme ! dit Blanche en battant des mains. Cela va être si amusant !

Si cela lui fait plaisir, alors il n'hésite pas. Pacôme donne les pièces. Le Syrien verse l'huile sur la plaie. Puis, devant eux, il renverse un sablier.

— Voilà, dit-il. À vous de déplacer la cicatrice. Vous n'avez que le temps que le sable s'écoule.

— Oh ! Laisse-moi faire ! s'écrie Blanche. C'est tellement drôle !

Et la voilà qui s'enduit les mains d'huile, qui plonge ses doigts au cœur de la balafre de Pacôme. Elle s'agenouille, tire à droite et tire à gauche en poussant des petits gloussements de plaisir et la balafre descend vers le cou, glisse vers l'épaule. Sur les parois des cuves d'huile, Pacôme aperçoit le reflet de son visage délivré. Creusé, bien sûr, ridé et à demi brûlé par tous ces jours passés jadis dans le désert, mais désormais délivré de sa cicatrice. Il sent les mains de Blanche. Elles ne se contentent plus de nettoyer la plaie, comme autrefois, elles sont dans sa chair même. C'est le moment, le moment ou jamais de lui parler de cet instant où il l'a choisie, elle, à la place de Dieu.

— Blanche, dit-il, je t'aime ! Je t'aime depuis ce jour où tu m'as ramené de la garrigue.

D'abord, elle rit. Puis, quand elle comprend que ce n'est pas une plaisanterie, elle se relève. Ses grands cils battent l'air comme un oiseau qui cherche à fuir.

— Moi aussi, je t'aime bien, dit-elle. Tu m'as appris tant de choses… dans les livres… et là-haut dans les pierres et sous le soleil. Tu as ouvert mon âme…

— Blanche… veux-tu devenir ma femme ?

— T'épouser ? Mais ce n'est pas possible, Pacôme.

— Mais pourquoi ?…

— Parce que je t'aime comme un grand frère… pas comme un mari…

Elle sourit. Des lueurs fauves dansent dans la douceur de ses yeux brouillés. Elle pousse un petit soupir comme pour déposer une charge trop lourde. Elle époussette des particules de paille qui se sont déposées sur sa robe, redresse son port de tête, lui sourit encore, puis, dans un mouvement charmant d'épaules, elle lui tourne le dos et sort dans la lumière du jour et le tumulte du marché.

— C'est fini, dit le Syrien en regardant tomber les derniers grains de sable. Le temps s'est écoulé.

Pacôme acquiesce gravement. Sur la paroi de la cuve, son visage se montre pour ce qu'il est : celui d'un homme qui a connu le jeûne et la souffrance, sous le soleil, pendant des mois interminables. C'est un visage creusé, un visage d'homme seul. Mais plus aucune balafre ne court de la tempe à la lèvre. La cicatrice est maintenant placée plus bas, là où les mains de Blanche l'ont laissée. En travers de son cœur.

CUPIDONS

Le premier grelotte, rose de froid, dans le dénuement des quinconces, les joues laquées de rouge et les fesses plâtrées de talc. Le coup part si fort que la flèche ripe, d'un bruit sec, sur l'omoplate. Il tombe le ventre à terre. Il fait un effort pour se relever sur les coudes, tend le gosier en avant pour avaler de l'air, puis, avec un hoquet, lance un flot de sang par la bouche et meurt sans crier, sans comprendre.

La lune est belle, ce soir, sur les jardins du palais de Mauronte. La chandelle brille dans la chambre de Blanche, au sommet de la tour.

Le duc guette. Le duc court. Il fuit par les allées, joyeux, hirsute, les oreilles en pointe dressées, sa barbe et sa chevelure sous le doré des rayons de la lune. Derrière la margelle du puits, cet autre est si mignon, le cheveu blond frisé, avec ses jambons dodus, sa chair poupine et son sourire et ses fossettes. Mais sur son petit arc, la flèche est déjà dans son encoche. Ah, la crapule ! Chlac ! Transpercé d'un seul coup !

Sous les arbres à demi défeuillés, les statues frissonnent sous le vent du soir. Le duc court et son ombre, immense, le précède, dans son déguisement d'archer, se fend, se brise sur les dalles rectangulaires des jardins en étages, se plisse en accordéon sur les marches qu'il descend. Le suivant, un beau poupon assis sur un banc qui médite derrière la fontaine cachée sous les pins bleuissants : chlac ! Cet autre, les joues pleines et tachées de son, appuyé contre l'un des lions de pierre qui veillent à l'entrée de l'escalier : chlac ! Cet autre qui semble avoir compris et qui court, affolé, sur la pelouse, tenant dans ses mains grassouillettes l'ampleur débordée de ses chairs : chlac ! Un autre, au teint de viande crue, les joues tendues, enflammées comme un derrière de singe et malgré cela, des étonnements d'enfant : d'une flèche ! En plein cœur ! Il les abat, les uns après les autres !

Le duc court dans les grandes allées. Ses bottes crissent sur le gravier. Sa cape lui fait des ailes. Là-bas, cet autre, exposant à la lisière de l'ombre le dessin rond de sa silhouette de porcelet. C'est plus difficile parce qu'il a vu l'homme venir et le fixe. Une somnolence décolore ses yeux. Ses paupières traînent comme des loques sur ses yeux encore souriants. Mais c'est pour protéger Blanche ! Pour la garder enfant ! Alors, le duc n'hésite pas. De sa main sûre, il fouille dans le carquois. Et chloc !

Parfois, le duc se tait dans le gémissement faible des feuilles sous le vent ; il s'immobilise dans la cire veloutée du clair de la lune et il regarde vers la chambre de Blanche, là-haut, au sommet de la tour. Ne voient-ils pas que ce n'est encore qu'une toute petite fille ? Ne comprennent-ils pas qu'elle est encore trop jeune ?

C'est le soir que les cupidons, à l'heure où dans la savane les bêtes sauvages partent en chasse, tournent autour des filles avec leur petit arc et leurs flèches empoisonnées. Alors, c'est le soir que les pères les traquent. Là ! Dans les fourrés, une cuisse potelée, creusée d'ombres, qui tente de se dissimuler sous les feuilles. Il bande l'arc ! Chlac ! Ceux-là, c'est plus facile, parce qu'ils sont laids, le flasque de la cuisse à l'air, les fesses pleines de plis, gras comme des eunuques. Il boit un long trait à sa gourde, s'essuie les lèvres du dos de la main et les ajuste. Chlic ! Chloc ! Chlac ! Un, deux, trois ! Ils roulent dans les aiguilles de pin sans comprendre, l'œil effaré, tenant encore leurs petits arcs dans leurs mains.

Trop jeune ! Blanche est trop jeune ! Demain, peut-être, ou, tiens, qu'ils reviennent après-demain !

Et puis il l'aperçoit, celui-là, le dernier, qui grimpe par le lierre jusqu'à la chambre de Blanche ! Croit-il qu'il ne l'a pas vu ? Pense-t-il vraiment qu'il va le laisser faire ? Le suivre de branche en branche. Monter lentement derrière lui, dans le sillage de ses cuisses luisantes et, tout en haut, au moment où il bande sa flèche, bondir sur lui et lui trancher la gorge comme on saigne un cochon. L'angelot chute sur le sol. Le duc se penche par la fenêtre. Blanche se meut. Ah, Blanche ! Ah, le rythme sourd, le mouvement mélodique, la cadence de Blanche ! Des gestes à la lisière du visible et de l'invisible. La grâce la suit, la précède et l'habille. Mais que fait-elle ? Elle sourit ? Elle est gaie ? Serait-elle amoureuse ? Le duc gronde. Il tend l'oreille au cas où elle lâcherait le nom du tourtereau. Blanche se meut sous la chandelle. Et, quoi qu'elle fasse, la lumière change et prend, autour d'elle, une autre consistance. Elle va jusqu'au prie-Dieu, s'agenouille.

— Ô Christ, mon amour ! Je suis à toi.

Le duc, de surprise, lâche prise et tombe à son tour dans le vide. Il roule dans les feuilles, se relève, s'époussette. Un amoureux ! Elle a un amoureux ! Jésus ou un autre, qu'importe !

— Elle est trop jeune ! Trop jeune ! hurle-t-il en brandissant son poing vers le ciel où la lune l'observe de son œil d'ennui.

Il prend son arc, cherche à tâtons une flèche dans la rosée. Et pourquoi ne pas l'abattre lui aussi, celui-là qui, là-haut, veut lui prendre sa fille ? Pourquoi ne pas le transpercer comme les autres ?

Avec une force décuplée par la rage, il bande l'arc jusqu'à la rupture et met en joue le ciel, bien à la verticale. Il lâche la corde dont la vibration secoue ses os comme des osselets. La flèche monte, monte, se perd dans les nuages. Le duc cherche à la suivre. La lune est belle sur la mer. Les statues trempées dans son huile sèchent dans le vent du soir et lâchent sur les pierres des allées des gouttes en auréoles grasses. Le temps paraît interminable. Et puis, ayant fini sa course courbe, la flèche réapparaît. Elle descend en pente raide à une vitesse phénoménale. Le duc Mauronte n'a que le temps de comprendre que la flèche le vise. Il s'écroule sur le sol, le cœur transpercé, un œil affolé jeté vers la fenêtre de Blanche.

BLANCHE AU BAQUET

Le feu qu'Agathe, la servante, a enfin réussi à allumer lance de longs reflets rouges qui lèchent les grains de mica aux murs. C'est une grande pièce ceinturée d'ombres, éclairée pourtant d'une cheminée dans laquelle flambe un feu magnifique, avec, en son centre, un baquet rond en bois que la servante a patiemment rempli d'eau chaude. Quand la fille du duc Mauronte est entrée, Agathe n'a pas trop fait attention à elle sur l'instant. Mais dès que Blanche s'est assise sur le banc, Agathe a senti que le sang lui venait aux joues et elle n'a pas compris pourquoi. Mon Dieu, comme elle a changé ! C'est une petite femme, maintenant ! Blanche a remonté ses genoux et tient ses jambes dans le cercle de ses bras joints. Elle a encore sa robe, son voile et ses sandales, et l'on devine à peine ses formes sous le tissu. Elle fait signe à la servante et Agathe s'approche, verse les derniers seaux dans le baquet fumant. À chaque regard dérobé qu'elle porte sur Blanche, son cœur s'emballe et elle ne comprend vraiment pas pourquoi. Blanche la remercie d'une voix transparente et Agathe se retire, sans un mot, le visage fermé, du pas d'oie que lui impose la charge des deux grands seaux qu'elle porte à bout de bras.

Ce n'est qu'ensuite, à l'abri de la cheminée, qu'elle se pose et l'observe. Blanche lève les bras pour désunir et dénouer sur sa nuque les plis serrés de son voile. Ses deux bras forment une courbe parfaite, dessinent un médaillon où son profil s'incruste. Le mouvement l'oblige à avancer légèrement le menton et révèle l'ovale de son visage. Le voile tombe lentement. Agathe sent que ses genoux tremblent, que sa gorge s'assèche. La fille du duc Mauronte est devenue jolie, sans doute – un front un peu bombé, un nez très fin, à peine dessiné, des cils recourbés et des lèvres relevées – mais ce n'est pas ça, pense Agathe, ce n'est pas que ça ! Elle ressent le besoin de s'appuyer contre la paroi de la cheminée. Elle ne veut plus rater un instant de ce qui va se passer. Blanche range ses vêtements un à un sur la chaise, découvre peu à peu son corps menu. On dirait, pense Agathe, un petit oiseau déposant, avant de se baigner, chacune de ses plumes dans les roseaux. Elle est maintenant en chemise. Elle en soulève les bords de ses deux mains. Elle découvre une jambe fine et bien faite. Elle enjambe le baquet. Elle se laisse lentement couler dans l'eau.

Agathe porte ses mains glacées à ses joues brûlantes. Elle en a vu, des filles ! Mais jamais comme toi, non, jamais comme toi. Elle cherche à regarder ailleurs. Elle suit les reflets rouges que lance le feu dans la cheminée et qui se répandent sur les dalles. De grandes traînées qui coulent jusqu'à la fille et grimpent jusqu'à ses paupières baissées. Qu'elle est belle !

Blanche se lave. De l'eau ruisselle sur sa poitrine. L'eau plaque le tissu de sa chemise contre sa peau, révèle la pointe de ses petits seins. La fille du duc a les yeux fermés, les paupières ourlées de rouge, sa main gauche posée sagement sur les rebords de la cuve en bois. Le rond de ses épaules, les lignes claires de ses reins, en contre-jour des flammes, se détachent avec une netteté magique. Il y a un tel subtil équilibre d'innocence et de sensualité dans cette silhouette luisante de vapeur.

Regarder les flammes. Se concentrer sur leur danse sur le mur. Mais là-bas, c'est encore l'ombre de Blanche dans son baquet. C'est encore elle qui se projette, dans cette silhouette noire et gigantesque qui monte jusqu'au plafond.

La fille du duc Mauronte n'en finit pas de jouer avec son éponge. Sa main disparaît, réapparaît dans la buée. Chante-t-elle ? Chantonne-t-elle ? Non. Blanche a les lèvres closes. Mais quelque chose chante pour elle dans le silence. Le bruit de l'eau remuée peut-être, le crépitement des bûches dans le feu, les bijoux secoués de ces grandes ombres bohémiennes qui dansent contre les murs en tapant du talon ? Les battements du cœur d'Agathe ?

Blanche semble flotter, tout entière dans le mouvement des volutes de la chaleur, comme elles emportée, ballottée sous les caprices des flammes. Elle fume, dans sa cuve, le buste penché légèrement vers l'eau, presque à basculer. Ses petits tétons, tout emperlés de gouttes d'eau, percent le linge collé à sa peau.

Agathe, les yeux ouverts vers le plafond, tendue, exaltée, écoute la sarabande des ombres qui se cognent lourdement aux murs et au plafond. Elle les observe, ces ombres qui dansent autour de Blanche, la frôlent, l'embrassent du bout des lèvres, la caressent. La fille du duc Mauronte lui tourne le dos, ne la voit pas. Agathe étend le bras devant les flammes. Sa main émerge, là-bas, sur le mur, au milieu du jeu des ombres. Elle peut toucher la silhouette mouvante de la baigneuse. Mais elle retire son bras, épouvantée. Elle est sûre qu'à ce jeu-là, elle y laissera son âme. Il ne faut pas toucher Blanche directement !

Agathe s'approche des bûches sur le porte-bois, devant la cheminée. Elle se saisit d'une petite souche, aux racines coupées, la lève lentement et son ombre sur le mur s'ouvre comme une fleur. Ne dirait-on pas quelque faune qui vient se mêler à la danse des flammes ? Et en la retournant, ne dirait-on pas une tête affublée de cornes ? Agathe prend une autre souche, bouge les bras. Le faune, là-bas sur le mur, s'agite et touche Blanche. En combinant les deux ombres, le faune prend de l'ampleur. Il se détache, souverain, majestueux, cruel. Là, sortant de la masse confuse, son sexe se dresse. Cela fait sourire Agathe. Le faune est en rut maintenant, il se jette sur la baigneuse. Chante-t-elle encore, la fausse innocente ? Feint-elle d'ignorer ce que sa pureté provoque, ce que sa naïveté excite ? Voilà le faune qui la saisit par les épaules, la retourne ! Le voilà qui menace de sa virilité triomphante cette effrontée !

— Malheureuse !

Le duc Mauronte est entré d'un pas décidé dans la pièce. Il arrache les morceaux de bois des mains d'Agathe. Il les jette dans le feu. Blanche, surprise, tourne la tête. En découvrant son père, elle pousse un cri, protège sa poitrine du paravent de ses deux mains jointes.

— Blanche ! N'aie pas peur. Ce n'est que moi !

Mais sur le mur, devant les yeux effarés d'Agathe et du duc Mauronte, le faune ne renonce pas. Il se tord, il éructe, il continue sa danse de sabbat. Il ne veut pas lâcher sa proie ! Le duc est pétrifié. Se peut-il que la servante voie la même chose que lui ? Mauronte a saisi la pelle et il tente de casser la construction des bûches dans l'âtre. Mais sur le mur, le faune se déchaîne. Il tient solidement Blanche. Il cherche à abuser d'elle. Il ne veut pas renoncer au plaisir final qu'on lui a promis et dont on veut maintenant le priver. Et Blanche, dans son baquet d'eau, regarde sans comprendre ces deux silhouettes devant elle, celle de son père qui frappe les bûches comme un forcené et cette autre, celle de la servante, immobile, foudroyée, incapable de détacher ses yeux de l'ombre sur le mur qui ne veut pas cesser sa danse de luxure.

PHILTRE D'AMOUR

Si vous étiez un simple promeneur, Monseigneur, et que vous vous rendiez à Marseille, dit le conteur, vous ne pourriez pas la manquer.

Empaquetée dans ses haillons, roulée dans ses nippes sales dont les morceaux pendent comme des lambeaux de voiles d'un bateau démâté, elle tangue, la vieille Mérofled. Sur l'esplanade, l'œil enflammé, la bouche édentée, elle tend la main et demande l'aumône. Mais elle fait peur quand elle parle toute seule, quand elle se retourne et se querelle avec ce quelqu'un qu'on ne voit pas. Ou alors quand elle fait ces gestes bizarres : quand elle se plaque contre le mur, jambes et bras écartés, qu'elle reste là, à haleter, à geindre, à maudire, à cracher, tout le corps ballotté.

Voulez-vous connaître son histoire ? Savez-vous qu'elle est jeune encore, malgré les apparences ? Voulez-vous savoir comment son destin a basculé le jour où elle a croisé Blanche ?

D'abord, enchaîne le conteur, il faut l'imaginer, en ce jour de mai, dans la nef de Saint-Victor toute rousse de lumière. Mérofled s'ennuie. Ses regards se perdent jusqu'aux croisées d'ogives qui se cachent orgueilleusement dans les hautes ombres de l'église. Et c'est alors qu'elle voit entrer les nouvelles. Elles apparaissent, vêtues de blanc, buisson de papillons. Une poussière blonde soulevée par le mouvement des robes les accompagne dans un léger nuage. C'est tout un brassage de voiles, une chorégraphie somptueuse de tentures soulevées, battues de vent, de grands effets de bleu et de blanc. Les novices, en longue jupe immaculée, se pressent pour assister à la deuxième messe de la journée. Dans l'imitation de la Vierge Marie, selon l'observance qu'a instaurée, au début du siècle précédent, la sainte abbesse Tilisiola, elles portent toutes le voile tombant jusqu'à la taille et une ceinture dorée bas sur leurs hanches frêles.

Blanche est parmi elles. Mérofled la voit venir, éblouissante dans l'ouverture de la porte, découpée dans la lumière déversée à flots du ciel sans nuages. Elle la repère entre toutes. Elle semble flotter, tout entière dans le mouvement de ses cheveux blonds dénoués sous la coiffe, comme eux emportée, ballottée sous les caprices de son léger déhanchement. Mérofled la voit, entre toutes les filles, et en reste bouche bée, un soupir dans ses poumons arrêté.

Il faut l'imaginer plus tard, ajoute le conteur. Mérofled, dans l'air doux, à faire la sieste, à demi nue, fenêtre ouverte sur le ciel, vêtue de l'ombre transparente du clocher, habillée par le bruissement soyeux du vent sur les tuiles rouges. On la cherche peut-être. Elle s'en moque. Elle pense à Blanche. Là, dans sa cellule, seule, paupières mi-closes, Mérofled et sa main perdue à se toucher du bout des doigts, tout entière offerte et livrée au vertige et à la paresse, à se cabrer dans le péché, à jouir du sacrilège, sans qu'aucune malédiction tombe de ce ciel si bleu où s'étirent maintenant des effilochés de nuages blancs.

Et puis, soudain, elle l'aperçoit. Il est là, posé sur le rebord de la fenêtre : un petit démon très laid et rabougri, l'œil mauvais, le sourire cruel. Un mélange de pruneau et de gnome. Elle pousse un cri, remonte le drap sur elle.

— Tu peux continuer, dit-il. Cela ne me gêne pas.

— Va-t'en ! crie-t-elle. Va-t'en ou j'appelle la mère supérieure !

Il ricane.

— Cela ne servirait à rien, tu sais, dit-il. Il n'y a que toi qui peux me voir.

Elle se lève, agite les bras, joue à l'épouvantail. Alors il s'envole. Il ricane encore un peu et puis, en deux, trois mouvements secs d'ailes, il disparaît derrière le clocher.

Cette fois, Monseigneur, il faut imaginer les jeunes filles au bord de l'eau, sur les roches plates derrière le quai romain. Mérofled s'est arrangée pour être tout près de Blanche. La première déchaussée, la première à retirer sa couronne de fleurs et à tremper ses pieds dans l'eau fraîche, elle regarde la fille du duc Mauronte qui là, juste à côté d'elle, tâte l'eau d'un pied précautionneux et rit d'un rire bleu, d'un rire blanc, où s'impliquent à la fois ses grands yeux et ses jeunes dents. À l'observer ainsi, Mérofled se sent gagnée d'une exaltation trouble où se mêlent la jubilation pure, puissante, presque inquiétante que quelque chose de fort, d'enivrant vient d'entrer dans sa vie et, tout au fond, une angoisse sourde, animale, qui la terrorise. Et quand, les pieds rafraîchis, Blanche s'assoit à côté d'elle sur le rocher et lui sourit, Mérofled ressent une immense chaleur qui lui coule dans les veines et monte jusqu'à surchauffer ses joues, jusqu'à mettre son cerveau en ébullition.

— Tu as encore les pieds mouillés, dit Mérofled d'une voix qu'elle voudrait neutre. Veux-tu que je te les essuie ?

Elle ne laisse pas à Blanche le temps de répondre. Elle s'accroupit avec une grâce de chatte, lui saisit les mollets, la force, d'un petit mouvement d'épaules, à s'allonger un peu plus sur la roche. Elle soulève un coin de sa robe pour s'en servir de serviette et découvre ses jambes. Blanche, surprise, a légèrement rougi, mais elle se laisse faire. Un soupçon l'effleure qu'elle ne devrait pas se laissait toucher par cette fille, mais le soupçon s'agite dans des profondeurs si lointaines qu'elle n'en perçoit qu'à peine les remous.

Mérofled lui flatte le dessus et la plante des pieds, avec des gestes lents, la paume bien posée, massant bien plus qu'elle n'essuie. Elle ne cesse de lui sourire, de converser, pour détourner son attention et donner le moins d'importance possible à cette caresse qui s'éternise. Et tout en parlant du soleil et des nuages, du chant des cigales, des reflets sur l'eau, elle ne cesse d'observer Blanche, de l'envelopper de son regard doux et chapardeur, de tout lui prendre, de tout lui voler : les paillettes dorées dans ses pupilles bleues, le rose nacré de ses lèvres ouvertes, le dessin fragile de ses seins blancs, joliment perchés, qu'elle devine sous l'étoffe. Et quand elle éprouve la sensation, dans sa paume, non pas que Blanche va lui retirer son pied mais que lui en vient la pensée, elle lâche aussitôt prise, laissant à la novice, si elle le souhaite, la possibilité de tout arrêter, espérant que cela suffira à la rendre honteuse de s'être crue captive et, ce faisant, à la garder encore un peu sa prisonnière.

— Je crois que nous allons être de bonnes amies, dit-elle.

Mais sa voix, cette fois, n'a pas été aussi claire qu'elle l'aurait souhaité. Mais son regard, cette fois, n'a pas eu la légèreté qu'elle aurait voulue. Blanche comprend alors, sur l'instant, qu'elle est en grand danger. Elle retire son pied. Elle se redresse, repousse Mérofled.

— Je ne veux plus que tu me parles... je ne veux plus que tu me touches.

Cette fois, Monseigneur, il faut imaginer Marseille ou plus exactement ce quartier très particulier qu'on appelle le Panier. Il y a là des lacis d'escaliers qui grimpent, s'emmêlent et font des nœuds, des enfants à demi nus qui jouent dans la rigole au milieu des ruissellements d'urine, des vieux aux regards immobiles, comme durcis par le vent, qui veillent depuis la nuit des temps et, aux portes des maisons, des femmes aux yeux peints, habillées de robes criardes, qui attendent les marins égarés. De temps en temps, à travers les jalousies des fenêtres grillagées, on aperçoit des statues de la Vierge et des images saintes. Il y a des cours aussi, cachées derrière des portes, où des linges sèchent accrochés à des fils, où des marmites chauffent sur de petits feux, où des nattes sont étendues au sol sur lesquelles des hommes dorment et d'autres jouent aux cartes. Imaginez la jeune Mérofled face à une belle femme, une Espagnole haute, droite, bien campée, jupe longue et poitrine bombée serrée dans un étroit sarrau. Elle fume une longue pipe de jasmin garnie d'ambre et porte une veste de velours brodée.

— Tu as l'argent ? demande-t-elle.

Mérofled tend la bourse. La femme la jette à une gamine sale qui compte pour elle les pièces. Puis, elle soulève sa robe et prend, dans la poche de son jupon, le flacon.

— Il faut que tu y glisses un de tes cheveux et une rognure d'ongle... As-tu bien réfléchi ? C'est un philtre très puissant. La personne qui boira cela te sera attachée à jamais. Elle te suivra partout comme ton ombre. Elle te réclamera sans cesse des caresses. Elle sera ton esclave mais tu seras aussi la sienne.

Encore un effort, Monseigneur, dit le conteur en regardant Youssouf dans les yeux. Cette fois, il faut imaginer Mérofled à l'entrée du réfectoire. Elle bouscule les autres pour s'asseoir à côté de Blanche. La jeune fille tressaille quand elle l'aperçoit mais elle ne change pas de place. La mère supérieure réclame le silence puis incite les filles à réciter le bénédicité.

— Faisons la paix, glisse à voix basse Mérofled. Soyons simplement de bonnes amies.

Mais Blanche ne répond pas. Et quand la mère supérieure demande des volontaires pour aller couper le pain, elle est la première à se lever. Mérofled en est peinée. Il n'y a donc pas d'autre solution que celle du philtre d'amour. Elle sort le flacon, en verse quelques gouttes dans la timbale de Blanche. Personne ne l'a vue. Elle se lève à son tour, se propose pour monter sur l'estrade et lire un passage des Évangiles. Elle guette le retour de Blanche. Mais la place est toujours vide. Vide ? Non, quelqu'un est venu s'asseoir !

— Je voudrais que nous fassions la paix, dit le démon. Soyons simplement de bons amis.

Il est là, plus ricanant que jamais, noir et poilu, sale et ridé. Il est assis à la place de Blanche et il tient, dans sa main, sa timbale.

— Non ! crie Mérofled. Ne fais pas ça !

Elle se précipite vers lui. Mais le démon saute de la chaise avant qu'elle ne l'attrape et il part se cacher sous la table de la mère supérieure. Celle-ci s'est levée.

— Eh bien, Mérofled, avez-vous perdu la tête ?

Mérofled ne l'écoute pas. Elle regarde, effrayée, le démon, là, entre les jambes de la sœur. Il lui adresse un clin d'œil et il vide d'un trait le contenu de la timbale.

Voilà, Monseigneur, nous pouvons revenir à notre point de départ. Un peu de vent tiède, salé, venu de la mer, commence toujours, vers les six heures du soir, à se faufiler dans les rues de Marseille, donnant l'illusion faible d'une fraîcheur lointaine. C'est toujours à ce moment-là que l'on voit passer Mérofled, la folle de l'esplanade. Avec ses voiles en lambeaux, entortillés autour de ses membres secs, son œil enflammé, sa bouche édentée, elle tend la main et demande l'aumône. Mais qui oserait s'approcher d'elle quand elle parle toute seule, quand elle se retourne et se querelle avec ce quelqu'un qu'on ne voit pas ? Ou alors quand elle fait ces gestes bizarres : quand elle se plaque contre le mur, jambes et bras écartés, qu'elle reste là, à haleter, à geindre, à maudire, à cracher, tout le corps ballotté, comme si quelqu'un s'accouplait avec elle ? Quelqu'un qu'elle ne pourrait pas repousser et qui réclamerait d'elle sans cesse des caresses…

Vous la connaissez maintenant, son histoire. Vous savez qu'elle est jeune encore, malgré les apparences. Vous savez que son destin, comme celui de nous autres, a basculé le jour où elle a croisé Blanche.

IX

Les contes d'Ibrahim

Où Eusébie se pose des questions sur Blanche. — Où Childebrand n'entend pas se laisser faire. — Où Mauronte reçoit un coffre en cadeau. — Où Al-Andalus danse avec les mots d'Al-Contrucci. — Où l'on suit avec inquiétude le vol des papillons. — Où l'on aide celles de la basilique à s'évader. — Où l'on feuillette des oiseaux-livres.

1.

Blanche pouvait-elle être cet oiseau de lumière, cet ange descendu du ciel, cette flèche d'une course si pure qu'elle crèverait les nuages qui s'amoncelaient sur Marseille et déclencherait les grands orages que tous attendaient ? se demandait l'abbesse Eusébie.

Après l'enlèvement de Blanche, Eusébie et ses nonnes avaient gagné la mer et s'étaient réfugiées derrière les murs du couvent dont la communauté disposait à l'embouchure de l'Huveaune. La bâtisse était austère, sans confort, mais protégée par une enceinte et surmontée d'un clocheton qui permettait de repérer de loin tout visiteur. On n'y accédait que par des chemins compliqués, dangereux car la zone était marécageuse. C'était de plus un endroit consacré où nul homme en armes ne pouvait en principe pénétrer. L'abbesse s'était préparée à ce que le duc Mauronte, dès l'annonce de la fuite de Blanche, tente de la récupérer, mais il n'en avait rien été. Elle avait reçu une nouvelle lettre du patrice. Il savait que sa fille ne pouvait prononcer ses vœux avant le mois de mai. D'ici là, expliquait-il, le couvent des Cassianites était pour elle une prison bien plus sûre que le palais. De celle-là elle ne désirait pas s'évader. Et, ajoutait-il, mystérieux, en ces temps troublés où de graves décisions devaient être prises, elle y était sans doute plus en sécurité qu'ailleurs.

Blanche mangeait avec les autres dans le réfectoire. À chaque fois qu'elle observait son visage, l'abbesse s'étonnait de ne le découvrir protégé par aucun sourire de défense, aucun froncement de sourcils, aucun plissement ironique des yeux. Cette transparence la déstabilisait un temps car sa science des êtres reposait tout entière sur sa capacité à déchiffrer les signes de fausseté. Mais l'abbesse n'était pas dupe de la faiblesse de Blanche. Elle savait, au même instant, à l'affronter, que cette candeur qui s'offrait, que cette ingénuité qui s'avouait était une arme bien plus formidable, un bouclier de lumière sur lequel toutes les flèches, même les plus habiles, pouvaient ricocher. C'était là quelque chose qui puisait à cette force miraculeuse qui, dans les arènes romaines, détournait les glaives et les lances des vierges martyres et obligeait les lions du cirque à baisser l'échine et à ronronner comme de gros chats.

— Pourquoi l'as-tu fait venir ? demanda Eusébie. Qu'espères-tu, ange maudit ?

Il se tenait derrière elle. Son souffle chaud courait sur sa nuque et ses mains lourdes s'étaient posées sur ses hanches. Il se laissait aller contre elle dans un balancement de barque qui tire sur son cordage. Le désir sourdait en Eusébie et, de honte, les larmes lui venaient aux yeux.

— Il n'y a plus qu'à attendre, ma belle, chuchota-t-il de sa voix grondante et souterraine. La catastrophe est imminente. Blanche va attirer le malheur comme l'agnelle attachée dans la clairière attire la bête sauvage.

2.

Des oiseaux noirs rayaient les nuages blancs au-dessus du palais de Childebrand, y traçaient des sillons avec l'application de plumes sèches grattant l'épaisseur des parchemins. Dans la cour toute ridée d'ornières de chars et de carrioles, toute pleine d'une boue durcie par d'innombrables piétinements, des hommes, le visage rougi, crevassé par le froid, déchargeaient à la fourche la paille d'une charrette. Des bœufs rentraient du labour, le mufle soufflant, les cornes basses, de la terre jusqu'au milieu du ventre. Plus loin, des valets faisaient marcher lentement des chevaux, en rond, pour les rafraîchir avant de les laisser boire.

Childebrand quitta la fenêtre et s'assit nerveusement. Depuis l'annonce par l'évêque Abdalong de la fuite au couvent de Blanche, il ne décolérait pas. Il se cala les reins au creux du fauteuil et allongea les jambes devant lui, puis il regarda de plus près le portrait de la fille du duc Mauronte dessiné sur le médaillon qu'il s'était fait acheminer en secret depuis Marseille. Il ne quittait pas des yeux le bijou, buvait Blanche à petites lampées, comme l'on sirote un breuvage, dans un mélange d'exaltation et de légère ivresse.

On annonça la délégation des évêques et il fit signe de les laisser entrer. Il ne les craignait pas. Si, pendant longtemps, ceux-ci avaient été choisis parmi les membres des vieilles familles gallo-romaines et, de père en fils, s'étaient succédé sur le même siège, formant de ce fait une véritable aristocratie épiscopale apte à s'opposer au pouvoir séculier, depuis Pépin de Herstal, c'était dans l'entourage du palais qu'ils étaient recrutés, parmi les proches du roi et de son maire.

— Eh bien ? demanda Childebrand d'une voix impatiente. L'entrée au couvent de Blanche fait-elle obstacle à mon projet de mariage ?

Ils parlèrent les uns après les autres, tantôt confus, tantôt obséquieux, pour conclure tous qu'après avoir examiné le point de théologie soulevé, ils étaient d'avis que rien dans les Écritures ne s'opposait à ce que l'on s'en aille chercher la promise jusque derrière les murs du couvent. Seul Eucher d'Orléans, le moins en grâce des évêques depuis qu'il avait protesté de ce que Charles Martel, après la bataille de Poitiers, avait distribué en récompense à ses soldats les biens de l'Église qu'il avait récupérés des Sarrasins, émit une petite objection : enlever Blanche n'était envisageable que tant qu'elle n'avait pas formulé ses vœux, après, elle deviendrait l'épouse du Christ et ce serait une terrible offense de la désirer même.

— Voilà la chose entendue, dit Childebrand.

Il était décidé à frapper vite et fort. Toutes les nouvelles qui remontaient le Rhône jusqu'à lui s'assemblaient, pareilles aux carreaux d'une mosaïque, pour dessiner une Provence de plus en plus insolente et rétive à l'autorité des Francs. Cela ne pouvait se tolérer. Charles Martel rêvait pour sa lignée, celle des Pépinides, d'un empire reconstitué qui soit à la fois romain et germain, sanctifié au nom de la Croix, d'un saint empire romain germanique. Si cet empire ne pouvait trouver son point d'ancrage que vers le nord, au cœur de cette Europa dont étaient issus son sang et tous ceux de sa race, il devait aussi s'appuyer sur l'héritage antique. Et cela, seules les villes de l'ancienne Gaule narbonnaise pouvaient le lui offrir.

C'étaient ces raisons que Childebrand entendait présenter à son frère. Mais ce n'était là qu'un prétexte, bien sûr. S'il allait déchaîner la furie franque contre Marseille, c'était pour un tout autre motif. De nouveau, il admira Blanche. Il ne se rappelait pas avoir jamais autant désiré une fille. Pour qu'elle soit à lui, il était prêt à se damner.

3.

C'était un coffre de belles dimensions, en noyer, à dessus bombé, avec des charnières et des poignées décorées de filigranes d'argent, ajourées d'admirables entrelacs géométriques, des rosaces compliquées qui s'effilaient en une pointe élancée que terminait une fleur de jasmin.

— Un cadeau ? répéta le duc Mauronte.

— Oui, Monseigneur. Les Maures l'ont déposé ce matin aux portes de la ville. Il vous est destiné. C'est un présent de Youssouf ben Abd al-Rahman al-Fihri.

— Le wali de Narbonne ? Et sans un mot, sans une explication ?

— Aucune. Nous avons tenté de l'ouvrir mais la serrure…

— Vous avez tenté d'ouvrir mon cadeau ?

Frère Pacôme esquissa une grimace. Avec le duc Mauronte, on ne savait jamais si l'indignation était feinte ou sincère.

— La démarche est bien surprenante, dit encore frère Pacôme. C'est peut-être un piège. Je ne comprends pas ce qui peut justifier soudainement ce geste d'amitié. Mais si c'est là une tentative loyale d'entrer en contact avec nous, cela ne peut se refuser…

— Laissez-moi seul. Seul avec mon cadeau.

Pacôme s'inclina et sortit, accompagné par les esclaves.

C'était une serrure compliquée, à sept crans composés de lettres qu'il fallait combiner pour former un mot.

Mauronte essaya « patrice », « Alcoran », « présent ». Puis, comme il cherchait tous les vocables en sept lettres qu'il connaissait, il tenta « Blanche ». La serrure céda et le couvercle se leva de lui-même. À l'intérieur, il y avait un homme, recroquevillé, genoux contre le torse, les mains serrées autour d'un bâton glissé entre ses jambes et le crâne baissé. Il respirait doucement. Il leva la tête, ouvrit les yeux. Ils étaient blancs.

— Qui êtes-vous ? demanda Mauronte.

— Je m'appelle Ibrahim al-Faraj, dit l'homme. Je suis aveugle et je suis votre cadeau. Permettez que je me déploie ? Cette position est bien inconfortable même si, autrefois, je suis resté plusieurs années emprisonné dans une cage qui n'était pas plus grande que ce coffre.

Il se déplia lentement, avec des grimaces et des craquements d'os, s'appuyant avec peine sur son bâton. C'était un vieillard d'une extrême beauté, les joues creuses, soigneusement raclées à la faucille, les yeux vides et brillants. Il portait autour du cou un long cordon d'amulettes en sachets de cuir rouge descendant sur un *haïk djeridi* de fine laine lamée de soie.

— Vous vous étonnez, sans doute, dit-il d'une voix douce où perçait un peu de malice, que mon maître, le wali de Narbonne, m'ait choisi. Un vieil aveugle, ce n'est pas un présent ordinaire.

— Il est vrai, répondit Mauronte, que j'ai reçu déjà quantité de cadeaux mais que vous êtes mon premier vieillard.

— Mon maître a beaucoup hésité. D'abord parce qu'il est très attaché à moi et que m'offrir lui coûte fort, ensuite parce qu'il ne voulait pas rater son effet. Il voulait vraiment vous être agréable.

— Vous devez être quelqu'un de très important.

— Oh, seulement aux yeux de ceux qui accordent à mes talents un peu de crédit : je suis conteur. Youssouf ben Abd al-Rahman al-Fihri me fait l'honneur de dire que je suis son bien le plus précieux et, comme il a appris que vous aimiez aussi beaucoup les contes, il a pensé qu'à m'offrir, il vous ferait plaisir.

Le duc Mauronte ne put s'empêcher d'esquisser un sourire. Et sans doute l'aveugle le devina car il sourit à son tour, se redressant un peu, comme une fleur sous la caresse du soleil.

— Mon maître voudrait vous proposer une alliance et il m'a chargé…

— Si vous êtes conteur, l'interrompit Mauronte, il va d'abord falloir me le prouver. Nous parlerons après…

AL-ANDALUS

Nous autres conteurs, dit Ibrahim, nous savons que rien de ce que l'on raconte n'est tout à fait vrai puisque chaque parole est déformée par celui qui la prononce et par celui qui l'écoute, plus encore par celui qui la répète. Mais nous savons aussi que jamais rien n'est totalement faux car même le pire mensonge a déjà, par le fait même qu'on l'a proféré, un semblant d'existence. Et les meilleurs mensonges, c'est-à-dire ceux que l'on répète parce que l'on veut y croire, finissent toujours par s'épaissir au point de devenir des vérités.

Un matin, après deux ans d'absence, on vit réapparaître Ali al-Contrucci et sa mule Divine, tous les deux dans le même état, fatigués et couverts de poussière. On ne les avait pas oubliés. Sur tous les chemins caillouteux des Aurès, dans tous les villages des tribus berbères zénètes de Numidie, on se rappelait que la mule Divine avait mauvais caractère. C'était une bête fière, un rien cabotine, imprévisible aussi, avec cette lenteur dans l'œil, cette façon de vous fixer en appuyant longtemps sa pupille brûlante qui avait toujours fait redouter le pire. De Baghaïa à Tlemcen, on craignait son sabot comme la foudre.

Devant les autres équidés, Divine aimait à se dire de haute naissance. Elle descendait par son père, prétendait-elle, de cette race fameuse d'ânes métaphysiques dont font grand cas les religions du Livre, de l'âne de Balaam qui avertit son maître de la présence d'un ange de Yahvé, des ânes sauvages de Somalie que montaient les ascètes du désert et même de l'âne de la Crèche. Par sa mère, disait-elle, elle était apparentée à la lignée de ces hautes juments alezanes qui conduisirent les chars des pharaons et même à Bucéphale, le cheval d'Alexandre le Grand. Elle laissait entendre, sans il est vrai donner beaucoup de détails, qu'elle avait personnellement participé à la lutte au côté de la Kahina, la reine guerrière qui fédéra les tribus berbères contre les Omeyyades.

Une mule de cet acabit, on en conviendra, ne pouvait être montée par n'importe qui. Aussi n'avait-elle accepté pour cavalier que le célèbre Ali al-Contrucci, que certains appelaient Grand Maître, Magicien des magiciens, Celui qui sait ce que les autres ignorent, et d'autres Menteur des menteurs, l'Outre gonflée ou Raclure de mécréant. C'était un petit maigre à la face ridée, portant calotte, djellaba ornée d'une ceinture de perles et pantoufles de maroquin jaune. Il avait dans ses besaces quantité de livres, en latin, en syriaque et en chaldéen, dont il tirait son savoir fumeux et arborait en toute circonstance un sourire qui lui fendait la face en deux et qui était sa réponse à l'adversité, vieille compagne de son existence, tant il est vrai que rares sont ceux qui sont prophètes en leur pays.

Mais ceux des Aurès durent bien reconnaître leurs mérites quand Divine et son maître racontèrent qu'ils s'étaient joints à l'armée des Berbères de Tarik ibn Ziyad, qu'ils s'étaient battus contre les Wisigoths et qu'ils avaient conquis la majeure partie de l'Espagne. Si Al-Contrucci n'était pas trop disert à propos des scènes de bataille, Divine mimait les combats de manière très convaincante. Le drapeau de l'Islam flottait, racontaient-ils, sur une province merveilleuse qu'on nommait Al-Andalus.

Tandis que Divine surveillait l'assistance, son regard noir et son sabot prêts à châtier les sceptiques, son maître décrivait par maints détails cette province de rêve que les hommes de Tarik avaient découverte de l'autre côté de la mer.

— Il y a des terres arables à perte de vue, des fleuves qui coulent dans les plaines. S'y dressent des palais aux salles rouge et or, noires, émeraude, bleu turquoise, avec de grandes cours à colonnades et des patios dallés où le parfum des citronniers, des mimosas, des orangers alourdit l'air. Les bordent des jardins aux ombrages immobiles sous lesquels des bassins de marbre tendent aux ifs de longs miroirs d'eau pure. Le ciel est toujours d'une limpidité de cristal. Des oiseaux chantent dans les palmes. Des libellules frémissent, posées sur les joues des dormeurs couchés au bord de l'eau.

Divine acquiesçait, hochant la tête, d'un sourire lippu qui découvrait ses rangées de dents jaunes. Les vieillards et les enfants s'approchaient, les femmes délaissaient leurs travaux pénibles, les bergers abandonnaient leurs troupeaux dans les montagnes sèches des Aurès et descendaient les sentiers pierreux sous le feu du ciel pour venir écouter Ali al-Contrucci. Et plus celui-ci était encouragé, plus il racontait.

— Des roses rouges saignent dans des jardins géométriques dont les murailles de verdure, sous la chaleur, tremblent comme la surface de l'eau. Des rafales de parfum d'oranger et de citronnier que le vent s'en va cueillir dans les jardins suspendus se déversent en flots dans les patios. Dans des bassins profonds aux parois adoucies, semblables à de somptueux sarcophages de roi, des jeunes filles arrêtent leur promenade pour se baigner.

Les hommes voulaient en savoir davantage. Certains, avant de se convertir à l'islam, avaient été chrétiens et beaucoup, issus des tribus zénètes, avaient même dans leur enfance pratiqué la religion juive. Quand ils interrogeaient Al-Contrucci sur ce sujet, celui-ci leur tenait un discours qui les surprenait beaucoup.

— Dans les jardins d'Al-Andalus, disait-il, de vieux hommes à barbe blanche ou noire déambulent paisiblement, absorbés par leur conversation. Certains sont des chrétiens, catholiques ou dissidents de Byzance. D'autres sont de vieux juifs psalmodiant la Thora. D'autres encore des imams qui ont connu des hommes qui ont connu le Prophète. Ils parlent religion, bien sûr, chacun exposant ses thèses, décrivant avec enthousiasme le chemin qu'il emprunte, mais chacun respectueux de la route des autres et attentif à leurs récits, persuadés qu'ils sont tous d'avancer sur des voies différentes menant au même endroit et portant la même vérité.

Cela plaisait beaucoup. On offrait de multiples présents à Divine et à son maître : de la paille fraîche, des carottes, des poules, des peignes de nacre, des babouches dorées. Ils étaient réclamés un peu partout dans les villages. Alors, ils s'en allaient, à travers les terres arides et les chemins pierreux, sur les routes noyées de poussière, fiers l'un et l'autre, la tête haute, le sourire offert à tous. Les chefs des tribus les attendaient à l'entrée des villages, les conviaient à s'asseoir dans les tentes. Ils étaient reçus comme des rois.

— En Al-Andalus, il y a partout des guitares, de la musique triste et belle, des notes sèches lâchées dans l'air et suspendues au-dessus du bruit de l'eau coulant dans les fontaines, disait encore Al-Contrucci.

Il parlait de Tolède, ville de pierre nue où ruisselait le feu du ciel. Il parlait de Séville, des ponts de bois sur le Guadalquivir où les femmes passaient empaquetées dans leurs châles de soie, des fleurs plein les cheveux, avec leurs éventails qui s'ouvraient et se fermaient comme un buisson de papillons. Il parlait de Grenade, ses jardins merveilleux, les géométries subtiles de ses azulejos, les jeux d'ombre et de lumière, la fraîcheur des fontaines, le tourbillon des hirondelles, le soir, dans le ciel encore clair…

Au début de l'hiver suivant, le bruit courut que d'autres combattants de l'Espagne, d'autres soldats berbères de Tarik ibn Ziyad étaient revenus au pays. Mais on ne crut guère ces charlatans. Ils racontaient qu'Al-Andalus n'était qu'une terre désertique, un pays brûlant sous le feu du ciel où rien ne poussait, que le climat y était terrible, d'une chaleur de four dans les plaines, d'un froid sec et glacé dans les montagnes. Ils prétendaient que les Ibères étaient farouches et fiers, qu'ils résistaient à l'occupation mahométane, menant une guérilla incessante, attaquant les garnisons la nuit et égorgeant les soldats isolés le jour. Ils affirmaient que les mahométans ne cohabitaient avec les chrétiens et les juifs qu'en les maintenant sous un joug de fer et en les pressant d'impôts. Mais, bien sûr, on n'accorda pas le moindre crédit aux propos de ces gens-là, soit qu'on les accuse d'être des imposteurs qui n'étaient jamais allés jusqu'en Al-Andalus, soit qu'on les soupçonne de vouloir taire ce qu'était ce pays pour en réserver les jouissances à d'autres. Quant à celui-là qui prétendit avoir côtoyé deux ans Ali al-Contrucci derrière les murs d'une prison de Tanger quand celui-ci avait déserté de l'armée de Tarik juste avant l'expédition, Divine se chargea de lui asséner un coup de sabot qui lui fit retrouver la mémoire. Certains d'entre eux, d'ailleurs, las de recevoir des pierres et d'être insultés sans cesse, reconnurent leur mensonge. Quand ils virent combien Ali al-Contrucci était fêté à raconter la vérité, ils finirent par suivre ses pas et à coller à son récit.

— Parfaitement, disaient-ils à la fin. C'est un pays d'une grande douceur de vivre, avec des palais et des jardins sans fin, où les religions se côtoient dans une estime réciproque.

De toutes les tribus berbères des Aurès, celles qui longent la mer et celles qui peuplent les montagnes, les jeunes et les moins jeunes, au récit d'Al-Contrucci, partaient aussitôt pour Al-Andalus, cette province où étaient déjà à portée de main les bienfaits promis au Paradis d'Allah. Quand, bien plus tard, ils revenaient, hébétés, amaigris, qu'on les pressait de questions, que leurs pères, fiers, les serraient contre leur cœur, que leurs mères et leurs sœurs, les yeux brillants, leur demandaient de raconter Al-Andalus, ils restaient un temps, le regard perdu, la bouche ouverte, sans trop savoir que dire. Mais devant l'excitation de tous, ils finissaient par approuver. Oui, Al-Andalus était bien comme l'avait décrite Ali al-Contrucci. Peut-être mieux encore.

— Mais en vérité, demanda le duc Mauronte, comment est Al-Andalus ?

— Nous autres conteurs, répondit Ibrahim, nous savons que rien de ce que l'on raconte n'est tout à fait vrai puisque chaque parole est déformée par celui qui la prononce et par celui qui l'écoute, plus encore par celui qui la répète. Mais nous savons aussi que jamais rien n'est totalement faux car même le pire mensonge a déjà, par le fait même qu'on l'a proféré, un semblant d'existence. Et les meilleurs mensonges, c'est-à-dire ceux que l'on répète parce que l'on veut y croire, finissent par s'épaissir au point de devenir des vérités…

LES PAPILLONS

Le nuage de papillons tournait autour des tombes, comme un buisson de perles vivantes, comme un bouquet de vieilles dentelles.

Le soir rôdait déjà sur les flancs des collines, sous les pins, au bord du fleuve, et la brume du jour, chassée par la fraîcheur, ne laissait plus dans l'air apaisé du cimetière que des serpentins inconsistants. Cordoue, dans la confusion de sa poussière sèche et de sa vapeur d'eau, avec ses montagnes roses brûlées, ses pierres encore chaudes du soleil de la journée, ses ponts de bois flottant dans l'azur décoloré, paraissait tout entière se réduire à ce cimetière où, tous ensemble, Nasser, Jacob, Samuel, Abdel et Pedro, les disciples copistes du maître Ali ibn al-Khatabi, étaient venus rendre un dernier hommage à Juan, leur camarade.

À leurs pieds coulait le Guadalquivir, non loin de l'endroit où ils avaient retrouvé son corps, et cette proximité avec le fleuve donnait au lieu des allures de grand port silencieux où le vent dans les arbres imitait le tintement des gréements tandis que les cris des oiseaux déchiraient l'air au-dessus des fosses. Des libellules tremblaient, posées sur les joncs. Des reflets de soleil venaient danser par places au fil de l'eau remuée.

— On l'a poussé, c'est sûr ! chuchotait Pedro. Il ne s'est pas noyé tout seul.

— Qu'Allah dénonce son assassin ! murmura Nasser. Qu'il écrive son nom en lettres de feu dans les nuages !

Samuel, fasciné, lui, regardait la danse macabre des papillons, des papillons tout blancs, tachés de noir, qui s'approchaient du tombeau puis repartaient au gré des sautes d'humeur du vent. Ballottés, rejetés, ils revenaient, têtus, vers le sépulcre de Samuel, bien décidés, semblait-il, à se poser.

Le maître Ali ibn al-Khatabi avait toute la confiance de l'émir de Cordoue. Il lui avait confié le scriptorium, un bâtiment perdu au fin fond des jardins du palais, avec des salles fraîches aux carreaux d'un bleu turquoise, de grandes cours à colonnades et des patios dallés où le parfum des citronniers, des mimosas, des orangers alourdissait l'air étouffant. C'était là que le maître gardait les « trésors de l'émir », une collection précieuse d'exemplaires de l'Alcoran, la récitation, le Livre sacré.

Certains, écrits sur de longs rouleaux de vélin, noués par des rubans et des cordonnets, avaient été confectionnés à Bassora pour Omar, le deuxième calife. D'autres étaient d'écriture maugrabine, chargés d'enluminures syriaques ou coptes, décorées de mosaïques d'ivoire et d'os copiant les arcades des mosquées. D'autres encore étaient en cuir incisé, gravés à la roue de motifs géométriques rehaussés d'or, avec de larges bandeaux de lettres coufiques, des marges ornées de vases de fleurs. D'autres, enfin, reconnaissables à leur couverture de bois enguirlandée de plantes dont les tiges et les feuilles étaient d'une inconcevable beauté, venaient de Koufa, où, disait-on, avait été construite l'arche de Noé.

Avant l'arrivée de Juan, Samuel était le préféré du maître. C'était à lui que l'on confiait la tâche illustre de recopier les plus beaux exemplaires de l'Alcoran. Les plus belles fournitures lui étaient réservées, plumes d'oie et de corbeau pour les lettres fines, plumes de cygne et de pélican pour les lettres majuscules. À lui les plus beaux ingrédients pour obtenir les plus belles couleurs : flacons de liant où se mêlaient du blanc d'œuf, de la cire et du miel, pigments d'indigotier pour le bleu, minium et céruse pour l'orange, galles de chêne pour le noir. Son carmin s'obtenait en écrasant des œufs de la cochenille du chêne kermès acheminés de Castille. Son bleu de lapis-lazuli arrivait d'Afghanistan, par des routes compliquées, des cols enneigés, des chemins escarpés et dangereux où parfois des hommes mouraient pour qu'il puisse disposer à temps de sa couleur. Lui seul, le maître excepté, avait le droit de manier l'or et l'argent.

Et puis Juan était arrivé. L'œil infaillible du maître l'avait repéré dans la boutique de son père, potier, où il décorait les vases et les amphores de figures d'une étonnante beauté : perles et corail, girofle et lavande, anémones et nénuphars ainsi que des oiseaux de toutes sortes, rossignols, courlis, tourterelles et pigeons que l'on eût dit toujours prêts à s'envoler. Au début, Samuel ne s'était guère inquiété car le nouveau était un garçon étrange, toujours à rêver, toujours à se laisser distraire pour un rien.

Planté de chênes verts et d'araucarias, bordé par des haies de myrtilles, le jardin du scriptorium, sur lequel les salles des copistes s'ouvraient, se muait, dès les premiers beaux jours, en un paradis de senteurs et de vie. Par les fenêtres entraient sans cesse des pétales de fleurs et des insectes qui venaient se déposer sur les vélins. C'était là pour Juan une source intarissable de distraction. Tout hanneton, tout scarabée, toute abeille ou tout grillon qui s'aventurait près de lui le faisait rire aux éclats et il pouvait rester des heures à observer la station mélancolique d'une sauterelle posée sur son pinceau, les cercles concentriques des mouches tombées dans son gobelet ou la danse hypnotique des guêpes dorées autour de ses pots de couleurs. Mais ce qu'il aimait par-dessus tout, c'était de regarder voler les papillons blancs qui se déversaient, au moindre mouvement du vent, en flots dans le patio. Dès qu'il le pouvait, il s'échappait de la salle et il courait s'asseoir sur les bancs de pierre pour mieux les regarder.

Samuel se demandait bien ce qu'il pouvait leur trouver. Qu'y avait-il, pensait-il, de plus stupide qu'un papillon ? Être éphémère, sans destin, sans projet ! Créature insignifiante, au vol chaotique, improbable ! Toujours à se laisser porter, emporter, sans résistance, par la moindre brise, le moindre courant d'air !

Comment, s'interrogeait-il en regardant Juan, un être aussi simplet peut-il avoir un tel talent ? Car, à l'évidence, Juan était le meilleur d'entre eux. Sa main, quand il peignait, était guidée par les anges. Il dessinait, d'un poignet rêveur, traçait chacune de ses lettres comme on lâche un baiser. L'Alcoran, quand il le recopiait, transpirait la gloire de Dieu. Le maître lui-même semblait fasciné. Samuel ne doutait pas que, bientôt, Juan allait prendre sa place.

— Quel est ton secret ? lui avait-il demandé un jour. Comment parviens-tu à une telle perfection ?

— Oh, avait répondu Juan, je n'ai pas de secret ! Il suffit de s'effacer derrière son geste, d'être soi-même de moins en moins dans le mouvement de sa main, de caresser à peine le vélin, de l'effleurer. Il faut s'inspirer de ce qui ne pèse pas : la cendre envolée d'un feu qui s'éteint, le pétale tombant d'une fleur qui se fane et, plus encore, la danse des papillons blancs. C'est pour cette raison qu'ils me fascinent.

— Les papillons ? s'était étonné Samuel. Y a-t-il rien de plus stupide qu'un papillon ?

— Quant à la perfection, avait ajouté Juan d'une voix soucieuse, j'en suis encore bien loin. Mon geste est encore trop lourd, trop chargé de ma propre personne.

Et puis, un soir brûlant de juillet, alors que les collines portaient en pavois le crépuscule surchauffé et que les jardins étaient écrasés de parfums lourds et d'ombres chaudes, Juan, tout excité, avait attrapé Samuel par la manche et l'avait obligé à le suivre jusqu'au bord du Guadalquivir.

— J'y suis arrivé ! avait-il dit. Regarde ! Regarde ce que je parviens à faire !

Il s'était assis au milieu des bosquets de fleurs. Il tenait d'une main son pinceau, de l'autre un petit encrier. Très vite, comme à leur habitude, des papillons blancs s'étaient approchés de lui. Il était resté immobile un moment, un sourire aux lèvres, les laissant danser à la verticale de sa chevelure, frôler ses épaules et ses hanches. Et puis, d'un geste parfait, d'un mouvement de pinceau d'une précision et d'une légèreté diaboliques, il s'était mis à dessiner des lettres sur leurs ailes ! Il avait tracé des *alif*, des *bâ*, des *tâ* sur les ailes des papillons en vol ! C'était à peine si les coléoptères semblaient sentir le poids de son pinceau. Ils s'affaissaient un peu, presque pour le saluer, puis reprenaient leur vol écervelé.

À compter de ce jour, Juan était devenu meilleur encore. Le jour, il s'appliquait à recopier le Livre, et son travail était si remarquable que le maître faisait venir des savants de tout l'Islam pour l'admirer. Le soir, il allait retrouver ses papillons et, son pinceau à la main, il dessinait encore sur leurs ailes en mouvement. Samuel le suivait souvent et l'observait en cachette, fasciné par ce spectacle hallucinant du fils du potier au milieu des coléoptères, comme entouré d'un alphabet vivant, d'un Alcoran magique dansant autour de lui.

La vie de Samuel était désormais insupportable. Il avait non seulement perdu sa place de premier copiste, mais il ne parvenait plus à se concentrer. Dès qu'il se penchait sur son vélin, les lettres commençaient à se soulever, à s'envoler, à tourner autour de lui. La nuit, il se réveillait en sursaut pour chasser de la main les *alif* qui bourdonnaient autour de lui et le tourmentaient.

— On l'a poussé, c'est sûr ! chuchota de nouveau Pedro. Il ne s'est pas noyé tout seul.

— Qu'Allah dénonce son assassin ! répéta Nasser. Qu'il nous livre son nom, là, tout de suite !

Samuel ne les écoutait que d'une oreille distraite. Fasciné, il continuait de suivre du regard la danse macabre des papillons, des papillons tout blancs, tachés de noir, qui s'approchaient du tombeau puis repartaient, au gré des sautes d'humeur du vent. Les rafales avaient beau les envoyer toujours plus loin, ils revenaient, têtus, toujours plus près, vers la tombe de Samuel, bien décidés, semblait-il, à se poser. C'étaient bien les coléoptères de Juan. Ils s'approchaient maintenant d'assez près pour qu'il puisse distinguer les lettres sur leurs ailes, pour qu'il puisse suivre leurs courses désordonnées, toutes ces combinaisons flottantes et éphémères de mots qu'au gré de soubresauts du vent ils formaient. Parfois il devinait : « Le meurtrier de Juan s'appelle… », parfois : « Samuel est son nom. » Enfin, ils se posèrent sur la tombe, les uns à côté des autres, en une ligne parfaite.

— J'ai tenté de le sauver ! s'écria Samuel en se jetant aux pieds du maître. Dès que je l'ai poussé, je l'ai aussitôt regretté. Je lui ai tendu la main pour le sortir de l'eau. Mais il était trop tard ! Il ne savait pas nager !

Sur la tombe, les papillons s'étaient immobilisés en une série de lettres chaotique, illisible, en une phrase qui ne voulait rien dire. C'est tellement stupide, un papillon…

CELLES DE LA BASILIQUE

Des cendres flottaient sur la mer. Des cavaliers silencieux patrouillaient dans les rues. Ils avaient pris Carthage. Ce que les Romains n'avaient pas réussi, Hassan ibn Numan et ses hommes étaient en train de l'accomplir. Carthage allait être détruite. La plupart des habitants avaient fui en bateaux avec les dernières troupes byzantines.

— Cette terre, avait dit Hassan ibn Numan, est désormais une terre d'Islam. Rien ne doit subsister du précédent empire. Abattez tout. Nous construirons notre capitale ailleurs. À Kairouan.

De vastes nuées couleur de cuivre flottaient pesamment dans le ciel splendide et morne. Morad et les autres soldats progressaient à travers les grandes esplanades surchauffées de soleil. Leurs ombres avançaient sur les dalles de pierres blanches des cours vides. Les places, les maisons, les palais avaient été désertés. À leur approche, les derniers pillards s'enfuyaient, emportant sous leurs bras des trophées dérisoires. Ils avaient ordre de détruire tout ce qui pouvait rappeler l'ancienne religion. Ils entraient dans les églises et les chapelles. Leurs masses d'armes s'abattaient sans état d'âme sur les statues des saints. Ils faisaient voler en éclats les vitraux. Leurs sabres lacéraient les vieilles tentures. Des christs de bois étaient jetés au feu et se tordaient sous les flammes comme autrefois sur la croix. L'odeur des bûchers flottait sur le sable lilas des chemins, sous le vert sombre des abricotiers, sous les feuillages peluchés des oliviers.

— Étrange ! releva Morad. Il n'y a aucune image de Maryam, la mère d'Issa, aucune représentation de celle qu'ils appellent la Vierge Marie.

Des tableaux étaient vides, comme effacés. Sur les fresques des murs, des personnages féminins manquaient. Ils se dirent que ceux qui avaient fui avaient emporté avec eux les portraits de Maryam, que les pillards peut-être les avaient volés pour les revendre dans les ports chrétiens ou bien même que d'autres les avaient saccagés avant eux. Certains évoquèrent cette querelle des images, cette fureur iconoclaste qui agitait Byzance. Que leur importait après tout puisqu'ils étaient là eux-mêmes pour tout mettre à bas ? Ils détruisaient parce que c'était là la volonté de Dieu.

Mais quand ils arrivèrent devant la basilique, Morad et ses compagnons hésitèrent. Celle-ci s'offrait entre la mer et le ciel, percluse de blessures et de cicatrices. Lors de la prise de la ville, des hommes d'Église s'y étaient battus jusque sur le parvis, tentant d'arrêter les lames et les flèches du bouclier dérisoire de leurs livres saints et les combats s'étaient poursuivis jusque devant l'autel. Mais la basilique brillait encore, face à la mer, tous ses vitraux sous le soleil. Elle flottait dans une phosphorescence magique, superbe dans le ballet des mouettes et les embruns. Et tous, à l'admirer, éprouvèrent au fond d'eux le sentiment que s'attaquer à elle serait un sacrilège.

Pourtant, seul Morad eut l'audace de s'approcher d'Hassan ibn Numan, de repousser le capitaine de sa garde, le cruel Al-Qamus, et de saisir les rênes de son cheval.

— C'est un monument sacré, dit-il. Un lieu de prière et de méditation tourné vers le Dieu unique. Tu ne peux ordonner sa destruction !

— Es-tu l'un de ces maudits chrétiens que tu veuilles sauver leur église ? demanda Al-Qamu en le saisissant au collet.

— Qu'Allah me punisse sur-le-champ si telle est mon intention ! dit Morad en se tournant vers Hassan. Mais tu es le digne successeur d'Abou Bakr – que la paix de Dieu soit sur lui ! –, et quand celui-ci a proclamé la guerre sainte après la mort du Prophète, il a ordonné aux premiers conquérants de la Syrie et de l'Égypte de prendre possession des églises byzantines et coptes qu'ils rencontraient sur leur chemin. Ils ont recouvert les mosaïques et les fresques d'une couche de peinture. Ils ont creusé un mihrab dans le mur pour regarder vers La Mecque. Et Allah – que son nom soit glorifié ! – les a remerciés de toutes ces mosquées qu'ils ont semées sur leur passage !

— Tu parles bien, dit Hassan ibn Numan. La basilique est à toi. Fais-en la plus belle mosquée qui soit.

Morad, quand il fut seul, leva les yeux vers le bâtiment. De ses mains moites, il ouvrit les deux battants de la porte de cèdre sculptée. La basilique l'attendait, bête blessée, couchée sur le flanc et respirant à peine. Cela avait dû être une église d'une sombre magnificence, noyée dans la lueur des cierges, éclairée d'une profusion de lustres. Des odeurs d'encens froid flottaient dans les allées que caressaient le brouillard doré tombé des vitraux et l'ombre scintillante des mosaïques. La nef de la basilique offrait des gouffres d'ombre où luisait l'or. Sur les murs, il distinguait des formes étirées, flottant dans des nappes limpides, baignées de clartés surnaturelles, représentant des scènes étranges qu'il ne pouvait déchiffrer mais qui l'impressionnaient sans qu'il comprenne pourquoi. Des statues de saints aux yeux crevés murmuraient des prières dans le silence. Il y avait quelques christs cloués aux murs, des archanges aux bras cassés en haut des chapiteaux, mais toujours pas de Marie. Là où elle aurait dû être, les mosaïques avaient été arrachées, les peintures avaient été lavées, les fresques étaient recouvertes de chaux. Il déchiffra son nom à l'entrée d'une petite chapelle mais l'icône où elle aurait dû être représentée était vide. Il n'y avait que des veilleuses éteintes et des bouquets de fleurs fanées.

Morad se mit immédiatement au travail. Comme il ne savait trop par quoi commencer, il décida modestement de remettre un peu d'ordre. Il redressa des chaises, remit sur les autels les chandeliers et les encensoirs qu'il trouvait à terre. Il recousit quelques tentures déchirées. Il balaya les allées, à gestes menus, désireux de rester à sa place, un peu écrasé par la splendeur du lieu. La poussière qu'il soulevait enveloppait les colonnes d'une poudre rousse qui les effaçait à demi. Il s'arrêtait parfois, inquiet du bruit qu'il faisait, du frottement de ses sandales sur les dalles, de sa respiration, du pouls battant dans ses veines, et il restait quelques minutes, immobile, à dresser l'oreille, attentif à s'oublier et même parfois cherchant, au fin fond du silence qui tombait des voûtes, le lointain murmure des cérémonies d'autrefois, des processions, des baptêmes et des mariages qui avaient dû se célébrer ici.

De temps en temps, il ouvrait les portes pour écouter le vent. Il regardait la chute et le vol des feuilles sur les dalles de marbre. Il ne suivait que de très loin les nouvelles concernant la ville. Il apprit que l'armée d'Hassan ibn Numan levait le camp, ne laissant derrière elle qu'une garnison réduite commandée par Al-Qamus. Carthage devenait une base arrière. Le port grouillait de boutres arabes en provenance d'Alexandrie et de Damas, débarquant de la nourriture et emportant les objets de valeur qu'on avait pu sauver. Morad voyait l'agitation du port, les longues files de portefaix, les boutiques des marchands, les femmes voilées, arrivées avec les navires, qui allaient de feux en feux, proposant des gâteaux de blé, des fruits et de la volaille aux soldats d'Al-Qamus qui bivouaquaient.

Le soir, il se couchait dans la nef, juste en dessous du toit percé, avec pour tout oreiller son sac et pour toute couverture sa gandoura. Les constellations flottaient dans le ciel. Des étoiles brillaient, infiniment lointaines et pures, pareilles à des éclats de silex. Au clair de lune, les lignes de la basilique s'enchevêtraient, s'enrichissaient de nervures supplémentaires, se couvraient de mystère. Il se sentait chez lui. Il s'endormait le cœur apaisé.

Ce soir-là, d'abord il crut à un rôdeur, à un pillard revenu sur le lieu de ses méfaits. Mais à travers ses paupières mi-closes, Morad devina une forme mouvante, une silhouette gracile qui se déplaçait avec légèreté, presque en sautillant. Une jeune femme, à n'en pas douter. Peut-être était-elle venue boire à l'outre de cuir pendue au dossier du banc ? Elle glissait de rang en rang et il ne la voyait que par à-coups, tourbillon de voiles où flottaient des couleurs. Une étrange lumière semblait l'entourer. Portait-elle une lanterne ? Il la sentit tout près de lui. Elle respirait doucement sur sa droite. Il essayait de la deviner mieux.

— Marie ! chuchota une voix un peu plus loin. Es-tu folle ? Viens vite !

— Ne t'inquiète pas, Marie. Je veux voir à quoi il ressemble. Je ne risque rien. Il dort.

Elle s'approchait encore. Elle devait se pencher sur lui. Il sentit furtivement sa main frôler la sienne. Alors, il la saisit et ouvrit brusquement les yeux. Elle poussa un cri et il en fit autant, surpris par cet être scintillant et drapé de couleurs qu'il avait devant lui. Une jeune femme, en effet ! Mais quelle créature ! Vêtue d'un voile bleu, le visage d'une beauté renversante, de grands yeux d'un noir cireux et portant au-dessus de la tête comme un cercle lumineux.

Elle tenta de se relever, de s'enfuir vers sa complice que Morad aperçut confusément dans l'ombre, une autre jeune femme revêtue d'un voile rouge. La fille le mordit à la main et parvint à se dégager, à se relever. Mais il se jeta dans ses jambes et ils roulèrent ensemble dans la travée. Elle poussait des cris, se débattait. Il dut s'asseoir sur elle pour l'immobiliser, lui attraper les poignets et la crucifier au sol pour qu'elle se calme un peu. Il vit alors pleinement son visage. Elle semblait tombée des vitraux. Elle était lumineuse, éclatante de soleil et de sang, l'œil noyé dans une estompe de bleu pâle, ses cils sablés de poudre d'or. Dans la lutte, son voile azur aux revers brodés avait un peu glissé et l'on voyait son cou, le début de sa gorge et de ses épaules. Le clair de lune, à travers la nef brisée, jetait sur sa peau des éclats de volupté.

— Si tu es un homme juste et bon, dit-elle, lâche-moi.

— Qui es-tu ? Que faites-vous là, toi et ton amie ?

— Je m'appelle Marie, répondit-elle en battant des cils. Et ma sœur aussi. Vas-tu nous dénoncer aux autres ? À ceux-là qui abattent nos églises ?

— Regarde autour de toi. J'ai nettoyé la basilique, je ne l'ai pas détruite.

Morad se releva. Il alla jusqu'à son sac, en tira une outre et un morceau de pain et les tendit à la fille qui s'était assise. Elle était vraiment magnifique avec son visage enfantin éclairé par le halo de son auréole. Elle en avait profité pour rajuster son voile et s'asseoir dans une posture de reine.

— C'est gentil, dit-elle. Mais je n'ai pas besoin de boire ou de manger.

— Que veux-tu, alors ?

— J'en ai assez de me cacher. Je l'ai dit aux autres Marie. Nous ne pouvons pas continuer à vivre de cette façon.

— D'autres Marie ? répéta-t-il. As-tu beaucoup de sœurs encore ? Combien êtes-vous ?

— Plus d'une vingtaine, dit-elle en souriant. À l'arrivée des tiens, nous avons pris peur. Nous sommes descendues des murs, descendues des cadres, et nous sommes venues nous cacher dans la crypte de la basilique. Veux-tu nous aider ?

Elle lui sourit encore. Elle avait l'œil vif, inquisiteur, mais, en même temps, tout le visage baigné d'une innocence rassurante. Elle tendit sa main dorée vers lui et lui caressa la joue. Chacun de ses gestes avait quelque chose de doux et d'apaisant qui faisait penser au clapotement de la vague, au bruissement des feuillages.

Il acquiesça.

Joyeuse, elle se releva et l'entraîna. Il suivit son voile bleu à travers les allées, son parfum de fleur fraîche qui fendait d'un couperet sec les vieilles odeurs d'encens froid et de moisissure. Elle l'entraîna jusqu'à un escalier de pierre auquel il n'avait pas fait attention jusque-là. Il descendit à sa suite, posant sa main juste après la sienne sur la corde fixée au mur. À chaque fois qu'il effleurait ses doigts, elle se retournait vers lui d'un joli mouvement d'épaules et lui souriait. À sa demande, il avait pris au passage une lanterne dont la flamme vacillait dans le courant d'air.

Il les découvrit au fond de la crypte. Vingt-deux Vierges Marie, plus belles les unes que les autres, virginités mourantes nimbées de lumière. Elles tournèrent toutes leurs regards vers lui. C'étaient de ces Vierges byzantines, grecques dans le port de tête, barbares par le faste, avec des yeux immenses aptes à luire dans la pénombre, des profondeurs bleues dans le voile, rouges et vertes dans leurs costumes rutilants, les têtes ceintes de couronnes en feu. C'étaient des Vierges habituées à vivre au milieu des marbres veinés et des mosaïques polychromes, des encensoirs à écorce d'émail, des croix serties de mille feux, des châsses d'or à cabochon de gemmes. En le voyant, elles remuèrent leurs robes brochées où s'immobilisaient des scènes des Évangiles, soulevèrent leurs voiles bleus et verts, jetèrent dans le silence de la pièce tout un brouhaha de mouvements. Elles étaient à la fois semblables et différentes, certaines jeunes, d'autres plus mûres, toutes d'une grâce majestueuse et alanguie. Les unes appuyaient contre les mosaïques leur belle tête endormie. D'autres jetaient sur lui des regards inquiets ou inquisiteurs.

— Marie ! dit l'une d'elles avec un ton de reproche. Tu as pris des risques insensés !

— Rassure-toi, Marie. Rassurez-vous, mes sœurs. Je vous présente Morad, il va nous aider.

Elles applaudirent. Elles l'entourèrent, lui touchèrent les mains, le remercièrent du secours qu'il allait leur apporter. Lui était un peu pris de court. Mais elles étaient si belles sous les voûtes, si touchantes dans la douce phosphorescence de leur cache. Il n'osa pas les contrarier. Oui, oui, bien sûr qu'il allait les aider ! Il leur dit qu'elles pourraient rester dans la belle mosquée qu'il allait construire. Il leur récita les sourates 3 et 19 du Coran qui racontent la naissance virginale de Maryam. Il leur dit qu'elles avaient en ce lieu toute leur place et combien la mère de Jésus était célébrée parmi ceux de sa religion comme l'une des femmes les plus vertueuses.

— Mais nous ne sommes pas des Maryam, lui dit la Marie au voile bleu, nous sommes des Théotokos, des Mères du Christ. Le dogme de notre maternité divine a été proclamé par le concile d'Éphèse. Nous ne pouvons rester ici. Il faut que tu nous aides à prendre un bateau et à rejoindre Byzance.

Morad en resta bouche bée. Les perdre ? Mais il les regarda et il comprit qu'elles avaient raison. Alors, il leur promit de tout faire pour leur permettre de fuir Carthage.

Morad était un homme d'honneur. Dès le lendemain, il se mit en quête d'un moyen d'aider ses protégées. Il vendit au marché noir quelques-uns de leurs bijoux et, en traînant dans les tavernes du port, il finit par entrer en relation avec un marin phénicien, mi-pirate, mi-trafiquant, qui accepta pour un sac d'or de convoyer une vingtaine de passagères jusque de l'autre côté de la Méditerranée. Avec l'argent qu'il lui restait, il acheta des niqabs qu'on commençait à trouver sur le marché et demanda à ses Marie de s'en revêtir.

— Baissez bien les yeux, leur dit-il. Et marchez un peu derrière moi.

Deux à deux, il leur fit traverser la place et descendre par les ruelles jusqu'au port. Heureusement, depuis la reddition de la ville, c'était partout une agitation incessante. Des esclaves, en longues files, déchargeaient ou chargeaient des marchandises. Le sol était jonché de ballots, de caisses, de sacs de coton. La dernière à monter à bord fut la Marie au voile bleu, celle du premier soir.

— Merci, dit-elle. J'ai tout de suite vu que tu avais une belle âme. Nous ne t'oublierons jamais.

Elle releva furtivement son voile et l'embrassa sur la joue.

Quand elles furent toutes à bord, Morad poussa un soupir de soulagement. Il fit signe au Phénicien qu'il pouvait larguer les amarres.

— Eh, toi ! cria quelqu'un derrière lui. Que transportes-tu ?

C'était Al-Qamus. Il était entouré de plusieurs de ses hommes. Il toisa Morad mais ne lui adressa pas la parole.

— N'es-tu pas l'un de ces chiens qui aident les derniers incroyants à fuir la ville ? cria-t-il encore au marin. Les passeurs de ton espèce ne méritent pas de vivre !

— Non, non, dit Morad. J'ai fait charger tout ce que j'ai trouvé d'objets de valeur dans la basilique pour les offrir à l'émir à Damas. Je les lui fais porter. Que Dieu prolonge sa vie éternellement !

— Eh bien, nous allons vérifier, dit Al-Qamus.

Il fit signe à ses gardes de tirer sur les cordes et il monta à bord. Il bouscula le Phénicien et disparut dans la cale. Le marin avait blêmi et il regardait Morad pour savoir quelle conduite tenir. Mais le jeune homme ne voyait aucune issue. Il cherchait déjà des yeux le cheval sur lequel il pourrait sauter pour tenter de fuir… Al-Quamus revenait déjà.

— C'est bon, dit-il. Il n'y a personne à bord. Tu peux partir.

Le Phénicien ne se le fit pas dire deux fois. Il largua les amarres et fit signe à son équipage de tendre les voiles. Très vite, le navire prit le large. Morad restait sur le quai, sans bien comprendre. Al-Qamus s'approcha de lui.

— Pfouhh ! Des tableaux ! Des icônes ! De simples images peintes ! Si tu crois que l'émir va y trouver le moindre intérêt, tu te mets le doigt dans l'œil.

LES OISEAUX-LIVRES

La nuit, au-dessus des jardins du palais d'Abd'al Qiti, le Prince idiot, on voyait passer parfois des milliers d'oiseaux. On ne distinguait, en vérité, que le V déployé de leur vol dans la pâleur du clair de lune et l'on entendait seulement le claquement sec de leurs battements d'ailes, pareil au bruit de pages qu'on tourne. Ils s'en allaient en escadrille dans l'or du soir, tourner au-dessus du Guadalquivir, s'adonner à de subtiles arabesques au milieu des nuages, puis, sagement, avant que l'aube n'arrive, ils revenaient se percher sur les branches des milliers d'arbres des jardins du palais d'Al-Qiti, le palais aux mille portes fermées de mille serrures.

Curieux homme que cet Al-Qiti. Prince, bien sûr, héritier de la noble famille des Passianides, mais complètement idiot. Il passait tout le jour vêtu d'une simple gandoura de laine, assis en tailleur sur la terrasse de son palais, un éternel sourire aux lèvres, occupé à d'étranges conciliabules avec les mouches ou fasciné par la chorégraphie des grains de poussière dans les rayons du soleil. Il se nourrissait des fruits de ses vergers, buvait l'eau de ses fontaines et ne sortait jamais.

Quand les jeunes parlaient de lui en se moquant, le soir, sur la place de la ville, les vieux protestaient en disant qu'on lui devait le plus grand respect. Ils prétendaient qu'Al-Qiti, le Prince idiot, n'avait pas toujours été ainsi et même que, dans sa jeunesse, il avait été un poète corrosif et fulgurant, dont les vers et les contes dénonçaient les malheurs du royaume et les injustices qui s'y commettaient, le meilleur sans doute que le monde ait jamais connu. Un poète dont le roi, son père, avait si peur qu'il l'avait enfermé dans l'oasis des Confins. Il l'avait exilé là, dans cette oasis perdue au milieu des déserts, sans rien pour écrire ni personne à qui réciter ses vers. Mais derrière les épaisses murailles, à l'intérieur des jardins luxuriants de l'oasis des Confins, Al-Qiti avait continué à composer.

— Les autres conteurs, disaient les vieux, se contentent de mettre dans un certain ordre des mots qui sont connus de tous. Lui, pour échapper à la censure de son père, avait ses propres mots. Des mots que lui seul comprenait. Mais il ne fallait pas croire que ceux-ci ne voulaient rien dire. Bien au contraire. C'était parce que leur signification était lourde de sens qu'on ne les comprenait pas, tant il est vrai qu'un grand poète ne peut être pleinement compris que par des grands poètes.

Toujours est-il qu'à l'intérieur des murs de l'oasis des Confins, dans le parfum et la fraîcheur des orangers, Al-Qiti élevait en secret ses propres mots. Des mots d'ailes et de plumes, des mots-oiseaux, des mots aptes, en deux coups de reins, à s'élever vers le soleil et à franchir l'enceinte de l'oasis des Confins. Il en avait des volières entières. Patiemment, il les nourrissait lui-même, les dotait des plus belles plumes, leur apprenait peu à peu à voler. C'étaient des mots magnifiques, les pattes serties de bijoux, regard perçant et robe de feu, des mots à la majesté d'aigle. Chacun d'eux était à lui seul un poème subversif, à lui seul un conte provocateur et irrévérencieux. Il aurait suffi de savoir en déchiffrer un pour que le monde en soit changé !

Et quand les mots étaient adultes, qu'ils étaient prêts à s'envoler, expliquaient les vieux, Al-Qiti ouvrait les portes des volières. Il leur montrait le ciel. Il les lâchait pour qu'ils se répandent sur la terre entière !

— Ah oui ? demandaient les jeunes goguenards. Et pour quelle raison, alors, aucun de ces mots n'a bouleversé le monde ? Pourquoi personne, y compris vous, ne peut réciter un seul poème, un seul vers d'Al-Qiti, le Prince idiot ?

— À cause des archers de son père, répondaient les vieux gravement. À cause des archers aguerris du roi. Ils attendaient cachés derrière les dunes qui entouraient l'oasis des Confins. Et dès qu'Al-Qiti lâchait ses mots, les archers les transperçaient de flèches ! Les mots ne faisaient pas dix battements d'ailes ! Ils s'écroulaient les uns après les autres dans des tourbillons de couleurs. À force de voir ses contes et ses poèmes abattus par les archers de son père, Al-Qiti a perdu la raison. Il est devenu simple d'esprit. Alors, son père, le roi, l'a ramené dans le palais où il vit désormais sous le nom du Prince idiot.

— Et aucun de ses livres-oiseaux n'a réussi à franchir la ligne des archers ? Aucun n'a survécu ? demandaient encore les jeunes avec des sourires.

— Si ! répondaient les vieux. Un seul ! Un livre magnifique avec des ailes émeraude et turquoise. Il avait roulé dans le sable, comme les autres, mais la flèche ne l'avait atteint qu'au bas du corps et quand l'archer le retrouva derrière un éboulis de roches, il respirait encore. L'homme le dissimula sous son manteau, espérant en tirer un bon prix. Il le soigna, le nourrit puis s'en alla le vendre à Alexandrie. Yahyâ al-Nahwi, celui que l'on appelle aussi Jean le Grammairien, l'acheta à prix d'or pour la bibliothèque de la ville. Mais l'oiseau-livre n'avait pas d'autre désir que de retrouver son maître, de s'envoler et de le rejoindre dans son palais. Aussi, il fallut l'entraver, lui attacher une corde à la patte et le garder prisonnier au milieu des autres ouvrages.

— La bibliothèque d'Alexandrie ? s'amusaient les jeunes. Celle-là même qu'Amr, le général conquérant, a fait brûler sur l'ordre du chef des Croyants, Omar ibn al-Khattab ? Comme par hasard !

— C'est vrai, disaient les vieux, la bibliothèque a brûlé. En découvrant les collections extraordinaires de la bibliothèque et en particulier le livre écrit par Al-Qiti, Amr a hésité à la détruire comme il en avait l'ordre. Alors, il a écrit à Omar pour lui demander des instructions et celui-ci a répondu : « Pour les livres dont tu nous as parlé, s'il s'y trouve quelque chose qui soit conforme au Coran, le Coran nous permet de nous en passer ; s'il s'y trouve quelque chose qui lui soit contraire, ils sont sans utilité. » Et Amr, obéissant, a mis le feu à la bibliothèque.

— Alors les livres ont brûlé ? Et celui d'Al-Qiti aussi ?

— Peut-être, disaient les vieux, et peut-être pas. Qui sait ? Les premières mèches de l'incendie ont pu attaquer la corde qui retenait le livre-oiseau prisonnier. Il a pu réussir à déployer ses ailes et à s'enfuir par la fenêtre avant que les flammes ne le dévorent ?

Alors les jeunes haussaient les épaules et allaient discuter plus loin.

Les vieux restaient là, maugréant dans leur barbe, pestant contre ces jeunes qui ne croient plus en rien. Ils continuaient le récit pour eux-mêmes, se remémoraient les différentes fins que les conteurs donnaient à cette histoire. La plus belle faisait valoir que le livre d'Al-Qiti, une fois libéré par les flammes de la corde qui l'entravait, avait rassemblé tous les livres de la bibliothèque d'Alexandrie et leur avait appris comment voler, comment s'enfuir dans le ciel ensanglanté pour échapper au feu.

Oui, les vieux restaient là, des heures, à mâcher des bouts d'histoires, les yeux perdus vers le ciel crépusculaire où, au-dessus des jardins du palais d'Al-Qiti, le Prince idiot, passaient des milliers d'oiseaux. On ne distinguait que le V déployé de leur vol, que le claquement sec de leurs battements d'ailes, pareil au bruit de pages qu'on tourne. Mais si l'on avait eu de bons yeux, on aurait pu lire, sur leur couverture, le titre de chacun d'entre eux : l'*Histoire de Babylone* de Bérose, le prêtre chaldéen, les vers d'Homère écartés par Zénodote, le corpus d'Hippocrate, les grandes tragédies d'Athènes, l'original de la Thora apporté de Jérusalem, *La République* de Platon, l'histoire des trente dynasties égyptiennes de Manéthon, tant de manuscrits sur parchemin reliés de pierreries et d'or, tant de volumes écrits en syriaque, en grec, en latin ou couverts de hiéroglyphes, enluminés patiemment dans le silence des palais et des cloîtres... Les oiseaux-livres tournaient au-dessus du Guadalquivir, s'adonnaient à de subtiles arabesques au milieu des nuages, puis, sagement, avant que l'aube n'advienne, ils revenaient se percher sur les branches des milliers d'arbres des jardins du palais d'Abd al-Qiti, le palais aux mille portes fermées de mille serrures, le palais du Prince idiot, reproduisant dans la nuit claire la bibliothèque d'Alexandrie.

X

La légende de Youssouf

Où le duc Mauronte redevient le maître de Marseille. — Où le couvent des Cassianites est attaqué par les Francs et les mahométans. — Où les nonnes sacrifient leur nez pour préserver le reste. — Où Ibrahim rencontre Blanche. — Où Youssouf respire l'odeur des naïades sur le toit des bains. — Où il dessine une forêt de la pointe de son sabre. — Où il forge de belles cuirasses damasquinées. — Où il rencontre la tribu des femmes aux yeux sombres. — Où il ne vit que du bout des lèvres. — Où il confectionne de faux bijoux pour prendre Narbonne...

1.

Battue par le sable et le vent de sel qui venait du large, droite et fière, le regard perdu vers l'horizon, la basilique de Marseille ouvrait ses flancs à la foule immense qui l'avait prise d'assaut.

Une flamme de soie tombait des voûtes, bleue, semée d'étoiles d'or, peinte d'un grand christ crucifié. Des angelots de vermeil soulevaient des draperies où éclataient des inscriptions votives. Les saints gorgés d'or et de vert, descendus des carreaux, grimaçaient dans l'eau des bénitiers. Jésus en gloire s'étalait sur les mosaïques de l'arc triomphant de l'abside. Ce n'était plus ce Jésus adolescent des premiers temps du christianisme, ce Jésus aux joues imberbes des fresques des catacombes de Saint-Victor, mais, portant la toge, la tête ceinte d'un nimbe, le juge majestueux qui viendrait à la fin des temps juger les vivants et les morts.

Quand les trilles des sonnettes carillonnèrent pour l'élévation, tous baissèrent la tête, dans l'atrium réservé aux catéchumènes et aux pénitents, dans les bas-côtés de la nef principale où les fidèles s'entassaient, les hommes à droite, les femmes à gauche, derrière les balustrades, séparées par les grilles, où se tenaient les diacres, les ministres inférieurs ainsi que les vierges consacrées et même, tout au fond, jusqu'à l'autel, très simple table soutenue par quelques colonnes, entouré de bancs de marbre où s'étaient installés les prêtres et, dans le creux arrondi de l'abside, l'évêque Abdalong devant son siège épiscopal.

Le seul à se contenter d'une brève inclinaison du menton fut le commandant de la garnison franque. Il tenait à la main son épée, la paume posée bien à plat sur la lame incurvée d'acier brun dont seuls brillaient le fil et la courbe de taillant sur un pouce de largeur. La lumière des chandelles arrachait des poignées d'éclats de lumière, des reflets d'acier nu sur les cuirasses des guerriers francs qui l'accompagnaient.

Le duc Mauronte, lui, priait avec une ardeur remarquable. Un cierge dans une main, son livre dans l'autre, il chantait. Il savait, par expérience, que le peuple de Marseille, exalté, exubérant, exigeait de ses dirigeants une foi absolue et même exagérée. Sa barbe savamment taillée se relevait et s'abaissait au rythme des cantiques. L'évêque, gardé de prêtres en chasuble, d'enfants de chœur habillés en rouge et en bleu, ne cessait de l'observer. Abdalong paraissait perdu au milieu de cette foule qu'il savait hostile. Il manœuvrait péniblement sa carrure d'éléphant blême.

L'appréhension n'avait pas quitté le regard de l'évêque quand, à la fin de la messe, on sortit sur le parvis pour le départ de la procession. Le vent avait encore crû en violence et en cruauté. Des vagues sombres se fracassaient sur les rochers et montaient en colonnes fumantes. Un soleil d'un blanc d'hostie roulait au-dessus de la ville rendue folle par les bourrasques.

Dans la foule, à la vue de la mitre épiscopale, des menaces fusèrent. Monseigneur Abdalong bâcla la cérémonie. Il donna sa bénédiction et ne resta qu'une minute à regarder la procession monter à travers les rues blanches qui semblaient se couler dans les entailles violentes ouvertes entre les façades baignées de lumière. Et puis, très vite, il donna l'ordre de regagner le palais Babon. On les vit, lui et les siens, se dépêcher de franchir l'esplanade. Une poussée de mistral déboula alors sur la place, soulevant dans un tourbillon de poussière les robes des religieux et obligeant les prêtres à poser leurs mains sur leurs calots. Des hommes surgirent, en guenilles, avec des barbes de raphia noir qui leur mangeaient tout le visage, des ouvriers du port peut-être, à se fier à leur tablier de cuir, qui prirent à partie les moines, menacèrent, du poing et du marteau, l'évêque entouré de ses prêtres.

Le duc Mauronte réagit aussitôt. Il envoya ses hommes – tous ses hommes – au secours des religieux. On ne pourrait lui reprocher son zèle. Lui-même sortit l'épée et marcha d'un pas ferme en direction de ce qui pouvait passer pour un début d'émeute.

Les chevaliers francs étaient remontés en selle. Ils hésitaient à leur tour à intervenir. Mais la réaction massive et rapide du duc les arrêta. Ce n'était après tout le fait que de quelques mécontents. Ils restèrent sur la place, indécis, isolés, incapables de se décider entre suivre les hommes de Mauronte ou se rattacher aux gens d'armes qui encadraient la procession. Il y avait, de toute façon, trop de monde pour avancer. Une foule nouvelle était descendue de la colline par les rues pentues et empêchait les montures de manœuvrer. Et parmi tous ces gens, mais cachés dans la multitude, certains portaient des masses et d'autres des harpons de pêcheur.

Les meneurs firent un geste et les minots qui mendiaient un peu partout sur la place sortirent des couteaux de leurs manches puis, avant même que les Francs ne comprennent ce qui leur arrivait, ils tailladèrent les jarrets des chevaux. Dans les hennissements affolés des bêtes, les cavaliers s'effondrèrent et roulèrent à terre, emberlificotés dans leurs étriers, dans leurs capes de cérémonie. Des filets tombèrent des balcons et emprisonnèrent les bras d'où avaient jailli les épées. Alors ce fut la curée. Les harpons s'enfoncèrent dans des éclaboussures de sang. C'était la technique de la pêche aux thons. Quand Mauronte et ses hommes rappliquèrent, la messe était dite. La foule s'était déjà dispersée, laissant sur le carreau les cadavres des Francs.

Devant l'évêque, devant les abbés et les abbesses et les corps constitués, le patrice jura ses grands dieux qu'il trouverait avant le soir les meneurs et qu'il vengerait les hommes de Charles Martel. Ses gens d'armes partirent aussitôt à l'assaut des rues. Mais ils ne se pressaient guère : les pauvres hères que le soir même, pour la forme, Pacôme ferait écarteler sur la place du forum étaient déjà sous les verrous, prêts au sacrifice. Dans sa barbe, le duc Mauronte jubilait. Il était redevenu le véritable maître de Marseille.

Pacôme pensa que, cette fois, les dés étaient jetés. L'alliance avec les Maures devenait une nécessité.

2.

Esseulées dans leur couvent de l'Huveaune, les Cassianites vivaient dans la crainte perpétuelle des Sarrasins. Jour après jour, des nouvelles terribles leur parvenaient, faisant état de leur progression et de leurs exactions. Youssouf ben Abd al-Rahman al-Fihri, le wali de Narbonne, s'aventurait de plus en plus loin de ses terres. Il multipliait les attaques contre les convois des marchands de Marseille et, sur mer, ses corsaires s'en prenaient à tout bateau passé par la cité phocéenne. De village en village, de ferme en ferme, de bouche en bouche, la rumeur se colportait et s'amplifiait : les Maures chevauchaient des démons, ils portaient cornes et pieds fourchus ; ils mangeaient les enfants, ils infligeaient aux femmes des sévices inimaginables... Les nonnes suppliaient chaque jour Eusébie de revenir sur sa décision, de retourner s'abriter derrière les murailles de Marseille. Et comme l'abbesse refusait, la nuit, le dortoir du couvent résonnait de cris terribles, de plaintes poussées par des religieuses torturées de cauchemars surchargés d'outrages et de salissures.

Aussi, ni les nonnes ni l'abbesse ne furent autrement surprises quand un soir, sœur Jeanne, sortie pour couper du bois, surgit dans le réfectoire en brandissant sa hachette et annonça d'une voix tremblante qu'ILS étaient là. Elle les avait vus dans l'estuaire, une centaine peut-être, arc-boutés sur les rames de leurs barques, avec leurs silhouettes de loups maigres, leurs yeux rougeoyants comme des braises, leurs dents acérées que la lune faisait claires.

Elles fermèrent les portes de l'enceinte et guettèrent des fenêtres. La nuit semblait paisible, d'une tristesse soucieuse, avec ses arbres cernés d'argent, son ciel d'un bleu d'ardoise et le fleuve laqué d'une épaisseur de lait. Mais bientôt les sous-bois furent remués de signes énigmatiques. Ils cahotèrent sous les soubresauts d'ombres invisibles, se hérissèrent d'éclats d'armes et de cuirasses. Alors, les nonnes se rassemblèrent autour de l'abbesse et elles attendirent. Elles frémissaient au moindre mouvement, sursautaient au moindre bruit. L'angoisse montait, qui les empêchait de respirer. Elles vécurent presque comme une délivrance d'entendre enfin le bruit clair et net d'une cavalcade sur le pont de bois et de voir briller des torches dans la nuit. Au même instant, on cogna à l'huis de l'entrée principale.

Eusébie, courageusement, s'avança jusqu'à la porte et souleva le judas.

Ce n'étaient pas les Sarrasins. Des Francs s'étaient portés en demi-cercle autour de la bâtisse, impassibles comme des soldats de plomb, les plis rouges de leurs capes tombant raides sur le gris de leurs cottes de mailles. Un officier se tenait devant la porte. Son scramasaxe était pendu à son ceinturon et il s'appuyait sur sa grande épée, son casque relevé, offrant aux caresses du vent le puissant arôme de ses aisselles. Toute la troupe, d'ailleurs, répandait une odeur de troupeau.

— Qui êtes-vous ? demanda l'abbesse. Et que voulez-vous ?

— Je suis le comte Thomazeau, envoyé par Childebrand, comte d'Autun et duc de Bourgogne. Je suis venu chercher Blanche, la fille du patrice Mauronte. Livrez-la-nous et il ne vous sera fait aucun mal.

À cette idée, l'abbesse ne put s'empêcher de sourire. Se débarrasser de Blanche ? La livrer à ces barbares qui l'emporteraient loin d'elle ? Elle resta un instant silencieuse, les yeux mi-clos, ronronnant presque, à savourer ce qu'il y avait de réjouissant à déposer cette pensée sur la balance. Les nonnes étaient derrière elle et Blanche devait attendre sa réponse, le feu aux joues, le cœur lui battant plus vite qu'à l'ordinaire.

— Personne qui est entré ici n'en peut ressortir hors de la volonté de Dieu, dit Eusébie, la voix sourde et voilée d'orgueil. Passez votre chemin, Messire.

— Vous ne m'avez peut-être pas bien compris, répondit très calmement le comte Thomazeau. Mes soldats sont des soudards. Ce qu'on ne leur donne pas, ils ont l'habitude de le prendre de force. Et quand ils sont en colère, moi-même je ne les contrôle pas. Vous avez la responsabilité de tant de jeunes personnes...

— Incitez vos hommes à se confesser de leurs péchés. Dieu est miséricordieux. Et Eusébie referma brutalement le judas. Elle se retourna vers les nonnes.

— Le temps des épreuves est venu, mes sœurs.

Presque aussitôt, sur la porte, un bélier commença à cogner lourdement. Les nonnes se serrèrent les unes contre les autres. À chaque ébranlement de l'huis, elles sursautaient et gémissaient en cadence. Et puis, il y eut une accalmie, comme un changement de direction. Le fracas cessa. D'autres bruits, confus, lointains, lui succédèrent, des piétinements innombrables, des courses, des ordres jetés dans la nuit, tout un brouhaha de cris et de cognements d'armes. Sœur Jeanne grimpa à l'étage.

— Les Sarrasins ! cria-t-elle. Cette fois, ce sont eux ! Je savais, tout de même, que je n'avais pas rêvé ! Et ils sont bien plus nombreux que les Francs !

La nouvelle fut accueillie par un long frisson de panique. C'était tomber de Charybde en Scylla.

— Le feu a pris à la grange ! constata soudain sœur Marie. Nos palissades ne résisteront pas longtemps.

Ne fallait-il pas ouvrir les portes aux envoyés de Childebrand ? S'unir à eux contre les mahométans ? Mais c'était sans doute déjà trop tard. Dehors, les combats avaient cessé. Les piétinements s'accompagnaient maintenant de phrases jetées dans un langage qui ne pouvait être que de l'arabe. Les Francs avaient dû fuir un affrontement perdu d'avance. Les nonnes décidèrent de se réfugier dans la chapelle. Les portes en étaient plus épaisses et elles pourraient prier et implorer le Seigneur de leur venir en aide.

À l'intérieur, c'était une seconde nuit, plus froide, plus austère, sans autres astres que les cierges allumés devant l'autel voilé de violet. L'incendie qu'on entendait maintenant crépiter et dont on commençait à ressentir la chaleur et la fumée illuminait les vitraux d'un pourpre jaunâtre et cireux.

— Mes sœurs, dit Eusébie, nous n'avons pas d'autre choix que de recommander nos âmes à Dieu. Prions !

D'un même mouvement, les nonnes s'agenouillèrent et entonnèrent le « Gloria in excelcis ». Les voix tremblaient. Les mains étaient douloureusement closes. Eusébie, elle, se dispensa du chant. Elle demeura debout, surplombant les autres religieuses. L'incendie grandissait à travers les vitraux et jetait sur les filles des lueurs nerveuses qui épousaient les sillons tièdes des cous, débusquaient les lèvres tremblantes, dénonçaient les tremblements de mâchoires. Elles déposaient des balafres sur les religieuses agenouillées, autant de croix qu'elles traçaient comme l'on marque les bêtes choisies pour l'abattoir. Voilà, se dit Eusébie, l'heure est venue. Je vais savoir.

Elle chercha Blanche du regard. La fille du duc Mauronte avait adopté la même posture que les autres. Elle priait, paupières baissées, à genoux sur le marbre de la chapelle. Les lueurs qui tombaient des vitraux la rendaient plus belle encore qu'à l'ordinaire, soulignant la perfection de son profil, la finesse de chacun de ses traits, la nimbant d'une clarté pâle dans laquelle elle semblait flotter, aérienne et légère. L'abbesse en frissonna de colère. Cette beauté de Blanche, cette beauté toujours préservée, toujours protégée, lui parut de nouveau un abominable scandale. Aucune justice, aucun salut ne sera possible, pensa-t-elle, tant qu'il n'y serait pas mis fin.

— Nous y sommes, dit-il. C'est à toi de jouer, ma belle.

Il était bien là, derrière elle, comme toujours, à lui souffler ses conseils à l'oreille, à lui chauffer le sang. Elle le devinait, immense, avec ses cornes de bouc, son sourire cruel.

Dehors, l'agitation était à son comble. Le feu gagnait la porte de la chapelle qui ne tarderait pas à s'écrouler.

— À toi de jouer, dit-il encore. Tu sais très bien ce que tu dois faire.

Eusébie s'approcha de sœur Jeanne et prit dans ses mains la hachette que celle-ci n'avait pas lâchée.

— Mes filles, dit-elle d'une voix qu'elle peinait à garder calme et posée, notre seul époux est le Seigneur. Nous avons fait vœu de chasteté et nous lui avons donné en offrande notre virginité. De l'autre côté de cette porte, d'un instant à l'autre, des bêtes vont déferler. Des créatures impures qui voudront abuser de nous, nous avilir, nous salir à jamais. L'heure est venue de montrer à notre Dieu la force de notre amour ! Gardons-lui notre cœur ! Gardons-lui notre corps sans tache et sans souillure. Voici le fer, mes filles, par lequel nous allons échapper au désir de nos ennemis. Défigurons nos visages et, pris de dégoût, ils nous ôteront peut-être la vie mais pas la promesse de pureté que nous avons faite à notre Sauveur.

Eusébie saisit la hachette à deux mains, la brandit au-dessus d'elle en fermant les yeux.

— Vas-y, lui dit-il à l'oreille et elle sentit de nouveau son souffle qui coulait dans son dos, qui descendait jusqu'à ses reins.

Alors, poussant un cri de rage et de désespoir, d'un coup sec, elle se trancha le nez. La douleur l'aveugla.

Vois ce que tu as fait de moi, Seigneur ! cria-t-elle dans sa tête. Vois ce que tu lui as laissé faire de moi ! Elle chancela, le visage couvert de sang. Mais elle eut la force de se tourner vers Blanche et de lui tendre l'instrument.

— À vous, ma fille, dit-elle. Pour notre époux à tous. Pour l'amour de Jésus !

Dehors, devant la porte qui chancelait, on entendait l'excitation d'une multitude d'hommes. Blanche, très pâle, tendit la main vers l'arme. Ses doigts tremblaient. Elle hésita. Sœur Marie dut trouver que la fille du duc Mauronte était trop lente. Elle la devança, saisit la hachette et, à son tour, d'un geste violent, elle se défigura. L'arme passa ainsi de main en main. Une à une, les novices se tranchaient le nez, avec des cris de rage qui montaient vers la nef, puis elles s'écroulaient sous la douleur. Il ne restait plus que Blanche. La hachette de nouveau se trouva dans sa paume. Elle se fit violence, saisit fermement la poignée. À cet instant précis, la porte céda. Des têtes apparurent. Les premiers Sarrasins pénétrèrent dans l'allée centrale. Blanche leva la lame.

Mais elle ne put s'empêcher de jeter un regard vers les assaillants et, en un éclair, elle le vit. Et elle le reconnut. Il marchait en tête. C'était celui-là dont les traits s'étaient peu à peu imposés dans ses rêves de jeune fille, le héros de ses contes, son prince, celui-là tant espéré et dont le faune joufflu doutait de l'existence. Éclairé par les lueurs fauves tombées des vitraux, c'était lui. Même visage anguleux, même sourire en équilibre fragile, même regard chargé de fièvre. Il s'avançait vers elle.

Youssouf écarta les nonnes défigurées qui se dressaient sur son chemin. Il renversa cette ombre qui avait surgi de derrière Eusébie et qui tentait à son tour de s'interposer. Il se précipita sur Blanche et il arrêta son bras avant qu'il ne soit trop tard.

— Blanche ! dit-il simplement.

Elle s'évanouit.

3.

Le lendemain, en milieu de matinée, alors qu'une douceur de crème aux œufs baignait la baie et les îles meringues, on vit entrer *La Sardine tentaculaire* dans le port de Marseille. Le capitaine Algésiras commandait la manœuvre. À son côté, couronnée d'un vol innombrable d'oiseaux, se tenait Marie des Mouettes. Sur le pont, les nonnes du couvent des Cassianites étaient assises en rang serré, la tête basse, le visage bandé. Le navire s'amarra au pied du palais de Mauronte. Et, selon un processus qui ne s'était jamais interrompu depuis le débarquement de Protis, les histoires commencèrent à naître parmi la foule amassée sur le quai. On montrait *La Sardine*, les nonnes sans nez, le capitaine et Marie, et l'on inventait les récits les plus extravagants. Les mots venaient sans peine, à voir Algésiras sortant de la cale en tenant Blanche, très pâle, dans ses bras. Des histoires de pirates, de naufrage, d'enlèvement s'engendraient sur l'instant dans l'imagination des conteurs. On recyclait parfois de vieux récits ou on en fusionnait plusieurs, mais l'inspiration ne faisait pas défaut. La version qui parut la plus probable rapportait que Mauronte avait été prévenu à l'aube d'une attaque contre le couvent des Cassianites et qu'il avait envoyé *La Sardine tentaculaire* pour récupérer sa fille. Par la grâce de Dieu, Blanche était saine et sauve, miraculeusement préservée, alors que les autres nonnes avaient été retrouvées vivantes mais défigurées. Dans cette version, les religieuses avaient été remises au capitaine Algésiras par les Maures sans qu'un coup de feu soit tiré, « au nom de notre nouvelle amitié ».

Quand Blanche se réveilla, elle était dans son lit, au château de son père. Un feu crépitait dans la cheminée et diffusait une douce chaleur. Elle resta un instant dans la tiédeur des draps, s'efforçant de ne penser à rien tant chaque image qui lui venait la plongeait à la fois dans la peur et l'excitation. Tout ce qu'elle avait vécu, tout ce qu'elle avait vu, tout ce qu'elle avait pensé lors de ces quelques jours se bousculait dans son cerveau et dans son cœur en une extrême confusion.

Et puis, quand elle se redressa enfin, elle aperçut une silhouette devant elle, dans le fauteuil. Elle poussa un petit cri, plus de surprise que de peur, car c'était un vieil homme souriant. Il était drapé dans une longue robe en laine. Les lueurs du feu marquaient un peu le squelette de son visage, les arcades de ses sourcils, les os de son nez, les cercles orbitaires qui enchâssaient ses yeux sans pupille qu'il levait vers le plafond. Il tenait un bâton entre ses mains.

— N'ayez pas peur, dit-il. Je suis inoffensif.

— Je n'ai pas peur, répondit-elle.

Elle le trouva très beau, de l'élégance de ces mendiants qui apparaissent dans les récits antiques, qui décorent les portes des vieilles villes ou prêtent leur sérieux aux péristyles des temples.

— Je m'appelle Ibrahim, le poète aveugle. Je suis le présent que mon maître, Youssouf, le wali de Narbonne, a offert à votre père.

— Vous connaissez le wali de Narbonne ? C'est lui qui vous envoie ?

— Il m'a chargé de vous approcher si l'occasion s'en présentait, d'être son porte-parole, de vous parler de lui car il ne doute pas que vous devez l'imaginer pareil à un des démons de l'Enfer.

— Votre maître est bien prétentieux de croire que je l'imagine de quelque façon… Mais je suis prête à vous entendre…

Ibrahim sourit tandis que ses doigts se nouaient lentement sur le manche de son bâton avec la grâce d'un rosier s'enroulant sur le bois de son tuteur.

— À vrai dire, je ne suis pas très fort pour parler des gens, surtout de ceux que j'aime. Je ne suis qu'un poète, qu'un raconteur d'histoires. Je n'ai que des contes à vous proposer…

— La forme importe peu, dit Blanche en se calant dans ses coussins et en prenant entre ses bras son préféré, un édredon de sept oies et quatorze canards. Voyons ce que vous avez à me dire…

BAINS

En ce temps-là, dit Ibrahim, Youssouf était encore adolescent, presque un enfant…

C'était un soir de pleine lune, sur les toits du palais du vizir. À leurs pieds, Damas vertigineuse et ses coupoles d'Islam tournant sur elles-mêmes, ses flèches de minarets montant dans l'épouvante du ciel.

— Viens ! disait Karim à son ami Youssouf. Viens avec moi sur le toit des bains des épouses du vizir. Je te promets que nous pourrons leur faire l'amour !

— Leur corps ne m'intéresse pas, disait Youssouf. Moi, je veux conquérir leur cœur…

— Ne sois pas ridicule, se moquait Karim. Contente-toi de ce que tu peux prendre.

Et il l'entraînait avec lui jusqu'aux toits du quartier des femmes.

— Regarde ! disait-il en s'accroupissant pour mieux regarder pas les fenestrons. As-tu déjà vu spectacle plus admirable ?

C'étaient, au-dessous d'eux, d'immenses salles éclairées d'un faible jour, de longues colonnes, des murs revêtus de marbre et de mosaïques, des portiques sculptés. Une vapeur d'eau s'élevait des bassins, remplissait l'air d'une chaleur étouffante qui gommait les contours et déplaçait les formes. Un brouillard bleu flottait au travers duquel des femmes nues, plus belles

les unes que les autres, s'ébrouaient. De jeunes beautés s'éclaboussaient dans l'insouciance de leurs formes naissantes. D'autres, plus mûres, seins lourds et hanches généreuses, paressaient, l'œil mi-clos, dans des poses de chattes. Des esclaves nubiennes, tête fière, poitrine nue, massaient le dos des plus anciennes ou tressaient leurs cheveux.

— Par là, Youssouf. C'est là que nous pourrons leur faire l'amour !

Karim se glissa jusqu'aux conduits d'où s'échappaient les vapeurs qui montaient du hammam. Il prit dans ses bras les fumées lourdes qui se contorsionnaient en torsades dans l'air du soir.

— Ce sont des effluves de femmes, Youssouf ! La condensation de gouttes qui ont léché chacune des parcelles de leurs corps et en ont capté quelque chose ! Fais comme moi ! Embrasse-les ! Embrasse-les !

Mais Youssouf avait du mal à détacher son regard des silhouettes qui, plus bas, flottaient dans la brume chaude, de ces belles femmes accroupies, avec leurs cuisses écrasées sous le poids du torse, leurs seins pulpeux, les plis gras de leur ventre. Être aimé de l'une d'elles, une d'elles seulement !

— Viens, je te dis ! Viens voler ses épouses au vizir ! Certaines s'attardent tant au bain qu'elles finiront par fondre sous la vapeur, par s'évaporer toutes nues, tout humides et nous, ici, nous n'aurons plus qu'à les cueillir.

Youssouf rit aux délires de Karim. Son ami était si convaincant qu'il finit par le rejoindre. Tout heureux, Karim lui laissa la place entière. Youssouf ouvrit les bras, essaya de brasser les courants chauds qui s'entortillaient contre son torse. Il ferma les yeux et tenta d'imaginer qu'il tenait contre lui celle-là, cette brune aux hanches larges et aux épaules délicates qu'il avait vue lentement s'enfoncer dans l'eau bleue, ou celle-là, cette rousse luisante, les fesses pleines de plis et d'ombres débordant sur la natte. Peut-être pourrait-il saisir ainsi leur corps. Mais leur cœur ? Comment y parvenir ?

Il était si absorbé par ses pensées qu'il ne remarqua pas l'arrivée sur le toit des gardes du vizir, qu'il n'entendit pas Karim l'exhorter à fuir avec lui le long de la gouttière, si absorbé que, même saisi par les gardes, il continua à serrer contre lui ses fiancées de fumée.

— Ce n'est qu'un gamin ! avaient tenté de plaider les épouses. Ce qu'il a fait est si peu de chose ! Et nous ne lui en tenons pas rigueur.

— C'est moi l'offensé ! avait répondu le vizir. Je veux qu'il me rende ce qui m'appartient ! Je veux que son corps recrache en sang et en sueur les vapeurs de femmes qu'il m'a volées !

Dans la grand-salle du palais, sous les hautes voûtes, entre les colonnes de marbre, devant le parterre des femmes et des esclaves rassemblés pour l'exemple, le vizir faisait fouetter Youssouf par ses eunuques. Dans le roulement des tambours, les verges à nœuds cinglaient le corps nu de l'adolescent, le striaient, des épaules aux fesses, de grandes balafres saignantes. Karim, dans la foule, observait les épouses du vizir. Toutes, les jeunes comme les vieilles, sursautaient à chaque coup porté, elles gémissaient à chaque cri lâché et, sous leur voile, elles pleuraient à chaudes larmes devant la souffrance de leur petit amoureux. Alors, Karim se glissa auprès de chacune d'elles, il leur demanda leurs mouchoirs. Plus tard, il essora les morceaux de tissu au-dessus d'un grand verre. Et quand tout fut fini, quand seul resta son ami dans la salle, ensanglanté et pendu à ses liens, Karim alla porter le verre à ses lèvres.

— Bois, dit-il, c'est l'eau de leurs sentiments pour toi. Voilà le moyen de posséder leur cœur.

ARABESQUE

En ce temps-là, dit Ibrahim, Youssouf était tombé amoureux de la belle Najwa, la fille du tailleur aux yeux de biche. Pour pouvoir l'admirer toute la journée, il avait insisté auprès d'Al-Mofar, le forgeron, dont l'atelier jouxtait celui du tailleur, pour qu'il l'embauche comme apprenti. L'homme était dur, exigeant, passé maître dans le travail de l'acier dit « de Damas », qui arrivait, par caravane, de Perse et d'Ouzbékistan. Il n'hésitait pas à châtier à coups de cravache en poil d'hippopotame ses apprentis quand ils travaillaient mal. Et comme plus personne ne voulait œuvrer avec lui, il avait accepté Youssouf.

— Le métal part en miettes s'il est forgé trop chaud, lui disait-il à longueur de journée. Il devient cassant s'il est forgé trop froid et il perd son tranchant s'il est forgé trop longtemps !

Youssouf était un garçon intelligent et travailleur. Il commença à s'occuper du feu, jour et nuit, jusqu'à s'en brûler les mains et les sourcils. Il observa le maître manier cet acier de Damas magnifique, veiné de fibres serpentantes qui lui donnait un bel aspect mat et moiré. Il s'enhardit, prit des initiatives et chaque fois qu'il prit des coups de cravache, il se consolait en admirant Najwa. Il apprit peu à peu. Bientôt le maître lui confia la réparation des épées, des sabres et des poignards qu'on lui confiait. Youssouf les rafistolait sans compter son temps et le soir, tout seul dans l'atelier, il s'entraînait à les manier et ce fut ainsi qu'il devint peu à peu habile dans cet art.

Elle lui avait dit, la belle Najwa, la fille du tailleur aux yeux de biche, elle lui avait dit, avec un rire moqueur qui montrait ses blanches dents :

— Je t'aimerai lorsque le désert sera couvert de fleurs ! Je t'aimerai, Youssouf, lorsque le sable disparaîtra sous les feuilles et les lianes !

Alors, Youssouf prit un sabre, le plus beau de l'atelier et sur le sable, des heures durant, en longs moulinets savants, il couvrit les dunes de ses arabesques. À perte de vue, sous les moulinets précis de son poignet, sa lame imita sur le sol la flore, les feuilles, les tiges des lianes. Il couvrit l'immensité du désert de forêts sèches et plates, de jungles immobiles et minérales.

Et tous admiraient son œuvre car ses arabesques ne se regardaient pas seulement, elles s'écoutaient dans le sifflement de l'acier de son arme sur le silicium, elles se méditaient car elles écrivaient en même temps de jolis poèmes pour Najwa. Au final, son œuvre était magnifique : des dunes à perte de vue couvertes d'une végétation tracée du bout du sabre, d'acanthes, de corolles, de palmes, de rosaces, en motifs abstraits et alternés. Même les caravaniers, même les pèlerins en route vers La Mecque, même les chameaux, les fennecs et les aigles s'arrêtaient un instant pour savourer la beauté infinie de cette forêt de cendres et de sable.

Alors, Youssouf courut chercher la belle Najwa. Il courut au moment même où le vent se levait. Et quand, haletant, le feu aux joues, il toqua à la porte de la maison du tailleur, déjà le sirocco effaçait son œuvre.

LES CUIRASSES DE DENTELLE

Ibrahim parlait et sa voix tournait autour de Blanche.

— Youssouf, assurément, dit-il, devint de plus en plus habile. Peu à peu, il s'enhardit à chauffer l'acier de Damas, à le plier, puis à le marteler. Contrairement à son ami Karim qui ne rêvait que de quitter la ville, Youssouf voulait y devenir notable. Il acquit un savoir-faire reconnu dans l'art de la damasquinure, l'art d'incruster des fils d'argent ou d'or dans le fer et l'acier. Il confectionnait de merveilleux bijoux, des armes d'une solidité à toute épreuve. Et sans doute aurait-il un jour remplacé Al-Mofar lui-même s'il n'y avait eu l'affaire des filles de Slimani le Navigateur.

— Slimani le Navigateur ? répéta Blanche.

C'était le plus fameux pirate de Damas, si riche qu'il avait une douzaine d'épouses, toutes blondes, se ressemblant comme des gouttes d'eau, qu'il avait ramenées une à une, en collectionneur, de chacune de ses razzias le long des côtes de la Grèce et de la Roumélie. Elles ne lui avaient donné que des filles, quarante-quatre exactement, toutes frappées du même mal : elles ne pouvaient aimer qu'une fois. Tant qu'elles n'étaient pas tombées amoureuses, elles avaient l'allure élancée, la peau rose et dorée, de beaux yeux clairs et de longues nattes. Mais dès que l'amour les prenait, elles s'enflammaient. Ce n'est pas une image, Demoiselle. Elles s'enflammaient ! Dès que leur cœur s'embrasait, elles prenaient feu. On les voyait flamber debout, s'immolant sur les places, au milieu des rues, les bras levés et les yeux pleins de fièvre, lâchant de belles et longues flammes qui montaient jusqu'au ciel et incendiaient jusqu'à leurs nattes dressées au-dessus d'elles. Et juste après, quand le feu s'était éteint, elles restaient un instant, noires, carbonisées, puis s'écroulaient en cendres.

Le pirate était si malheureux de perdre une à une ses filles qu'il avait promis beaucoup d'or à qui les délivrerait de leur mal. Youssouf avait de l'ambition. Il releva le pari et convainquit Al-Mofar de lui prêter sa forge. Puis, il s'enferma plusieurs jours, seul devant le feu, maniant les fers et les creusets. Il chercha dans les vieux parchemins les affinités secrètes entre les étoiles et les métaux – Soleil et or, Lune et argent, Mars et fer, Jupiter et étain, Saturne et plomb, Mercure et vif-argent – et il comprit qu'il pouvait, en recourant à de mystérieuses alliances, donner à ses alliages des propriétés surprenantes. Il confectionna pour les belles des petites cuirasses qu'on fermait dans le dos par un petit verrou, si fines et si damasquinées qu'on aurait dit des corsets de dentelle. Et il dit au marchand :

— Mes cuirasses, une fois ajustées sur elles, protégeront le cœur de vos filles. Elles sont d'un métal que ne peut transpercer aucun sentiment. Tant qu'elles les porteront, elles seront insensibles aux choses de l'amour. Amenez-moi vos filles et vous serez sauvé.

Ibrahim se tut. Il n'y eut dans la pièce que le bruit des bûches qui s'écroulaient dans l'âtre de la cheminée.

— Et alors ? demanda Blanche. Les cuirasses ont-elles été efficaces ?

— Ça, on ne le saura jamais. Les filles de Slimani n'ont pas eu le temps de les mettre. Cela s'est passé quand elles sont entrées dans l'atelier pour procéder à l'essayage… Quand elles ont vu Youssouf… elles ont flambé. Toutes, les unes après les autres. Et Youssouf, pour échapper aux foudres du pirate, n'a pas eu d'autre choix que d'enjamber les cendres et de fuir la ville. Il a rejoint à temps son ami Karim qui s'en allait en direction de l'ouest. C'est ainsi qu'il a commencé à marcher vers vous…

LA TRIBU DES FEMMES AUX YEUX SOMBRES

Ils avaient pris la grande route qui part d'Ayla, point d'arrivée et de départ des caravanes emportant vers la Palestine et Constantinople les produits venus d'Orient, soie, épices, gemmes, parfums, à travers la douane impériale de l'île de Jotabé et le golfe d'Aqaba, puis ils avaient suivi la ligne des oueds entre l'oued Gassa et l'oued Araba, la route caravanière historique de Pétra à Gaza. Ce fut d'ailleurs après avoir discuté avec des marchands que Karim convainquit son ami et les deux autres compagnons qui s'étaient joints à eux de bifurquer discrètement et de rejoindre la côte à travers le désert.

— Nous ne devrions pas nous écarter de la route, murmurait Youssouf. Nous devrions rejoindre les autres.

— Allons, répondait Karim, ce sera juste un petit détour ! Des femmes aux yeux extraordinaires ! C'est cela qu'ils nous ont dit : des yeux dont on se souvient à jamais !

On leur avait dit de bifurquer après l'oued Araba, de suivre les traces des sentiers de chameaux, de couper à travers les grandes dunes en direction de la mer. C'était là qu'ils trouveraient l'oasis de la tribu des femmes aux yeux sombres. Ils étaient quatre : Karim, Youssouf, Mohamad, qu'ils appelaient le Rêveur, et Idriss, le porteur d'eau. D'autres avaient bien tenté de les dissuader. On leur avait dit que ces femmes étaient maudites, qu'on les parquait là parce qu'elles étaient atteintes de la lèpre. Mais Karim avait balayé ces racontars d'un revers de la main.

— En vérité, avait-il dit, c'est là la cache secrète des femmes de quelque émir. On cherche simplement à nous empêcher d'aller à l'oasis.

Ils y arrivèrent, exténués, après plusieurs heures de marche, au moment où la nuit tombait. Ce n'était qu'une dizaine de tentes, autour d'un puits, de grands palmiers qui bougeaient dans le vent, des feux de bois. Une vingtaine de femmes, rien que des femmes.

Couchés dans le sable, ils observèrent dans le crépuscule de l'oasis, sous les mouvements lents des palmes sous le vent, ces figures sombres qui s'affairaient. Elles s'en allaient tirer de l'eau au puits, étendre le linge, chercher du bois. Elles portaient toutes le voile de la tête aux pieds, dissimulaient leurs corps sous des draps noirs qui fondaient leurs silhouettes dans la nuit. Les draps s'enroulaient autour d'elles, dévoilaient un court instant leurs formes puis les effaçaient. Sans doute n'étaient-elles pas belles. Ils devinaient, ils pressentaient des corps noirs, des chairs durcies par le soleil, trop musclées, semblables aux racines des arbres secs, à la chair du mouton qui tourne sur les broches des campements. Mais leurs yeux ! À chaque fois qu'elles tournaient la tête, que les flammes du feu les éclairaient un peu, on apercevait, dans l'ombre, leurs regards fiévreux et somnambuliques de beautés liliales et meurtries. C'étaient des yeux gonflés, creusés, cernés de suie épaisse, des feux couvants, remplis de braise, avec des éclats sombres d'incendie.

Ils chuchotèrent entre eux. Le cerne autour des yeux de ces femmes, de quoi était-ce donc le signe ? Était-ce là le trait d'une race particulière ? La preuve d'un onanisme forcené ? D'un pacte avec les djinns ? Ces femmes étaient-elles assommées par le poids de nuits chargées de cauchemars ? Dieu avait-il rassemblé là, au gré des errances et des aléas de l'Histoire, toutes les grandes pécheresses ? Mohamad récita des vers d'Éphrem de Syrie qui opposait l'œil de la vierge, brillant et doux, à celui d'Ève, aveugle et noir.

— Je veux en savoir davantage, dit Karim. Je veux en voir une de plus près.

Il glissa de dune en dune, jusqu'à s'approcher tout près du campement, tout près de la petite mare de l'oasis. Et les trois autres finirent par le rejoindre, par se couler, comme lui, dans le sable et rester ainsi, suspendus, entre les étoiles et leurs reflets qui les doublaient dans l'eau. Une de ces femmes vint, la cruche sur la tête. Elle s'agenouilla. La lune éclaira parfaitement son visage. Et ils en restèrent bouche bée.

Le voile nimbait son visage, le jetait dans l'ombre, trou noir d'où seuls émergeaient les yeux. C'étaient des yeux de péché et d'orgueil, des yeux de martyre bafouée, de vierge profanée, de ceux qui déchaînent la fureur et le désir des hommes. Les pupilles étoilées étaient comme des flaques noires où flottait une étrange mélancolie. Elles apparaissaient dans une buée mauve, avec des paupières bleutées, éhontées, qui en avivaient l'éclat voluptueux. Un cerne violet sombre redoublait l'effet du khôl, évoquait le vide, la démence. La brèche, sous l'œil de la femme, leur faisait penser à un sexe fermé dans une convulsion. Oui, c'était cela qu'ils devinaient en l'observant : l'ouverture et l'écartèlement d'un œil qui était matrice, origine du monde. La fille se releva, son urne pleine, et rejoignit le restant des femmes groupées autour du feu.

— Qu'attendons-nous ? soufflèrent ensemble Karim et Mohamad. Laisserons-nous ces yeux nous exciter sans réagir ?

Mais Youssouf hésitait. Toutes ces femmes n'avaient-elles pas déjà connu, sans doute, trop de choses, trop d'hommes, trop d'étreintes pour qu'ils s'approchent d'elles ?

— Que gagnerions-nous à nous frotter à celles-là ? chuchotait-il. Un peu de honte ? Un peu de doute ? Nous passerions sur elles sans qu'elles s'en rendent compte et elles riraient de nos prouesses. Nous devons reprendre notre route et nous éloigner d'elles. Il y a tant de vierges ici-bas et dans le Paradis d'Allah qui nous sont promises. Pourquoi nous confronterions-nous à ces femmes perdues ?

— Parce que, dit Karim en se redressant, si nous repartions sans les toucher, si nous fuyions ces femmes, nous le regretterions à jamais. Même si nous convertissions toute la façade méditerranéenne de l'Afrique, même si nous prenions l'Espagne aux Wisigoths, même si nous triomphions des Francs de Septimanie, nous ne serions pas satisfaits et notre conquête resterait inachevée.

Alors, ils se précipitèrent, Karim, Mohamad et même Idriss, le porteur d'eau. Seul Youssouf refusa d'y aller. Attaquer des femmes ? Très peu pour lui. Il se contenta de les observer. Les trois autres se jetèrent sur elles. En les voyant surgir, elles ne poussèrent pas un cri mais, en un clin d'œil, elles coururent vers la plage. Ils n'eurent pas de mal à les rattraper. Ils voulurent les saisir à bras-le-corps, mais point de corps. Ils pétrissaient des voiles. Ils tâtaient, ils tâtonnaient, ils se battaient avec ces linges, furieux, frustrés, à la recherche de ces corps dont ils avaient rêvés, mais il n'y avait rien.

Youssouf voulut les prévenir que la lèpre, dit-on, ronge le corps. Qu'on perd d'abord le nez, les oreilles, les membres, que la chair s'en va peu à peu, tombe en lambeaux. Youssouf leur cria de revenir. Mais sa voix se perdait dans le vent et le bruit de la mer. Là-bas, ses amis ne trouvaient rien dans leurs étreintes. Rien, si ce n'était, apparaissant quelquefois dans la lutte, les yeux des femmes, leurs yeux cernés, noirs de colère, lourds de paupières, de khôl et de cils, vrillant dans le silence et la touffeur des voiles, se démenant comme des bêtes prises dans une nasse. Et Youssouf les vit fuir, ces yeux, sauter des linges, courir sur le sable, partir à l'abri des dunes, se dissimuler dans les creux des rochers. Pendant ce temps, ses trois amis se battaient avec les voiles, ces linceuls noirs qui, le vent aidant, les recouvraient, les submergeaient, les poussaient vers la plage, les étouffaient dans leurs plis, les entraînaient dans les vagues, leur maintenaient la tête sous l'eau. Youssouf bondit pour les aider, mais les yeux le regardaient, massés le long de la plage. Et là-bas, il était trop tard. Les grands linceuls avaient fini leur travail de mort. Ils revenaient, flottant vers le rivage, et les yeux, deux par deux, s'entortillaient dans le tissu que le vent gonflait de nouveau.

Alors Youssouf, pleurant ses amis, partit à grandes enjambées, loin, très loin de la tribu des femmes aux yeux sombres. En direction de l'ouest, poursuivant sa marche vers vous, Mademoiselle.

LÈVRES

Serrées, entrouvertes, frémissantes, tremblantes, rouges, roses, vermeilles, blanches, bleues, noires, décolorées, pâles, violettes, carmin ou corail, Youssouf les aimait toutes.

C'était un métier difficile mais Youssouf en ce temps-là était jeune, pauvre, ambitieux et prêt à tout pour défier le monde. Quand il était arrivé à Al-Iskandariyah (Alexandrie), il n'avait pour tout bien que le linge qui lui entourait la taille. Il allait pieds nus, son sourire aux lèvres, se nourrissait d'un peu d'eau, d'un peu de pain que lui donnaient les passantes que sa jeune beauté virile amusait. Alors, comment refuser de postuler quand cette servante du palais lui avait parlé de cet emploi ? Dresseur de lèvres pour le pacha d'Alexandrie ? Il ne savait pas trop ce que cela recouvrait.

Ils étaient plus de cent candidats. Un à un, Youssouf les avait vus entrer puis ressortir penauds. À son tour, il s'était avancé au milieu des immenses colonnes de la grand-salle des audiences. Le pacha l'attendait tout au bout, perdu dans des coussins, entouré de trois femmes de son harem. Il l'avait regardé de haut, d'un œil terne et las. Il avait murmuré quelque chose et l'une des femmes s'était approchée de Youssouf. Sans un mot, sans un sourire, elle l'avait embrassé et il s'était laissé faire. Ses cheveux étaient doux. Elle sentait la cannelle. Elle s'était reculée, étonnée, le sourcil dressé. Elle avait glissé quelques mots à la deuxième femme qui, à son tour, était venue l'embrasser. Celle-là avait passé ses deux bras autour du cou de Youssouf et son corps souple était venu épouser le sien. Le baiser avait duré plus longtemps. Quand elle s'était retirée, elle avait soupiré. Elle était restée un instant les paupières closes, puis elle avait fait signe à la troisième femme. Celle-ci aussi était venue l'embrasser. Elle était plus âgée, plus sûre d'elle aussi, avec tous ces bijoux qui tintinnabulaient à ses poignets et ses chevilles, sa chevelure épaisse qui dégageait une bonne odeur de poivre. Sa langue était douce et experte. Elle avait longuement laissé sa bouche sur la sienne. Elle lui avait souri. Puis elle s'était retournée vers le pacha et elle avait hoché la tête.

Épaisses, charnues, fines, gonflées, minces, molles, pendantes, rentrées, brillantes, desséchées, fraîches, gercées, humides, mouillées.

Tous les mois, les bateaux et les caravanes déversaient des filles nouvelles, des esclaves belles à se damner, des filles enlevées dans les villages, des prises de guerre et de razzia, d'autres achetées aux marchands de souks lointains, d'autres enfin qui fuyaient leurs familles et, d'elles-mêmes, venaient se proposer. Les plus belles étaient pour le pacha.

Abyssiniennes noires et luisantes, Celtes à la peau blanche éclaboussée de taches de rousseur, Crétoises brunes et sèches, Juives menues et alertes, filles de Babylone aux yeux décolorés, princesses hautaines des rives du Gange, Sarmates à longues tresses, Scythes mamelues et velues, Teutonnes immenses aux chairs molles, Ibères aux seins bruns et aux ventres nerveux,

Youssouf les voyait débarquer dans les jardins du palais et c'était toujours pour lui un émerveillement.

Maquillées, soulignées d'un trait de pinceau, boudeuses, ardentes, arides, brûlantes, dédaigneuses ou gourmandes.

Le pacha se moquait qu'on lui ouvre les cuisses. Il s'ennuyait des étreintes, des caresses charnelles. Ce qu'il aimait, c'était cet abandon, cette douce tiédeur, cet alanguissement qui naissent des baisers. Mais quelle femme savait embrasser ? Laquelle de ces filles, les unes trop vierges, les autres pas assez, toutes sans exception blessées par la brutalité des hommes, connaissait l'art du baiser ?

Dresseur de lèvres pour le pacha. Coller, poser, presser ses lèvres sur celles des filles. Les laisser se dérober, leur faire croire que ce sont elles qui mènent encore un peu la danse. Lâcher le licou puis le serrer. Rassurer celles-ci qui gardent les lèvres serrées, qui se les mordent de rage ou de colère, deviner sur le bord de leurs lèvres les questions qu'elles n'osent pas poser et venir les cueillir délicatement. Calmer celles-là, trop avides, trop fougueuses, qui vous sucent la bouche jusqu'à vous ensanglanter la langue.

Il y avait bien sûr des rebelles, des ruades, des coups de pied, des filles qui se cabraient et refusaient sa bouche. Il devait ruser pour leur arracher, par surprise, le premier baiser. Il devait parfois s'agripper, les serrer de toutes ses forces pour qu'elles ne le désarçonnent pas. Furieuses de sentir leurs lèvres comprimées par le poids de la bouche de Youssouf, elles hennissaient, renâclaient, ruaient, se révoltaient. Elles donnaient d'effrayants coups de reins. Presque toutes essayaient de le mordre. Plusieurs fois, il finit les lèvres en sang. Mais toujours, il revenait, leur parlait doucement. Et, à la fin, elles cédaient. Elles comprenaient que les baisers de

Youssouf étaient ce qu'elles connaîtraient désormais de plus tendre.

Leur apprendre à toutes la patience, la lente montée du plaisir, la langueur, les convaincre qu'il n'y a rien de meilleur que cet abandon du bord des lèvres, qu'il y a là une douceur de vivre dont il faut apprendre à se pourlécher.

Bientôt, la réputation de Youssouf dépassa les murs du palais. Le pacha disait partout sa satisfaction. Il consentit à prêter Youssouf à certains de ses amis pour qu'il enseigne dans leurs harems. Des dignitaires, de riches marchands le sollicitèrent. Les maris lui amenaient leurs jeunes épouses. Youssouf ne savait plus où donner de la bouche. Les femmes qui l'avaient goûté en parlaient aux autres avec gourmandise. Des femmes mariées venaient le voir en cachette. De Babel-Sedra, la porte du jujubier, à Babel-Resid, la porte du Juste, à Babel-Bahr, la porte de la Mer et à Babel-Akdar, la porte Verte, le nom de Youssouf était sur toutes les lèvres.

Les hommes finirent par s'en offusquer. Quand ils embrassaient leurs femmes, celles-ci se moquaient d'eux.

— Va voir Youssouf ! disaient-elles dédaigneuses.

Ils vinrent se plaindre au pacha, lequel d'ailleurs s'ombrageait de ce que ses femmes, quand elles étaient avec lui, abrégeaient leurs baisers pour s'en aller vite retrouver Youssouf. Par le bouche-à-oreille, le jeune homme apprit bientôt que le pacha avait donné l'ordre de le supprimer. Une nuit, il vola un cheval et il s'enfuit par le désert. En direction de l'ouest, Mademoiselle, un peu plus vers vous.

Quand, au matin, les femmes de la ville apprirent que Youssouf s'en était allé, elles entrèrent dans une colère noire. Elles firent serment qu'en présence de leurs hommes, elles ne desserreraient plus la bouche, et garderaient à jamais les lèvres closes.

LES CILS-FLÈCHES

La poussière soulevée roulait sans s'élever sous le ventre des dromadaires. L'air était humide et doux. Une forte rosée ramollissait le sable sous le pas des montures. Youssouf frissonna sur sa selle en velours cramoisi, ses larges pieds chaussés de babouches enfoncés dans des étriers damasquinés qu'il avait façonnés lui-même et les deux mains posées sur le pommeau étincelant de sa selle. À ses côtés, il y avait son sabre et son arc, deux belles pièces qu'il avait forgées de ses mains.

Le ciel était splendide, strié de nuées couleur de cuivre, de lanières pâles qui flottaient dans l'azur. La plaine, déjà brûlée, était, comme le ciel, toute rayée dans sa longueur d'ombres grises et de lumières blafardes. Youssouf se dit qu'il avait été malin, pour quitter la ville et échapper aux foudres du pacha, de proposer ses services à ces caravaniers qui, à la demande de marchands syriens, convoyaient des marchandises jusqu'à Kairouan. Comme ils voulaient emprunter une piste inhabituelle, ils peinaient à recruter et il avait fait l'affaire.

— Nous ne sommes guère payés, lui avait dit le chef. Nous n'aurons rien pour te rémunérer.

— Je ne demande qu'une tente pour dormir et un peu de blé pour me nourrir, avait répondu Youssouf.

La caravane était petite. Ils n'étaient que cinq pour encadrer quarante dromadaires portant ballots, sacs de coton et couffes de riz. Au centre, toutefois, il y avait un curieux attelage, deux bêtes attachées côte à côte qui brinquebalaient une sorte de palanquin, que les Arabes appellent *atouch*, grand panier surmonté d'arceaux dont le contenu était dissimulé derrière de grands voiles noirs. Youssouf, curieux, vint à le frôler ; il perçut comme un souffle et, derrière la toile, comme un bruit de ferrailles remuées.

— Ne t'en approche pas, lui dit le chef. C'est un cadeau pour un riche commerçant de Kairouan. Moi seul dois m'en occuper.

Le soir, on mettait les dromadaires en rond. On sortait les tapis pour faire la prière. On se racontait des histoires autour des feux qu'on entretenait de branchages secs, dans la bonne tiédeur des tourbillons de fumée mêlés de paillettes de braise. À chaque fois, le chef s'éclipsait au milieu de la veillée, emportant jusqu'au palanquin une gourde remplie d'eau et des gâteaux de blé.

Youssouf ne put résister longtemps. Le troisième soir, alors que c'était son tour de garde, il se glissa jusqu'à l'attelage et souleva le voile. Une jeune fille était couchée sur des coussins, le ventre nu, couverte de bijoux magnifiques, aux poignets, aux chevilles, autour du cou, avec même un diamant incrusté dans le nombril. Elle n'était pas très grande, un peu forte, presque banale. Mais peut-être fit-il un léger bruit car, brusquement, elle ouvrit les yeux. Il ne put s'empêcher de lâcher un petit cri tellement ceux-ci sortaient de l'ordinaire : des pupilles de velours mises en valeur par de longs cils recourbés, cirés, soyeux, des cils comme il n'en avait jamais vu.

— Vous avez des yeux magnifiques, chuchota-t-il, émerveillé.

— Oui, je sais, dit-elle. Aucun homme n'y résiste. Mes cils sont les plus beaux du monde.

Elle en battit deux fois, très lentement, dans une somptueuse chorégraphie d'air brassé et de soie froissée. Dans le mouvement, tous ses bijoux tintèrent et ses voiles se soulevèrent.

— Mais ils ne sont pas pour toi, ajouta-t-elle avec une petite moue. Tu es trop pauvre pour cela. Je vais épouser le plus riche marchand de Kairouan.

— Pas si riche que cela, remarqua Youssouf. Il n'a embauché que cinq hommes pour te garder. Et sa caravane ne suit pas les pistes réglementaires.

— Insolent ! siffla-t-elle. Sache que c'est une ruse. Mon père m'a promise à l'un de mes cousins, mignon mais trop pauvre. Je me suis enfuie et ils doivent en ce moment fouiller toutes les caravanes des grandes pistes chamelières pour me trouver. Maintenant file, sinon je crie et tu seras écartelé pour avoir osé poser un œil sur moi !

Youssouf ne se fit pas prier. Cette fille était insupportable. Dans les jours qui suivirent, il ne s'approcha plus du palanquin.

Il ne leur restait plus que deux jours de marche lorsque le convoi s'enfonça dans une coulée pierreuse, dépouillée d'herbe, encaissée entre deux longs murs de rochers sombres. Un aigle, posé sur un angle avancé de la montagne, se leva lentement à leur approche et monta d'un vol circulaire au-dessus de leurs têtes. Ce fut comme un signal. Des hommes apparurent entre les rochers et les caravaniers furent pris sous une pluie de flèches.

— Des pillards ! cria le chef. Des pillards du désert ! Mettez les bêtes…

Mais une flèche le transperça avant qu'il ait eu le temps d'achever sa phrase. Les dromadaires qui tenaient le palanquin furent eux aussi touchés et ils s'écroulèrent dans la poussière. La jeune fille hurla, empêtrée dans les voiles. Youssouf se précipita pour l'aider. Il fit rempart de son corps, sortit son arc et commença à répliquer. Il était assez habile pour faire mouche à chaque fois. Mais il n'avait qu'une dizaine de flèches.

— Ils sont au moins une quarantaine, dit l'un des convoyeurs. C'est ce maudit palanquin qu'ils veulent. Nous ne sommes pas assez payés pour risquer notre vie. Abandonnons tout et fuyons !

Et Youssouf les vit se lever et courir vers la sortie du défilé. Ils n'avaient pas fait dix mètres qu'ils étaient pris pour cible. Ils roulèrent l'un après l'autre sur le sol.

— Ne m'abandonne pas ! lui dit la fille en battant des cils. C'est mon cousin et ceux de ma tribu ! S'ils me prennent, je suis perdue ! J'ai souillé leur honneur ! Ils me tueront !

Comment résister à ces yeux ? se demanda Youssouf. Comment échapper à la magie ensorcelante de ces cils magnifiques brassant l'air ? Les dromadaires valides avaient fui. Dans le silence du défilé, il n'y avait plus qu'eux deux, eux deux et ces hommes, une trentaine désormais, qui venaient lentement vers eux, leurs arcs à la main.

— Je veux bien vous défendre, dit Youssouf, mais je n'ai plus de flèches. Et nos assaillants l'ont bien compris.

Il la regarda encore. Elle et ses yeux en fusion, ses yeux de velours et de folie. Et l'idée lui vint. C'était leur dernière chance. Il tendit la main, arracha un cil. Il banda l'arc. Le cil soyeux, acéré, fendit l'air en un sifflement musical et vint se ficher entre les deux yeux de l'homme le plus proche.

— Penchez-vous vers moi ! cria-t-il à la jeune fille.

Avec une dextérité incroyable, d'une main il arrachait les cils, de l'autre il tenait l'arc. Les premiers adversaires, il les abattit facilement tant ils tardèrent à comprendre ce qui leur arrivait. Pour les autres, ce fut plus difficile. Ils ripostèrent. Il fallait éviter leurs traits et les débusquer, un à un derrière les rochers. Mais pour cela, les cils recourbés faisaient merveille : ils montaient vers le ciel, dépassaient leurs cibles, tournaient en un demi-cercle et revenaient frapper les hommes dans le dos. Il n'en resta plus qu'un, un grand maigre portant le turban. Il s'avança à découvert, la bouche ouverte, l'œil écarquillé.

— C'est mon cousin, cria la fille. Tue-le ! Tue-le !

Youssouf tendit la main. Mais il n'y avait plus de cils. Il regarda la fille. Son visage, déformé par la haine, était devenu monstrueux. Ses yeux juraient sur sa face. Sans l'ombrage de leurs cils de velours, les pupilles n'étaient que deux soleils noirs, deux astres éteints d'une sombre laideur. Elle s'agitait en montrant son cousin mais son charme n'opérait plus. Youssouf ne voyait qu'une fille banale, pas très grande, aux jambes trop charpentées, débordant de bêtise et de méchanceté.

L'homme était tout proche maintenant. Il observait lui aussi sa cousine. Il avait lâché son sabre.

— Yasmina ? demanda-t-il. Est-ce toi ?

— Tue-le ! cria encore la fille à Youssouf.

— Est-ce toi ?

L'homme se mit à rire. Il se tourna vers Youssouf.

— Je n'en veux pas. Si tu le souhaites, elle est pour toi.

— Oh, dit Youssouf, moi non plus je n'en veux pas !

— Pauvres de vous ! cria la fille en écarquillant ses yeux qui polluaient tout son visage. Que croyez-vous ? Je ne suis ni pour l'un ni pour l'autre ! Je vais épouser Idriss ibn Tarik, le plus riche marchand de Kairouan !

Ensemble, ils sourirent. Cela, désormais, c'était peu probable. Alors, ils la laissèrent là, dans le défilé et ils repartirent tous les deux à la recherche d'un dromadaire. Youssouf monta sur le sien et continua sa course vers l'ouest, sa course vers vous, Mademoiselle. Et, à travers la montagne, il entendit longtemps l'écho des vociférations et des cris de rage de Yasmina.

BIJOUX

Après, dit Ibrahim, on perd un peu la trace de Youssouf. Des tas de légendes se sont greffées sur lui.

On raconte qu'il fut celui-là qui confectionna pour Moussa ibn Nossair des armures en coquillages qui plaisaient tellement aux soldats qu'ils ne voulaient plus les quitter. Des armures qui leur allaient si bien qu'à force, ils se lovèrent dedans, pareils aux mollusques qui les avaient sécrétées, et qu'ils finirent à la fin, sans squelette, aussi mous et fragiles qu'eux.

N'est-ce pas lui aussi qui confectionna pour les femmes du harem du pacha de Tanger des ceintures de chasteté si fines et si sensibles que des frissons parcouraient le métal ? C'étaient des ceintures extraordinaires qui vibraient comme des peaux et gardaient la trace des frissons et de la chair de poule. Les femmes du pacha en raffolaient. Ces ceintures étaient un appel constant au toucher, la plus provocante des invitations à la caresse. Même les eunuques en étaient tout émus. Avec ces ceintures, l'extase durait longtemps, comme captée et mise à l'abri, gardée en mémoire par la ceinture. Le harem était devenu un lieu de jouissances sans fin. Quand le pacha l'apprit, il fit mettre Youssouf en prison.

Et ce fut là, dit Ibrahim, dans l'obscurité et l'humidité des cachots, que nous fîmes tous deux connaissance, lui, Youssouf le magnifique, et moi, Ibrahim al-Faraj, le poète aveugle. À cette époque, à force de m'ennuyer dans ma cellule, j'étais devenu maître en dressage d'animaux. J'avais commencé par éduquer les mouches qui bourdonnaient dans mes orbites creuses. Des dizaines de mouches qui dardaient pour moi leurs gros yeux à facettes vers l'extérieur, palliant les miens trop défaillants et m'offrant leur vision démultipliée, éclatée en une multitude d'images fragmentées. Ni tout à fait humain ni tout à fait diptère, je composais, à cette époque, de bien beaux poèmes. Je me pris d'amitié pour Youssouf et je lui enseignai mon art.

C'était un excellent élève. Il apprit vite et dressa lui-même des cafards, des lézards et des rats qui lui rapportaient des fils d'or et d'argent volés un peu partout. Avec ces fils, il décorait tout ce qui tombait entre ses mains, jusqu'aux crânes des squelettes entassés dans les oubliettes, des crânes devenus si beaux, si damasquinés de merveilleuses arabesques que les geôliers venaient les admirer comme des œuvres d'art. Je ne me souviens plus très bien comment il s'y prit mais il parvint à convaincre certains d'entre eux qu'à s'introduire par les oreilles les petites araignées qu'il avait dressées, des araignées aptes à sécréter des fils d'or et d'argent, ils pourraient orner leur crâne de l'intérieur. C'est ainsi que nous pûmes nous enfuir, tous les deux, car il m'emmena avec lui. Et nous nous sommes fondus dans la masse des mahométans qui ont traversé le détroit en 711 pour envahir l'Espagne.

— Mais je suis vieux, dit Ibrahim, et je ne suis plus très sûr que toutes ces histoires soient vraies.

— Et Narbonne ? demanda Blanche. Comment est-il devenu le wali de Narbonne ?

— Ah, ça ! dit Ibrahim en souriant. Ça, je peux vous le raconter. Tout a commencé quand l'émir proclama, pour hâter la conquête, que toute ville prise aux Wisigoths serait donnée à celui qui obtiendrait sa reddition.

Un matin, on le vit arriver aux portes de Narbonne. C'était un homme élégant, à la peau mate, avec de beaux yeux clairs. Il était escorté d'un vieil homme qui lui servait un peu de serviteur et un peu d'apprenti. On prétendit qu'il venait d'un village situé de l'autre côté des Pyrénées, en Hispanie, quelque part le long du Rio Tinto, près des mines de cuivre qui donnent, là-bas, aux eaux des couleurs de rouge et d'orange. On racontait que lui et son compagnon avaient fui l'avancée des Maures. De quelle race étaient-ils ? Nul ne pouvait le dire. Ils pouvaient aussi bien être ibères, juifs ou romains. Ils ne parlaient pas. Peut-être le plus jeune était-il muet ? Le plus vieux avait perdu la vue.

L'homme avait étalé ses étranges bijoux sur une peau de chèvre sur la place devant la cathédrale : des broches, des colliers, des bracelets, des bagues, tout un assortiment de créations en cuivre qui reproduisaient d'une manière extrêmement précise de petits animaux, bagues et broches en scarabées, en sauterelles, colliers et diadèmes en serpents, en scorpions. L'imitation était si réussie qu'il eut très vite beaucoup de succès. Chez les enfants des familles nobles d'abord. Puis, très vite, toutes les dames de la cour, celles d'origine romaine, gauloise comme wisigothe, voulurent porter les bijoux de notre homme. Ce fut un tel triomphe que le patrice, gouverneur de la ville, demanda à le voir et on alla le chercher au marché.

L'homme vint en compagnie de son apprenti. L'un et l'autre semblaient un peu perdus, écrasés par tout le faste de la salle du conseil. Le jeune homme marchait droit, cependant, la taille cambrée, le regard ferme et triste. Le vieil homme, lui, allait d'un pas traînant, le dos un peu courbé, le regard posé sur ses vilaines sandales. Autour d'eux, parmi la foule, sur les poignets, sur les fronts, autour des cous, leurs bijoux extraordinaires brillaient comme jamais.

— Je veux que tu sois l'orfèvre officiel de ma cour, dit le patrice de Narbonne. Dis-moi ton prix et ce sera le mien.

— Nous ne demandons rien, dit l'homme. Car cette ville est déjà à nous.

— Vous l'avez conquise, c'est vrai, dit le patrice avec un grand sourire. Car vos pièces font l'admiration de tous. Dites-moi quel est votre secret pour créer de si beaux bijoux.

— Ce ne sont pas des bijoux, dit l'homme. Ce sont des insectes et des reptiles très dangereux que nous avons dressés à rester immobiles. Ils tiennent toutes vos femmes à la merci de leurs morsures et de leurs venins.

Le vieil homme se redressa. Des mouches tournaient dans ses orbites vides. Il fit un geste et, sur les corps de toutes les dames de la cour, les bijoux s'animèrent. Des yeux apparurent sur les créatures. Il y eut des cris, des tentatives pour arracher les bijoux. Mais à chaque mouvement, il semblait que les bestioles enfonçaient plus profondément leurs griffes et leurs crocs dans la chair des femmes.

— Je m'appelle Youssouf, dit l'homme. Et mon ami est le célèbre poète Ibrahim al-Faraj. Nous accomplissons la volonté d'Allah. Nous avons été envoyés par l'émir pour prendre cette ville sans le moindre combat. Il nous suffirait de claquer des doigts pour que vos femmes et vos enfants meurent sur l'instant dans d'horribles douleurs. Vous avez jusqu'à ce soir pour déguerpir dans les montagnes.

Et ce fut ainsi, Mademoiselle, dit Ibrahim, que Youssouf, le petit mendiant de Damas, devint le wali de Narbonne et qu'il prit pour conseiller un vieil aveugle aux yeux pleins de mouches qui se prétendait poète à ses heures.

Ce fut ainsi qu'il s'approcha au plus près de vous et qu'il tomba amoureux de votre personne au travers des contes qu'on faisait sur vous.

Épilogue

1.

L'évêque Abdalong se battit jusqu'au bout. Jusqu'au dernier moment, il tenta de persuader le patrice que cette alliance était monstrueuse. De même que Marseille s'était trompée lourdement en préférant Pompée à César, elle se fourvoyait à choisir les Maures plutôt que les Francs et elle le paierait du même châtiment. Et vis-à-vis de Dieu, ce rapprochement avec les mahométans était un terrible sacrilège. Marseille s'était désignée d'elle-même à sa vindicte. Elle devenait Babylone. Elle était Sodome et Gomorrhe.

— Le Seigneur nous enverra sa foudre, prédit-il. Les nuages déverseront sur Marseille une pluie diluvienne !

— C'est à ce genre de détails que l'on voit que vous n'êtes pas d'ici, ironisa frère Pacôme. Ce n'est pas sous cette forme que Dieu, habituellement, châtie notre vieille cité.

Et comme pour lui donner raison, en ce beau jour de juin, le mistral montait en puissance. À l'entrée du port, les voiles dérivaient pareilles à des pétales arrachés et, dans les rues, les détritus couraient en tous sens comme devenus fous.

Les cavaliers arabes entrèrent par la Porta Gallica en fin de matinée. Ils étaient une cinquantaine, tout au plus. Le reste gardait les villes de Nîmes et d'Avignon que les Marseillais, en préalable à cette alliance qu'on allait signer, avaient déjà laissées à leur protection. Les Maures portaient casques, lances et boucliers, montaient des chevaux de petite taille, très vifs, harnachés de pourpre et d'argent. Ils avançaient sans hâte, droits et fiers, dans les tourbillons de poussière que soulevait le vent, dans la lumière du soleil léchant les ferronneries claires de leurs harnachements. Youssouf allait en tête, sur un cheval blanc dont il tenait très haut la bride. Avec son turban, ses yeux de braise, tout son attirail de sabres, d'amulettes et de coutelas, sa longue silhouette comme amaigrie davantage par l'habit noir qui le couvrait entièrement, il ressemblait autant qu'il était possible au personnage des contes qui circulaient sur lui.

Quand il mit pied à terre et s'approcha pour saluer le patrice de Marseille, le mistral redoubla de puissance, sans que l'on sache bien si c'était pour saluer l'événement ou le condamner. Le wali se dirigeait vers le patrice mais, du regard, il chercha Blanche. Et il la vit, non loin de son père, fragile et toute de blanc vêtue. Et, vraiment, elle était jolie avec sa tête dessinée d'un fin pinceau jusqu'à l'extrémité de sa moue enfantine, sa silhouette emportée, avalée par les pans de sa robe et sa coiffe soulevés par les rafales.

Elle aussi prit Youssouf dans son regard. Et elle dut également le trouver bien beau puisqu'elle resta un instant la bouche ouverte et le sourcil haussé, dans un mouvement de surprise émerveillée.

Le wali salua enfin le duc Mauronte.

— Notre alliance sera éternelle, dit Youssouf, car tout s'opposait à ce qu'elle soit. Elle repose sur des forces profondes qui nous dépassent.

— C'est vrai, dit Mauronte, c'est une histoire improbable, semblable à ces contes que nous aimons l'un et l'autre plus que de raison.

Et le patrice se dit que ce Youssouf était bien sympathique. Les deux Maures à ses côtés avaient des visages effrayants, des têtes de momies à qui l'on aurait mis des yeux de lion, mais lui, avec son sourire à gencives découvertes, sa face cuivrée qui s'éclairait au plus léger clignement de paupières, il inspirait une confiance immédiate.

Quand on arriva au palais, le mistral montait encore en puissance. Les arbres des jardins se tordaient dans des bruits de soie lacérée. Marie des Mouettes riait de se voir à moitié déshabillée à chaque bourrasque et peut-être aurait-elle été emportée au ciel avec ses mouettes si elle ne s'était accrochée au bras solide du capitaine Algésiras, le capitaine de la fameuse *Sardine tentaculaire*, qu'il avait soigneusement et solidement amarrée dans l'anse privée du palais. En dessous, Marseille dansait. Du linge blanc virevoltait à toutes les fenêtres, à tous les fils tendus sur les terrasses.

À l'intérieur, dans la salle du conseil où devait se signer le traité d'alliance, on n'était pas davantage à l'abri. Les coups du vent hurlaient s'abattant contre les vitres. Parfois, des rafales plus fortes secouaient tout l'édifice, jusqu'au grand christ en croix accroché au mur qui roulait des yeux terribles et tirait sur ses clous en mugissant de colère. Tout le temps de la cérémonie, le vent fit à l'extérieur un bruit d'enfer, couvrant les paroles solennelles qu'on voulait prononcer. Mauronte signa et Youssouf s'avança à son tour. Tous retinrent leur souffle au moment où il se pencha sur le parchemin pour y accoler sa griffe, les uns saisis par l'émotion, les autres persuadés que l'ire de Dieu, à cet instant, donnerait sa pleine mesure. Mais il n'advint rien de visible.

2.

Quand on regagna les salles où devait se donner la fête, les collines flambaient, rouges, au-dessus de la ville. Une lueur étrange et irréelle venant des faubourgs irradiait la mer et les maisons. Le vent charriait des odeurs mystérieuses, épaisses, pailletées d'or, qui fouettaient les visages. Peut-être un incendie, attisé par le mistral, avait-il pris du côté de Septèmes-les-Vallons ? Frère Pacôme s'éclipsa discrètement pour glaner des informations. Le capitaine Algésiras fit remarquer que la mer, malgré la force du vent, était couverte d'embarcations. De lourds navires couchés sous leurs voilures tentaient de gagner le large. Les quais étaient noirs de monde.

À peine Mauronte et ses invités s'étaient-ils installés, avec devant eux les joueurs de flûte et de tambourin, les danseuses, les tables dressées où déjà les esclaves portaient le vin et les moutons rôtis entiers empalés dans de longues perches et tout frissonnants de graisse brûlante, que Pacôme revint, le visage plus blanc que la chasuble qu'il avait revêtue, accompagné d'un homme en arme portant son casque sous le bras et dont la cotte de mailles était déchirée à plusieurs endroits.

— Monseigneur, dit-il, c'est une terrible nouvelle : Charles Martel et toute son armée sont aux portes de la ville.

— C'est impossible, dit Mauronte. Il lui faut plusieurs semaines pour lever un ban, plusieurs semaines encore pour venir jusqu'à nous.

— Childebrand était déjà en route et il a prévenu Charles Martel alors que celui-ci revenait de défaire les Saxons. Son armée n'a pas mis pied à terre. Elle a directement marché sur nous.

L'homme était un soldat de la garnison d'Avignon. Les Francs, raconta-t-il, avaient fondu sur la Provence avec une puissance de feu redoutable, secondés par les Alpins du patrice Abbon et les Lombards du roi Liutprand. Arles et Avignon avaient été reprises. La colère de Childebrand et de Charles Martel semblait incommensurable. Les villes avaient été pillées, les soldats comme les civils passés au fil de l'épée. Lui-même s'était enfui par miracle.

— Les troupes sont maintenant au bas de nos remparts. L'incendie, ce sont les faubourgs qui brûlent.

Il fallut traduire les détails à Youssouf. Il exigea de se rendre compte par lui-même de la situation et Mauronte l'emmena jusqu'au sommet de la Tour haute. La ville était cernée par une barrière de flammes. Les collines étaient éclairées comme en plein jour. Le vent était chaud, gorgé de cendres. Derrière les remparts qui résistaient encore, on devinait une armée innombrable. Marseille ne tiendrait pas longtemps.

Un peu plus tard, ils reçurent un message de Childebrand ; il se faisait fort de calmer l'ire de Charles Martel et d'épargner la population si le patrice Mauronte lui ouvrait la ville, lui livrait Youssouf et ses hommes et lui donnait sa fille Blanche. On ne pouvait que refuser.

— Nous allons nous battre vaillamment, dit Mauronte.

— Nous battre ? répéta Youssouf. Oui, bien sûr, mais pas ici, pas dans ces conditions. Ils sont trop nombreux. Je dois regagner Narbonne et sauver ce qui peut l'être encore.

— Je veux partir avec lui, père.

Blanche se tenait dans l'embrasure de la porte. Elle portait maintenant une robe de soie qui la laissait presque nue tant elle était légère sur elle. Une ceinture tournait autour de ses hanches et s'attachait très bas sous son jeune ventre. Plus que jamais, elle ressemblait à une vierge sacrificielle. Elle était si belle que son père, à la contempler, eut un peu le vertige et dut s'appuyer discrètement sur le dossier d'une chaise pour ne pas vaciller. Il revit son épouse dont il avait été si douloureusement épris. Youssouf, lui aussi, semblait subjugué par l'apparition. Ses pupilles avaient viré à l'or sombre. Ses paupières rehaussées de noir battaient l'air lentement comme pour l'aider à respirer. Il accueillit la proposition de Blanche d'une lente inclinaison de la tête.

3.

Il faisait nuit maintenant, une nuit splendide, ensanglantée, sertie de mille pierres, mille joyaux brillant de tous côtés. Ce n'était qu'or et feu, dans une limpidité du ciel étoilé sans pareille. Les flammes sautaient les remparts et venaient s'abattre sur la ville, couvrant d'écailles argentées les murs blancs et les tuiles des toits. Une phosphorescence magique huilait la crête des vagues. Mauronte chercha des yeux *La Sardine tentaculaire* qui emportait sa fille et le wali. Tant de nacre dans les voiles donnait au vaisseau des allures de maquette en coquillage. Jusqu'au dernier moment, il leur avait fait croire qu'il monterait avec eux. Au moment où le bateau disparut de l'autre côté du fort, il lui fit signe de la main. Il préférait rester avec sa ville.

Il était le patrice d'une vieille, très vieille cité, la plus ancienne de Gaule. Elle avait été tour à tour ligure, grecque, romaine, lombarde, wisigothe et restait un peu de tout cela à la fois. Elle était le dernier bastion d'une antique civilisation, une oasis dans le désert du temps.

Au nord, de l'autre côté de ses murailles, derrière la Porta Gallica qui, dans le prolongement de la place de Lenche, la fermait au chemin des Gaules, il y avait toujours eu de profondes forêts, des fleuves et des montagnes. Depuis la nuit des temps, des hordes curieuses y erraient, des hommes couverts de peaux de bêtes et portant d'étranges armes. Selon les époques, ils se faisaient appeler Saliens, Alains, Vandales, Burgondes, Wisigoths, Celtes ou Francs. Ils s'approchaient, à intervalles réguliers, des hauts murs de la ville. Ils campaient sur les collines environnantes. Les fumées de leurs feux montaient dans les nuits claires. Parfois même, ils s'enhardissaient. Ils dressaient des machines de guerre. Ils assiégeaient Marseille. Ils venaient en multitudes se fracasser contre ses remparts et, quelquefois, il avait bien fallu leur ouvrir un temps les portes de la ville, les laisser s'enfoncer dans la cité pour mieux les digérer.

Les lueurs de l'incendie doraient la barbe de Mauronte d'une jolie couleur de miel. Il écarta de la main quelques paillettes de cendres et il vint s'asseoir près d'Ibrahim.

— Vous voulez peut-être vous reposer ? demanda Mauronte.

— J'ai déjà beaucoup dormi dans ma vie, Monseigneur, et je crains que nous n'ayons pas beaucoup de temps. Vous le savez, l'Histoire est un récit qui fait la part belle aux vainqueurs. Et tout laisse à penser que vous serez vaincu. Je vois que votre œil étincelle. Peut-être voudrez vous entendre une histoire encore ?

— Un dernier conte ? demanda Mauronte. L'avez-vous déjà choisi ?

— Je vais reprendre votre histoire, dit Ibrahim, l'histoire du patrice qui aimait beaucoup les contes. Parfois, il suffit d'un détail quelque part, d'une bifurcation d'un récit qu'on a eu tort de ne pas emprunter et la fin peut être très différente…

— C'est une très bonne idée.

Alors le duc Mauronte s'installa confortablement dans son fauteuil pendant que la ville flambait. Écouter les conteurs, c'était ce qu'il avait fait de mieux dans sa vie…

— Le duc Mauronte, commença Ibrahim, patrice de Marseille, avait toujours aimé les contes. Le bruit en avait vite couru sur les chemins de Gaule…

Table

Prologue 11

Chapitre I : Marseille, la ville qui faisait des histoires 13
Grasse matinée 18
Mariavelle II 22
Âge 34
L'embarquement 36

Chapitre II : Qui a gagné la bataille de Poitiers ? ... 39
Dans la mêlée 47
Ceux d'Orgosolo 50
Musique 52
Corbeaux 58
Défilé 59

Chapitre III : Franches contées 65
Le guerrier au casque aux bois de cerf 72
L'église 78
Les tourterelles bleues 84
Les anges 86
La fée dans la clairière 91

Chapitre IV : Les cavaliers d'Allah 95
Chevaux 100
Duel 102

Les Sept Cités Fabuleuses 106
Le gardien de la lune 114
Les reflets de Tolède 118

Chapitre V : Ils vécurent heureux et eurent beaucoup d'enfants 123
La princesse transparente 132
Louise au bûcher 136
Le maître des regards 141
Diamant 149
La princesse qui rougissait 155

Chapitre VI : Les contes sur l'amour finissent mal en général 161
Biches 171
La couronne 177
La Vierge araignée 181
Il est revenu 187
La princesse qui rougissait (suite) 190
La dame qui s'ennuyait 192

Chapitre VII : La ville où les conteurs sont rois 195
Oiseaux 203
La Sardine papillon 205
Nuage 208
Les filles-miroirs 209
Écailles 211
Pleurs 215
Grains de beauté 217
Sirène 219

Chapitre VIII : La légende de Blanche 223
Création 231
Ivre de Dieu 235
Licorne 242
Cicatrice 249
Cupidons 254

Blanche au baquet 258
Philtre d'amour 263

Chapitre IX : Les contes d'Ibrahim 271
Al-Andalus 278
Les papillons 284
Celles de la basilique 291
Les oiseaux-livres 301

Chapitre X : La légende de Youssouf 307
Bains 320
Arabesque 323
Les cuirasses de dentelle 325
La tribu des femmes aux yeux sombres 328
Lèvres 333
Les cils-flèches 337
Bijoux 343

Épilogue 349

Cet ouvrage a été composé et mis en pages
par ÉTIANNE COMPOSITION
à Montrouge.

Imprimé en France par CPI
en septembre 2016

Dépôt légal : octobre 2016
N° d'édition : 55534/01
N° d'impression : 136955